KB267297

이달의 전쟁사

이달의 전쟁사

고대부터 현대까지 역사를 뒤흔든 열두 달 전쟁 이야기

초판 1쇄 발행 2026년 3월 5일

지은이　이내주
펴낸이　김연희

펴 낸 곳　그림씨
출판등록　2016년 10월 25일(제406-251002016000136호)
주　　소　경기도 파주시 광인사길 217(파주출판도시)
전　　화　(031)955-7525
팩　　스　(031)955-7469
이 메 일　grimmsi@hanmail.net

ISBN　979-11-89231-80-4　03900

이달의 전쟁사

고대부터 현대까지
역사를 뒤흔든
열두 달 전쟁 이야기

이내주 지음

그림씨

들어가며

들어가며

예나 지금이나, 변함없이 '전쟁의 시대'다. 다행히 제1·2차 세계대전처럼 큰 전쟁은 일어나지 않으나 국지전이나 비정규전은 끊임없이 벌어지고 있다. 러시아·우크라이나 전쟁과 이스라엘·하마스 전쟁만 하더라도 예기치 못한 차에 발발했고, 끝날 듯 말 듯 지금까지 이어지고 있다.

역사를 통틀어 무력 충돌이 없는 시대는 존재한 적이 없다. 어느 철학자가 "오직 죽은 자만이 전쟁의 끝을 볼 수 있다"고 한 것이 그런 이유인지도 모르겠다. 심지어 모든 분야에서 '첨단 과학기술 시대'이자 '세계화 시대'라 말하는 21세기에도 군신 마르스 Mars는 어김없이 우리 곁을 서성거린다.

과거에는 상상만 하던, 혹은 어릴 적 읽은 만화에서나 접한 유형의 '미래 전쟁'이 성큼성큼 현실로 나타나고 있다. 어느새 자율성 전투 무기 체계로 수행하는 '비접촉 전쟁'이 본격화되는 단계다. 러시아·우크라이나 전쟁에는 무선망으로 명령을 받는 드론이 출현했고, 이어서 AI를 장착한 자율형 드론이 맹활약하면서 미래 전쟁은 피할 수 없는 현실이 됐다.

　강도와 변화의 속도는 다를지언정 역사에는 언제나 미래 전쟁이 존재해왔다. 전쟁터에서 적군의 강력한 첨단 무기를 처음 마주했을 때 전선에 선 사람들이 맞닥뜨린 두려움은 엄청났을 것이다. 예컨대 유구한 세월 사용해온 돌도끼 대신 청동기 같은 쇠붙이가 출현했을 때라든지, 전투용 마차에 이어 말에 올라탄 기병이나 장궁長弓이 등장했을 때, 무엇보다 근대에 대포 같은 화약 무기가 전장에 출현했을 때처럼 시대마다 첨단 무기가 처음 전장에 모습을 드러냈을 때 사람들은 무슨 생각을 했을까. 아마도 지금의 우리처럼 미래에는 전쟁이 어떻게 달라질지 고민하며 대응책을 마련하느라 분주했으리라 짐작한다. 그런데 지금 우리가 말하는 미래 전쟁은 과거의 것과는 질적으로 다르다. 드론, AI, 로봇, 사이버 무기, 인공위성 등 흔히 '게임 체인저'로 불리는 무기들이 등장하면서 무기 체계의 패러다임이 깊어진 데다 변환 속도는 갈수록 빨라지고 있다.

　세계 평화에 대한 열망이 그 어느 시대보다 강력한 지금도 전쟁은 현재진행형이고 그 전개는 언론 매체의 첨단화 덕에 실시간으로 세계에 전달되고 있다. 아이러니하게도 이제는 지구상 그 누구도 전장의 절규와 고통에서 벗어날 수 없게 됐다. 전쟁은 항상 우리 곁에 있다는 사실을 되새기고자 글을 썼다. 그 진위를 따져볼 겸해서 1월부터 12월까지 매달 세계사에는 어떤 전쟁이나 사건이 있었는지 살펴보았다. 수많은 전쟁 가운데 오늘의 관점에서 의미를 새길 만한 사건을 월별로 두 개씩 선별해보니 이중에는 전쟁사에 관심 있는 이들에게 흥미로울 만한 주제가 많았다. 그 개별 전쟁의 전말과 교훈을 이해하기 쉽게 정리한 것이 책으로 묶여 나오게 됐다.

교양서를 지향하다 보니 아쉬움도 있다. 매월 두 가지 전쟁을 다루자니 근현대 사건에 집중되고, 지역상으로도 서양을 중심에 둔 채 아시아와 한국의 전쟁을 더 적극적으로 담지 못한 것이 그렇다. 주로 발발 원인에 초점을 맞춰 전쟁의 전말을 소개하고 이어서 사령관의 지략과 무기 체계 등 승패의 요인을 짚는데, 무엇보다 해당 전쟁과 사건이 현재에 전하는 함의를 새기고자 했다는 점에 주목해 읽어주시면 좋겠다. "전쟁의 본질은 변하지 않는다. 다만 그 특성이 변할 뿐"이라는 말처럼, 아무리 AI 같은 과학기술이 발달하고 무기 체계가 정교해져도 결국 최종 결정권은 사람에게 있기 때문이다.

제3차 세계대전이 벌어질지도 모른다는 얘기가 더러 들리지만 다행스럽게도 아직은 아닌 듯하다. 그렇다고 해서 우리가 전쟁으로부터 자유로운 것은 결단코 아니다. 인터넷과 스마트폰 등 첨단 통신기기에 힘입어 수시로 동유럽의 우크라이나 전장부터 내전으로 신음하는 동아프리카 수단까지, 지구촌 구석구석의 전쟁과 그 후과를 실시간으로 접하고 있다. 오히려 전쟁은 20세기보다 더 많이 우리의 삶에 스며 있다고 해도 과언이 아니다. 지구 반대편이든 어디든, 그 거리가 얼마나 떨어져 있든 전쟁은 나와 무관하지 않다. 속되게 보자면 내가 투자한 주식 가격에도 당장 영향을 미친다. 따라서 우리는 최소한이나마 전쟁과 그 배경을 알고 관심을 기울여야 한다. 모든 사건은 역사적인 맥락을 간직하며 후대에 영향을 미칠 것이기 때문이다.

지난 2년간 국내외 방위산업 관련지 《국방과 기술》에 연재한 글을 정리하고 퇴고해 이 책으로 묶는다. 부족하나마 나의 연구가 일반인 독자에게 '전쟁을 각오할 때 평화를 지킬 수 있다'는 당연한 경구를 되새기는 기회가 되기를 바라면서, 역사적 사례를 통해 그 메시지를 전하고 싶었다. 세상일이 마음을 먹는다고 이뤄지는 것이 아니라 필히 기회와 여건이 따라야 한다는 측면에서 한국방위산업진흥회가 이 책을 집필하는 기회를 주었다면, 현재 근무하는 한국군사문제연구원은 국방과 군사 관련 연구 활동에 최적의 여건을 마련해주었다. 다른 무엇보다도 출판계의 어려운 사정에도 발간을 흔쾌히 수락해준 서해문집의 김종훈 편집장과 도서출판 그림씨 김연희 대표의 결단 덕분에 이 모든 것이 가능했다. 편집을 맡아준 구태은 편집자는 세심한 솜씨로 책의 품격을 한층 높여주었다. 도움을 베풀어준 모든 분들께 감사드린다.

더불어 이 책에서 발견되는 모든 오류는 저자인 나의 책임임을 밝혀둔다. 다시 한 번, 이 책이 전쟁사 연구의 중요성에 대한 독자들의 관심을 높이는 데 미력하나마 도움이 되기를 소망한다.

2026년 초입
남한산성 기슭 한국군사문제연구원 연구실에서
이내주

차례

1월

#옥타비아누스

카이사르, 루비콘강을 건너다

팍스로마나의 초석을 놓다

#카이사르
#폼페이우스
#플루타르크영웅전
#갈리아전기
#옥타비아누스

중요한 결단을 내릴 때 흔히 "주사위는 던져졌다Alea iacta est"라고 말한다. 이 말은 어디서 시작됐을까? 처음 이 말을 내뱉음으로써 역사에 유행시킨 인물은 율리우스 카이사르Julius Caesar다. 군인이자 정치가로 알렉산드로스대왕과 더불어 가장 많이 거명되는 이름이다. 권력의 정점에서 암살로 생을 마감하는 그의 파란만장한 삶은 이미 윌리엄 셰익스피어William Shakespeare가 장엄한 연극으로 묘사하기도 했다. 유명세 때문인지 카이사르가 죽고 난 후 강력한 통치자들은 그의 이름에서 연유한 시저Caesar(영어), 카이저Kaiser(독일어), 차르Tsar(러시아어) 등으로 불렸다.

카이사르가 세계사에 한 자리 차지하게 된 계기는 기원전 49년에 벌어진 루비콘강 도하 사건이었다. 이는 고대 로마 역사의 중요한 사건으로 공화정 로마를 심각한 내전으로 이끈 결정적인 장면이었다. 군사적 행동을 넘어 공화정 로마에 정치적·사회적 변화를 초래했고, 결국 로마의 정치체제를 제정帝政으로 향하도록 만들었기 때문이다.

그렇다면 카이사르는 왜 루비콘강을 건너야만 했을까? '루비콘강 도하'는 무엇을 의미했기에 그토록 역사에서 중요하게 기억되고 있을까?

카이사르는 기원전 49년 1월 목숨을 담보로 루비콘강을 건넜다. 당시 루비콘강은 공화정 로마의 북쪽 국경이었다. 아펜니노산맥 동쪽 기슭에서 발원해 아드리아해로 흘러 들어가는 80킬로미터 길이의 작은 강이 로마 시대에는 이탈리아 본국과 갈리아의 키살피나 속주를 구분하는 경계이기도 했다. 중요한 점은 강의 모양새나 크기가 아니라 그 위치가 지니는 상징성에 있었다. 군사 원정을 위해 국경 밖으로 나간 장군이나 군대는 로마로 귀환할 때 공화정에 충성한다는 서약의 의미로 무장을 모두 해제한 후에야 이 강을 건널 수 있었기 때문이다.

당시 로마에는 무장한 군대가 루비콘강을 건너는 것을 금하는 법률이 있었다. 무장을 하고 루비콘강을 넘는 것은 공화정에 대한 반역으로 여겨졌다. 따라서 어느 군단이든 강 남쪽 로마 영토로 들어오기 위해서는 비무장 상태여야만 했다. 정확하게는 강을 건너기 전 사령관이 군대를 해산하고 홀로 들어와야 했다. 군사력을 등에 업은 독재자의 출현을 방지하려는 공화정 로마의 법적 제어장치였던 셈이다.

명문가 출신의 귀족 카이사르가 이런 사실을 모른 채 무장한
병력을 이끌고 강을 건넌 것은 아니리라. 그는 예하 군단 해체와
귀환을 통보한 원로원의 명령을 거부한 채 군대를 이끌고 로마로
진군하기로 결단한 것이었다.

어떻게 이런 상황에 이른 것일까? 먼저 티베르 강가의 미약한 부족에 불과하던 로마가 어떻게 강성했는지 카이사르 이전으로 거슬러 올라가볼 필요가 있다. 기원전 753년 이탈리아반도 중앙의 라티움 평원에서 발걸음을 뗀 로마는 왕정을 거쳐 공화정으로 발전하면서 지중해 세계의 강자로 부상했다. 특히 지중해 해상권을 놓고 무려 1세기 이상 북아프리카(현재 튀니지 지역)의 해상 국가 카르타고와 포에니전쟁(기원전 264~기원전 146)을 벌이고 여기서 승리하면서 확고한 팽창의 기틀을 마련했다.

시칠리아, 사르데냐, 북아프리카, 에스파냐 등지에 새로운 속주가 생겨났다. 대부분 과거 카르타고의 지배하에 놓였던 땅이다. 이로부터 얻은 막대한 부를 바탕으로 로마는 이탈리아반도를 넘어 동지중해 주변의 그리스와 소아시아 지역으로, 서북쪽으로는 천연 장벽인 알프스를 넘어 유럽 대륙 깊숙이 영토를 확장했다.

해외 팽창의 결과 로마는 다방면으로 커다란 변화에 직면했다. 대외적으로는 주변 국가들과 겨뤄 연이어 승리하면서 일개 도시국가에서 거대한 영토를 지닌 제국으로 변모해갔다. 무엇보다 큰 변화는 급격한 영토 팽창이 몰고 온 로마 내부의 사회 변화였다. 시민들의 소득과 재산은 빠르게 늘어났으나, 모든 세상사에 명암이 있듯 정복지로부터 흘러들어온 엄청난 재화는 사회·경제적 불평등을 초래했다.

공동체를 중시하며 검소한 생활을 이어온 로마인들의 전통적

가치관에 점차 파열음이 생기기 시작했다. 일상이 된 전쟁과 승전 덕에 해외로부터 수많은 노예가 들어오면서 시골 소농들은 노예노동을 동원한 귀족 지주의 대농장 라티푼티움latifundium에 밀려 이농했고, 급기야 대도시 로마로 유입되어 빈민으로 전락했다. 사회·경제적 불평등과 이로부터 파생된 불만은 빠르게 누적되었다. 설상가상으로 공화정 체제는 시대 변화를 잘 읽고 적시에 대응하기에는 매우 비효율적인 제도임이 드러났다. 원로원을 중심으로 한 기득권층은 문제를 직시하고 해결책을 도색하기는커녕 넘쳐나는 재화를 독점하는 데만 급급했다.

제3차 포에니전쟁이 종료된 기원전 146년부터 기원전 30년경까지는 로마 역사에서 사회 갈등이 심각하게 표출된 대혼란기였다. 빠른 영토 확장의 여파로 공화정에서 제정으로 넘어가는 진통의 과정일 수도 있었다. 막대한 부를 발판 삼아 거의 사병화된 군대를 거느린 장군들의 반목과 이합집산, 이로 인한 내전과 반란(예컨대 스파르타쿠스 노예 반란) 등으로 하루도 편할 날이 없는 시기였다.

전쟁에서 승리해 명성을 얻은 장군들이 자연스럽게 권력의 정상으로 올라섰다. 기원전 107년 군대와 평민층의 전폭적 지지를 등에 업고 집정관Consul(평시에는 임기 1년의 선출직 집정관 두 명이 권력을 나눠 행사하다 비상시 6개월 임기의 독재관 한 명에 권력이 집중됨)에 선출된 후, 거의 종신토록 연임한 가이우스 마리우스Gaius

Marius를 필두로 기원전 82년 종신 독재관에 오른 루키우스 코르넬리우스 술라Lucius Cornelius Sulla가 권력을 휘둘렀다. 반란과 진압, 응징과 복수가 다반사로 자행되는 무정부적 상황에서 술라를 계승해 유력 지도자로 대두한 두 인물이 그나이우스 폼페이우스Gnaeus Pompeius와 율리우스 카이사르였다.

한 사람은 동지중해에서, 다른 한 사람은 갈리아 지방에서 거둔 군사적 성공을 기반으로 국민적 인기를 얻었다. 이후 두 사람은 정치권력 장악을 위해 정략결혼으로 장인과 사위 관계까지 맺는 등 의기투합했으나, 곧 권력을 다투는 비정한 경쟁자가 되고 말았다. 먼저 우위를 점한 인물은 소아시아와 팔레스타인 지방을 정복해 영토를 확장한 공로로 주가를 올린 폼페이우스였다.

열세였던 카이사르가 폼페이우스의 대항마로 떠오른 계기는 갈리아(현재 프랑스, 벨기에, 스위스 등으로 '골Gaul'이라고도 불림) 정복 과정에서 연이어 터뜨린 승전보였다.《플루타르코스 영웅전*Lucius Mestrius Plutarchus*》에 따르면, 기원전 58년 갈리아 원정에 오른 카이사르는 약 10년 동안 크고 작은 전투를 수행하며 약 300개에 달하는 원주민 부족을 물리치고 800개 마을을 점령했다. 그리고 갈리아 지방에 흩어져 살던 켈트족을 차례로 평정하면서 이들을 분할통치하는 방식으로 우세를 점했다. 이때 카이사르의 군단이 치른 무수한 전투 가운데 대표적으로 꼽는 것이 알레시아 전투다. 이 승리를 계기로 카이사르는 긴 갈리아 정복 사업에 마침표를 찍을 수 있었다.

알레시아 공방전은 기원전 52년 카이사르의 로마 군단이 아르베르니족 부족장 베르킨게토릭스Vercingetorix의 갈리아 부족 연합군과 격돌한 싸움이었다. 젊은 베르킨게토릭스는 강력한 로마군에 대항해 으선 흩어진 갈리아 부족들을 자신의 휘하로 규합해야 한다고 판단했다. 그는 강력한 지도력과 혹독한 규율을 앞세워 갈리아 부족을 규합하는 데 성공했다. 총궐기에 들어간 베르킨게토릭스는 초토화 작전으로 로마군을 괴롭혔다. 하지만 초전의 승리에도 불구하고 시간이 지나면서 부족들의 결속력이 약해졌고, 베르킨게토릭스의 군대는 알레시아 요새에서 로마군에 포위되어 장기 공방전에 패하면서 로마군 격퇴에 실패하고 말았다.

이 승리로 카이사르의 명성은 크게 높아졌다. 무엇보다 생사고락을 함께한 갈리아 주둔 로마 군단의 진정한 충성을 얻어냈다. 그는 이 9년간의 이야기를《갈리아 전기Commentarii de Bello Gallico》라는 책으로 후세에 남겼다.

알레시아 공방전 승리로 카이사르는 마침내 갈리아 전체를 로마에 복속시키는 데 성공했다. 이 소식은 빠르게 퍼졌그 로마에서 카이사르의 인기는 급상승했다. 하지만 역사의 어느 시대에도 권력자 두 명이 동시에 공존한 적은 없었다. 아니나 다를까, 폼페이우스와 카이사르는 과거의 친분은 내던진 채 곧 생사를 건 대

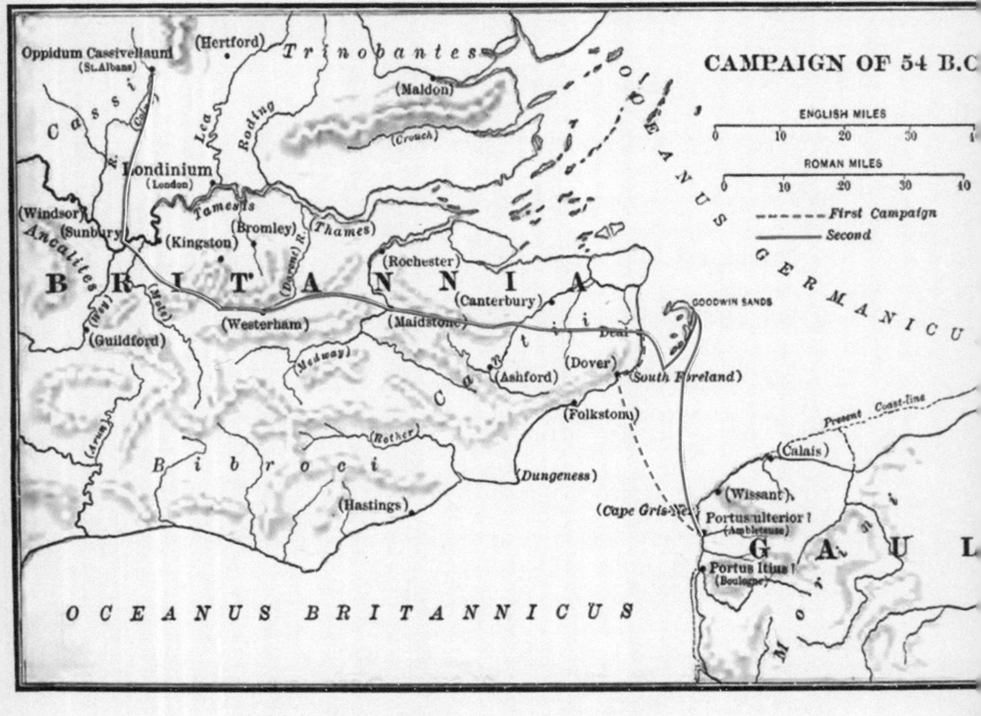

기원전 54년 카이사르의 브리타니아 원정 경로. 점선은 1차 원정, 실선은 2차 원정.

결 국면으로 들어갔다. 장기간 변방에 머물던 카이사르와 달리 로마에서 활동하던 폼페이우스는 원로원으로부터 단독 집정관으로 추대되며 권력 다툼에서 우위를 점했다.

집정관에 오른 폼페이우스는 기원전 50년 원로원 명으로 카이사르에게 예하 군대를 해산하고 복귀하라는 소환 명령을 내렸다. 말이 소환이지 카이사르로서는 혈혈단신으로 호랑이 굴로 걸어 들어가는 것이나 진배없었다. 까딱하면 체포되어 형장의 이슬로 사라질지도 몰랐다. 원로원 명령에 순응해 로마로 갈 것인가, 아니면 국가의 반역자가 될지언정 폼페이우스와 일전을 벌일 것인가? 양자택일의 기로에서 카이사르는 후자를 택했다. 기원전 49년 1월 10일 마침내 "주사위는 던져졌다"라는 말과 함께 정예 1개 군단 병력 5000여 명을 이끌고 그는 공화국 로마와 속주의 경계선이던 루비콘강을 넘어섰다.

강을 건넌 카이사르는 병력을 이끌고 곧장 로마로 진군했다. 사실상 이는 내전을 의미했다. 원로원과 연합한 폼페이우스도 대응해야만 했다. 카이사르가 루비콘강을 건넜을 때 이디 원로원과 폼페이우스는 그를 반역자로 선언하고 군사적 대응책 마련에 착수했다. 두 실력자 간에 벌어진 내전은 기원전 49년부터 기원전 45년까지 5년이나 이어졌다.

초반 열세에 처했던 카이사르는 전광석화로 빠르기 진군해 일단 정치의 심장부인 도시 로마를 장악했다. 이어서 즉각 폼페이우스와 그의 추종 세력을 제압하는 방향으로 돌입했다. 먼저 히스파니아를 평정한 후 폼페이우스 세력의 거점이라 할 수 있는 동지중해로 향했다. 전투는 주로 그리스반도에서 벌어졌다. 수차례 충돌과 조우 끝에 마침내 양측은 기원전 48년 8월, 그리스 내륙 파르살루스에서 최후의 결전을 벌였다. 전력상 열세에도 승리의 여신은 충성과 신뢰로 뭉친 카이사르 군단의 손을 들어주었다. 이집트로 도주한 폼페이우스가 그곳에서 예기치 않게 암살되면서 두 사람의 권력투쟁도 막을 내렸다.

숙적을 물리친 카이사르는 위풍당당하게 로마로 귀환해 명실상부한 최고 권력자로서 개혁 정책을 추진하기 시작했다. 폼페이우스를 지지하던 원로원의 권한을 축소하고 스스로 종신 독재관으로 취임해 국가의 중요한 권한을 장악했다. 이런 조치에 당연히 기득권층인 원로원 의원들은 격렬하게 반대했다. 이들이 내린 결론은 로마의 자랑스러운 공화정 전통을 위협하는 자는 누구든 응징한다는 것이었다. 기원전 44년 3월 15일, "브루투스, 너마저도!"라는 말로 잘 알려진 마르쿠스 브루투스Marcus Brutus가 일군의 원로원 의원을 이끌고 공화정을 수호한다는 명분을 내세우며 카이사르를 암살했다. 카이사르의 나이 56세였다.

이후 로마는 재차 내전에 휩싸인다. 결국 모든 혼란을 수습하고 로마제국의 기초를 놓은 인물은 카이사르의 양자로 역사에서 '아우구스투스Augustus(존엄자)'로 불리는 가이우스 옥타비아누스

Gaius Octavianus다. 카이사르 필생의 꿈이 입양아에 의해 실현된 것이다. 카이사르가 죽은 후 기원전 42년에 원로원은 카이사르를 공식적으로 로마의 신으로 축성했다. 이후 로마에서는 황제가 죽으면 후임자가 그를 신격화하는 것이 관례가 됐다. 카이사르의 생애는 그가 남긴 기록(《갈리아 전기》,《내란기*Commentarii ae Bello Civili*》)을 통해 상당 부분 알려져 있다. 오랜 친구이자 정적인 키케로*Cicero*와 주고받은 서신, 키케로의 연설, 수에토니우스*Suetonius*나 플루타르코스*Ploutarchos* 같은 후대 역사가들의 기록으로도 살펴볼 수 있다.

카이사르의 루비콘강 도하는 이후 로마 역사에 어떠한 영향을 미쳤을까? 내전 승리자가 되면서 카이사르는 최고 권력자로 등극했다. 비록 얼마 지나지 않아 암살되는 비운을 맞았지만 카이사르는 무려 2000년에 육박하는 로마의 역사에서 매우 중요한 군사 지도자이자 정치가 가운데 한 명으로 평가되고 있다. 카이사르는 로마제국의 영토를 확장했고, 정치적으로는 공화정에서 제정으로 넘어가는 전환점을 이뤘다.

정상에 있던 짧은 기간 동안 카이사르는 이후 로마가 세계사에 언급되는 제국으로 성장하는 기틀을 마련했다. 그가 암살당한 후 로마는 잠시 혼란을 겪었으나 카이사르가 실행한 개혁과 군사적 유산은 오랫동안 로마제국 발전에 영향을 미쳤다. 예컨대, 유형적으로는 도시 로마를 감싸고 있던 성벽을 허물었고, 무형적 측면에서는 수천 명의 히스파니아와 갈리아 속주민에게 로마 시민권을 부여했다. 오늘날 로마 문명의 우수한 특징으로 평가되는 개방성과 포용성의 토대를 세운 셈이다. 이에 힘입어 이후 로마가 강성한 제국으로 긴 세월 유지되었음을 고려할 때, 카이사르야말로 짧게는 '팍스로마나Pax Romana(로마의 평화)' 시대를 개막하고, 길게는 천년 제국 로마의 머릿돌을 놓은 인물이다.

카이사르가 기여한 진정한 공적은 영토 확장이었다. 이탈리아 반도와 지중해 연안에 치우쳤던 영토를 알프스 너머 드넓은 평지가 펼쳐진 갈리아 지방까지 넓혔다. 그는 당시 로마 공화정의 지도자로는 드물게 갈리아 지방의 잠재력을 간파하고 직접 네 개 군단을 이끌고 거의 10년 동안 장병들과 동고동락하면서 과업을 완수한 것이다. 카이사르가 서유럽의 핵심부인 갈리아를 로마 영역으로 편입시킨 덕에 그리스 문명을 이은 로마 문명이 오늘날까지 서유럽 세계의 기본 토대로 자리매김할 수 있었다. 더불어 그의 이름으로 채택된 율리우스 태양력은 16세기 말 그레고리우스Gregorius 태양력으로 대체될 때까지 1500년 이상 서양인들의 삶을 다스렸다. 이를 기리는 듯 7월을 뜻하는 'July'도 율리우스라는 그의 이름에서 연유했다.

무엇보다 카이사르가 위대한 통치자로 역사에 기록된 출발점은 그가 유능한 군사 지도자였다는 데 있었다. 군사령관으로 다양한 전쟁을 수행하면서 그는 타고난 역량을 과시했다. 전쟁의 향방을 조망하는 전략적 측면은 물론이고 세부적인 전술 면에서도 발군의 능력을 발휘해 여러 원정과 전투에서 승리를 거뒀다. 그는 기동력을 중요시하는 전략을 축 삼아 적군의 약점을 빠르게 포착하고 예상치 못한 위치에서 기습적인 공격을 펼쳤다. 이를 위해 병력의 분산과 집중을 유연하게 구사하고, 특히 보급로 확보와 군수물자 공급을 매우 중시했다. 특히 그는 말단 병사들과의 접촉과 신뢰를 중시한 유능한 리더로서 부하들의 진심 어린 존경과 충성을 받았다.

1월

독일 통일

제1차 세계대전의 불씨가 타오르다

#국민국가
#민족주의
#베스트팔렌조약
#고틀리프피히테
#비스마르크
#나폴레옹3세
#알브레히트폰론
#헬무트폰몰트케

우리 민족에게 가장 중요한 과업은 남북통일일 것이다. 제2차 세계대전 직후 열강에 의해 양분되고 한국전쟁으로 더욱 높아진 분단의 장벽을 허무는 과업 말이다.

왜 우리는 하나가 되고자 하는가? 두말할 필요 없이 같은 민족이기 때문이다. 흔히 민족주의Nationalism로 알려진 혈통 언어 등을 공유하는 '동질적 문화 집단의식'은 19세기 후반 유럽에서 봇물 터지듯 분출하기 시작했다. 1789년 프랑스혁명 이래 보나파르트 나폴레옹Bonaparte Napoléon의 진군과 더불어 혁명의 신조인 자유·평등·우애의 이념이 유럽 각지로 퍼져나가면서 19세기 전반기에는 자유주의Liberalism가, 후반기에는 민족주의가 풍미했다. 나폴레옹의 프랑스군이 파죽지세로 유럽 대륙을 휩쓸자 프랑스 주변 주민들은 국가와 민족의 운명을 동일시하는 들뜬 분위기에 휩싸였다.

무엇보다 외세에 대항해 벌인 전쟁이 민족의식 형성과 성장에 결정적 영향을 미쳤다. 근대국가 성립 이후 역사에 민족이라는 개념이 등장하면서 격화된 민족 간 충돌은 인류에 수많은 갈등과 오해 그리고 아픔을 안겨주었다. 심지어 자민족의 명령이라는 구실로 다른 민족을 대량 학살하는 비극적인 만행조차 19세기 이후 수없이 자행됐다. 민족주의의 영향으로 외세 지배나 간섭으로 분열되었던 지역민들의 민족의식이 고양된 것이 빌미를 제공했다. 통일국가를 수립하려는 거센 열망이 급기야는 무력 충돌로 이어졌다. 폴란드 국부로 추앙받는 유제프 피우수트스키Józef Piłsudski는 "국가가 민족을 만드는 것이지, 민족이 국가를 만드는 것은 아니다"라고 설파했다. 정확히 말해 19세기에 국가는 민족을 만들 뿐만 아니라 창조할 필요가 있었다.

물론 민족주의의 물결은 19세기 전반기에도 출렁이고 있었다. 이때는 주로 타민족의 압제에 놓였던 국가들의 해방과 독립국가를 추구하는 이념으로 자유주의와 함께 영향을 미쳤다. 예컨대 1829년 거의 400년에 걸친 오스만튀르크의 지배에서 벗어나 독립한 그리스와, 주변 열강의 지지에 힘입어 스페인 지배와 프랑스 영향에서 탈피한 벨기에가 이에 해당했다. 19세기 후반에 이르러서는 민족주의가 민족국가 수립의 이념으로 떠올랐다. 긴 세월 분열해 수시로 반목하고 충돌을 일삼아온 사람들이 같은 민족이란 이름으로 국민 의식을 형성하고 통일국가를 수립하는 데 민족주의가 실천 이념으로 작동했다.

장기간 여러 군소국으로 분열했던 이탈리아 통일(1866)이나, 특히 같은 게르만 민족이면서 수십 개 군소 국가로 나뉘어 있던 독일 통일(1870)이 그 예로 꼽힌다. 국가 통일을 달성한 두 나라는 1870년 이후 안으로는 국민 통합에 총력을 기울였고, 이렇게 축적한 국력을 바탕으로 대외 팽창을 추구했다. 결국에는 1914년 8월 민족국가들의 대결인 제1차 세계대전이라는 '지옥의 길'로 일거에 휩쓸려 들어갔다.

19세기 후반을 풍미한 것으로 모자라 제2차 세계대전 이후 식민지인의 독립 의식을 고취했음은 물론, 속칭 '세계화 시대'인 오늘날까지 위세를 떨치고 있는 민족주의는 정체가 무엇일까? 왜 이에 감염된 사람은 그토록 심장이 뜨겁게 달아오를까?

민족주의는 비교적 근대에 형성된 민족nation 개념에 근거한다. 민족은 공통된 언어와 관습, 문화, 역사로 결속되어 같은 정부의 지배를 받는 사람들이다. 따라서 민족주의자들은 행정 권력이 관리하는 영토가 인종 집단의 경계와 일치해야 한다고 주장해 왔다. 19세기 이전 유럽 역사에서는 정치적 단위가 인종 집단으로 정의된 경우도, 더군다나 인종 집단이 국가를 지태한 사례도 없었다. 당연하게도 군주나 왕조가 각국의 정치 단위를 구성하는 기본 구조였다. 그런데 1789년 발발한 프랑스혁명이 기존 정치 지형을 송두리째 뒤집어놓는 촉매제가 됐다. 이제 지역마다 민족의 상징을 만들어 확산시킴으로써 민족의식을 고취하려 했다. 이에 따라 국기, 애국가, 국경일 그리고 민족 영웅 등을 적극적으로 선양했다. 동시에 사전류와 문법 교과서 등을 발간해 문자를 통일하고 민족사民族史를 정리해, 의무화한 교육제도를 통해 확산했다. 물적으로는 국립박물관이나 지역박물관을 건립해서 민족 영웅을 드높였고 역사 유산 수집과 전시를 활성화했다.

민족주의는 19세기에 이미 제국에 대한 충성의 기반이던 왕조적·종교적 정서를 갉아먹기 시작했다. 오스만제국이 지배하던 발칸 지역에서 연이어 봉기가 발생해 그리스, 세르비아 그리고 불가리아가 신생독립국가가 됐다. 특히 1848년 유럽 각지에서 발생한 혁명은 중부 유럽에서 독일, 이탈리아, 헝가리 사람들이 발산한 민족주의의 잠재력을 과시했다. 1850년대 합스부르크 왕조가 추구한 왕권 강화책의 실패는 역사의 시계추가 더는 18세기로 되돌아갈 수 없음을 분명히 보여주었다.

이제 ‘민족’은 새로운 시민 종교로 작동했다. 이는 민족국가를 시민 각자에게 직접 접촉시키는 방식으로, 동시에 국가에 대한 충성이 아닌 다른 조직(국가와 동일하지 않은 종교나 인종 집단 등)에 충성하는 자를 줄여나가는 방식으로 모든 시민을 국가에 묶어주는 일종의 접착제였다.

어떻게 이런 동질화가 가능했을까? 종족을 넘는 민족주의를 가능케 한 외적 조건으로 문해력 향상과 교통·통신망의 발달, 도시 생활양식을 꼽을 수 있다. 이를 토대로 인적·물적(정보) 소통이 활발해졌기에 '우리는 하나'라는 동류의식이 형성될 수 있었다. 특히 인쇄술의 발전은 새로운 국가 개념을 발전시키는 데 핵심으로 기여했다. 시민을 확장된 사회적 가족으로 묶는 공용어가 없었다면 국민국가는 상상조차 할 수 없었으리라. 이런 상황에서 인쇄업자들은 가장 지배적인 단일 토착어로 문법을 표준화해 그것을 초창기 국민국가의 공식어로 채택하도록 이끌었다.

그렇다면 민족의식이 분출하기 이전에 독일의 통일국가 수립이 영국이나 프랑스 등에 비해 지연된 이유는 무엇일까? 우선 프랑스, 오스트리아 같은 주변 강대국의 지속적인 방해 공작이 있었다. 이들은 유럽 중앙부에 통일된 국가가 등장해 기존 세력균형에 변화를 초래할까 우려했다. 그래서 30년전쟁을 종결짓는 베스트팔렌조약(1648) 이후 독일 지역은 '융커Junkers'란 명칭의 토지 귀족이 지배하는 300여 개의 군소 영방국가領邦國家로 분열된 채 반목과 대립을 이어가고 있었다. 또 다른 저해 요인은 종교였다. 1517년 루터의 종교개혁 이래로 특히 독일 지역에서는 신교와 구교의 대립이 격화되어 전쟁까지 벌일 정도였다. 이후에도 로마교황청은 정치적으로 독일 지역을 통치한 신성로마제국과 손잡고 영향력을 행사하면서 통일을 방해했다.

그러나 이러한 역경 속에서도 19세기에 접어들면서 통일을 향한 움직임이 일어났다. 통일의 단초가 된 것은 아이러니하게도 나폴레옹의 독일 침공이었다. 나폴레옹의 침략 전쟁으로 프랑스 혁명 이념이 유럽 전역으로 전파되면서 이미 문화적으로 움트고 있던 독일 민족주의의 발흥을 촉발했다. 같은 게르만족 국가인 오스트리아나 특히 프로이센이 나폴레옹군에 참패한 것이 민족적 각성을 촉구했다. 18세기 말 계몽주의의 질곡에서 벗어난 이래 낭만주의의 영향 아래 이른바 '질풍노도 운동'이 거세게 일어났고, 민족적 과거를 이상화하고 민족을 신의 창조물로 인식하는 독특한 민족 개념이 태동해 독일인들 사이에 민족 감정이 형성되기 시작했다.

이에 따라 혈통, 문화, 언어 등 민족의 원초성을 강조하는 경향이 두드러졌다. 요한 헤르더Johann Herder는 "모든 민족에게는 나름의 뚜렷한 개성, 즉 민족정신Volksgeist이 있다"라고 주장했다. 이어서 그림Grimm 형제는 영웅 전설이나 우화 등을 수집하고 동화책을 출판해 독일 민족의 우수성을 내세웠다. 동시에 언어와 국가를 통일할 필요성을 제기했다. 저명한 철학자 요한 고틀리프 피히테Johann Gottlrieb Fichte는《독일 민족에게 고함Reden an die deutsche Nation》(1808)을 통해 독일인들의 각성을 촉구했다. 발전한 인쇄 문화 덕에 이들의 주장은 빠르게 퍼졌다. 수많은 책과 잡지, 신문 등이 발행되면서 문자언어는 구어口語보다 영속적이고 '불변하는' 특징을 갖게 됐다. 여러 면에서 서로 다른 집단이라 여겨온 다양한 지역 사람들이 같은 민족 구성원이라는 민족주의자들의 주장에 설득됐다.

정치적으로 독일의 통일 과업에 기폭제가 된 것은 1848년 프랑스 2월혁명이었다. 혁명의 여파로 프로이센 수도 베를린을 비롯한 독일 각지에서 통일 운동의 불이 붙었다. 무엇보다 1848년 5월 독일 중앙부의 프랑크푸르트에서 범국민 회의가 열렸다. 헌법 제정과 통일 문제를 논의하기 위해 독일 각지에서 선출된 대표들이 프랑크푸르트로 도여들었다.

프랑크푸르트국민의회의 가장 중요한 의제는 통일 노선이었다. 다민족국가인 오스트리아를 포함해 통일국가 건설을 내세운 오스트리아의 '대大독일주의'와 오스트리아를 제외하고 순수하게 게르만족만으로 통일국가를 수립하자는 프로이센의 '소小독일주의'가 팽팽하게 맞섰다. 예상을 뒤엎고 프로이센의 소독일주의가 채택됐으나 당사국인 프로이센 국왕이 이 제안을 거부함으로써 국민의회를 통한 아래로부터의 통일은 실패하고 말았다.

토론과 표결에 기초한 자유주의적 통일 시도에서 참담한 실패를 경험한 독일인들은 이후 권위적 보수주의자들이 주도하는 힘에 기초한 통일 노선을 지지했다. 이때 통일 과업을 이끌 주역으로 등장한 인물이 '철혈재상'이라 불린 오토 폰 비스마르크Otto von Bismarck다. 동프로이센 융커 가문 출신으로 외교가에서 공직 생활을 한 그는 1862년 빌헬름Wilhelm 1세의 발탁으로 프로이센 총리가 된 후 강력한 부국강병책을 추진했다. 특히 군사력 증강

1885년의 오토 폰 비스마르크. 1871년에 독일 통일을 완성하고 신제국의 재상이 된 그는 가톨릭교도와 사회주의 운동을 탄압하고 유럽 외교의 주도권을 장악해 '철혈재상'이라 불렸다.

에 필요한 군 예산 대폭 증액을 의회에 요청했고, 의회가 이를 반대하자 독일 통일은 낭만적 이상이 아니라 현실에 기초한 군사력 증강과 전쟁, 즉 '철鐵과 혈血'에 의해서만 가능하다고 역설했다. 연방의회와 힘겨루기 한 끝에 군 개혁과 군비 예산 확보에 성공한 비스마르크는 국방 장관 알브레히트 폰 론Albrecht von Roon, 참모총장 헬무트 폰 몰트케Helmuth von Moltke와 함께 구체적인 준비 작업에 돌입했다.

군비 증강에 진력한 비스마르크는 1860년대 중반 본격적으로 통일을 위한 행보를 내디뎠다. 이들 속칭 독일 통일 과업의 '삼총사'가 추구한 통일 방식은 통일을 저해하는 주변 열강을 군사력으로 하나씩 굴복시키는 것이었다. 우선 1864년 오스트리아와 연합해 덴마크와 전쟁을 벌여서 슐레스비히와 홀스타인 지방을 차지했다. 곧 오스트리아를 자극해 1866년 전쟁을 도발하도록 유도한 후 사전 준비된 군사력을 동원해 단기간에 승리를 거뒀다. 여세를 몰아 최후의 방해 세력인 프랑스를 제거하는 작업에 착수했다. 때마침 터진 스페인 왕위 계승 문제를 빌미로 프랑스인들의 자존심을 자극해, 이에 발끈한 프랑스가 준비도 미흡한 상태에서 여론에 밀려 먼저 선전포고하도록 유도했다. 1870년 7월 중순 양국 간에 전쟁이 발발했으나 프랑스는 채 두 달도 버티지 못하고 프로이센의 공격에 여지없이 무너지고 말았다.

스당 전투에서 프랑스군이 참패한 것이 결정적이었다. 나폴레옹3세와 함께 프랑스군이 스당으로 후퇴하자 프로이센 총참모장 몰트케는 즉각 예하 제3군 사령관에게 그곳을 포위하라 명령했다. 프랑스군은 뒤로는 스당 요새를, 좌우로는 언덕과 숲을 의지해 방어 태세를 갖췄다. 하지만 전장을 전체적으로 조망할 때, 움푹 파인 항아리 모양 지형에 포진한 프랑스군 12만여 명을 프로이센군 20여만 명이 둘러싸고 있는 형상이었다. 전체 병력은 물론이고 무엇보다도 야포 560여 문을 보유한 프랑스군에 비해 770여 문의 야포로 무장한 프로이센군이 화력 면에서드 월등한 우세를 점하고 있었다.

마침내 1870년 9월 1일 새벽 프로이센군의 공격이 시작됐다. 프랑스군도 잔뜩 대비한 터라 굳건하게 프로이센의 선제공격을 막아냈다. 하지만 아침 9시경 프로이센군이 자랑하는 크루프

Krupp 대포가 불을 뿜으면서 저항이 약해지기 시작했다. 줄기찬 포격과 함께 사방에서 프로이센 보병 부대의 공세가 이어졌고 정오에 이르러 프랑스군 방어진지는 기동 공간이 없을 정도로 줄어들었다. 용감한 프랑스 기병대가 포위망을 뚫고 돌파구를 찾아 수차례 돌격을 감행했으나, 이미 부상이 심각한 총사령관 마크마옹Mac Mahon을 포함해 수많은 사상자만 남긴 채 실패하고 말았다. 인명 피해만 늘어날 뿐 더 이상 탈출 가망성이 없어 보이자 나폴레옹3세는 공격 중지 명령을 내렸고 다음 날인 9월 2일, 백기를 내걸어 프로이센군에 항복했다. 황제 나폴레옹3세를 비롯한 10만 명 이상의 병력이 포로 신세가 되고 말았다.

이후 전쟁은 4개월 이상 이어졌으나 황제마저 항복한 와중에 프랑스군은 역전할 만한 전투력을 발휘할 수 없었다. 나폴레옹3세의 항복과 함께 몰락한 제2제정을 공화정부가 이어받아 의용군을 동원해 게릴라전을 펼쳤으나 역부족이었다. 마침내 1871년 1월 프랑스는 패배를 인정하고 평화조약 체결을 제안했다. 불과 반년 만에 부동의 강대국 프랑스를 제압한 비스마르크는 1871년 1월 18일 파리 교외에 있는 베르사유궁전 거울의 방에서 독일제국 수립을 선포하고 프로이센 국왕 빌헬름1세를 신생 제국 초대 황제로 추대했다. 이후 1871년 5월 18일 프랑크푸르트에서 양국 간 강화조약이 체결되면서 공식적으로 종전이 선언됐다.

독일 통일은 예상치 못한 국가와 인물에 의해 달성됐다. 우선

프로이센·프랑스전쟁(보불전쟁) 당시 프랑스군의 황동 대포. 크루프의 신형 주철 후장식 대포와 구식 황동 전장식 대포가 맞붙었고 프랑스는 큰 타격을 입었다.

중앙 유럽의 전통 강국이던 오스트리아가 아니라 북쪽 끝 척박한 땅에서 대두한 프로이센이 통일의 중심이 됐다. 여기에 더해 젊은 시절부터 국가 통일의 열망을 품고서 그 비전을 차근차근 추

포로가 된 프랑스의 나폴레옹 3세(왼쪽)와 프로이센 총리
비스마르크(오른쪽). 프랑스군은 3000명이 전사하고 10만 3000명이 포로로
잡혔다.

진해온 비스마르크라는 정치가가 있었다. 그는 주변 열강을 자국
의 지지 세력으로 만드는 교묘한 현실 외교와 전쟁이라는 무력
수단을 통해 그토록 지난했던 국가 통일의 위업을 달성했다. 하
지만 독일의 통일은 아래로부터 분출된 국민적 열망이 아니라 국
가의 힘에 의한 위로부터의 통일이라는 문제를 안고 있었다. 이
처럼 거침없이 발휘된 '국가 우위'의 전통은 이로부터 40여 년이
흐른 뒤 제1차 세계대전이라는 대재앙의 전조가 된다는 점을 당
대인들은 미처 깨닫지 못했다.

독일 통일은 유럽의 국제 관계 지형을 요동치게 만들었다.

1871년 1월 빌헬름1세가 신생 독일제국 황제로 즉위한 데 이어 통일 주역인 비스마르크는 신생 제국의 총리이자 외무 장관에 임명됐다. 이후 20년 가까이 활동하면서 비스마르크는 독일을 유럽 외교의 중심국으로 만들었다. 러시아와 오스만제국의 분쟁 조정을 위해 베를린회의(1878. 7.)를 주도한 사례에서 보듯이 비스마르크와 독일제국의 위세는 날로 높아졌다. 특히 참패 후 절치부심하는 프랑스의 복수를 우려해, 비스마르크는 재임 중 복잡한 외교 관계를 형성해 국제적으로 프랑스를 고립시키는 데 총력을 기울였다.

프랑스 주변국인 오스트리아와 이탈리아를 끌어들여 교묘하게 구축해둔 외교망은 그의 재임 중에는 그런대로 유지됐다. 하지만 1890년 비스마르크 사임 후 곧 와해되면서 결국에는 1914년 8월 제1차 세계대전 발발과 확전의 중대 요인으로 작용했다. 통일 과업을 주도한 비스마르크, 론, 몰트케 삼총사는 세계더전을 초래한 대파국의 출발점이 민족주의 이념으로 추동된 1870년 독일 통일이었음을 과연 상상이나 했을까.

2월

#국제연합

얄타회담

냉전의 씨앗을
뿌리다

#루스벨트
#처칠
#스탈린
#히틀러
#무솔리니
#대서양헌장
#장제스
#카이로회담
#국제연합

두껍게 껴입은 옷 속으로 한겨울 추위가 파고드는 크림반도의 끝자락, 흑해 연안의 작은 휴양도시 얄타에 1945년 2월 세계인의 이목이 쏠렸다. 제2차 세계대전 이후 국제 관계의 기본 틀을 설계한 중요 회담이 열리고 있었기 때문이다. 흔히 '얄타회담Yalta Conference'이라 부르는 연합국의 수뇌회담, 다시 말해 미국 대통령 프랭클린 루스벨트Franklin Roosevelt, 영국 총리 윈스턴 처칠Winston Churchill 그리고 소련공산당 서기장 이오시프 스탈린Iosif Stalin 세 사람의 회동이었다.

왜 이들은 머나먼 길을 내달려 이곳에 모였을까? 5년째 이어지던 제2차 세계대전이 연합국의 승리로 종결될 조짐이 분명해지자 전후 제반 문제를 결정하기 위해서였다. 이때 합의된 사항은 짧게는 1991년 공산 소련이 망할 때까지, 길게는 휴전선을 경계로 한반도가 분단되고 그 상황이 지속하는 오늘날까지 국제 관계에 심대한 영향을 미쳤다. 그래서 전후 '냉전 체제'는 흔히 '얄타 체제'라 불리기도 했다.

먼저 얄타회담에 이르게 된 제2차 세계대전의 대략을 살펴보자. 1939년 9월 1일 새벽 독일의 폴란드 침공으로 제2차 세계대전의 불이 붙었다. 이로부터 5년 이상 이어진 전쟁은 독일을 위시한 추축국이 승세를 잡은 전반기(1939. 9.~1942. 6.)와 미국을 비롯한 연합국이 역전해 최종 승리한 후반기(1942. 6.~1945. 8.)로 대별한다. 전쟁은 적대적인 두 진영이 인적·물적 자원을 총동원하는 총력전으로 전개됐다. 더구나 과거 어느 전쟁과 비교할 수 없을 정도로 지구 전체가 전쟁터로 변한, 말 그대로 세계대전이었다. 제1차 세계대전의 경험을 토대로 한층 개선된 무기 체계를 동원한 탓에 피해는 더욱 컸다. 특히 종전 직전에는 '아마겟돈Armageddon급' 무기인 원자폭탄까지 투하되면서 인류 전체에 경종을 울렸다.

개전 초반 전격전Blitzkrieg이라는 기발한 전투 방식으로 동쪽으로는 불과 3주 만에 폴란드를, 서쪽에서도 6주(1940. 6. 22.) 만에 강대국 프랑스를 물리치면서 독일군은 놀라운 전투 역량을 과시했다. 이제 유럽 서부전선에서 남은 국가는 영국뿐이었으나, 항전 의지를 상실한 영국이 곧 평화 협상에 응할 것이라는 아돌프 히틀러Adolf Hitler의 예상은 보기 좋게 빗나갔다. 1930년대에 줄곧 대독 강경론을 주장해온 처칠이 1940년 5월 유화론자 네빌 체임벌린Neville Chamberlain 후임으로 영국 총리가 됐다. 취임 직후 행한 의회 연설에서 처칠은 영국 국민을 향해 오로지 필요한 것은 "피와 땀과 눈물"이라고 호소하면서 항전 의지를 드러냈다.

영국의 태도에 화가 난 히틀러는 공군 장관 라인하르트 괴링Reinhard Göring의 호언장담을 믿고 공군력으로 영국을 굴복시키고자 했다. 이로써 약 4개월(1940. 7.~1940. 10.) 동안 영국 공군과 독일 공군 사이에 제공권을 놓고 필사적인 '영국 전투'가 벌어졌다. 결과는 필승의 애국심으로 굳게 뭉치고 레이더라는 최신 탐지 장비로 독일의 내습을 사전에 파악해온 영국 공군의 승리였다.

비록 영국 침공에는 실패했으나 서유럽을 석권한 히틀러는 게르만족의 생활공간 확보라는 오랜 꿈을 실현하는 과업에 착수했다. 눈을 다시 동쪽으로 돌린 히틀러는 1941년 6월, 작전명 '바르바로사Barbarossa'로 알려진 소련 침공 계획을 실천에 옮겼다. 동부전선 전역에서 엄청난 규모(약 260개 사단)의 독일군이 전쟁 발발 직전 체결된 독소불가침조약(1939. 8. 23.)을 깨고 국경선을 넘어 빠른 속도로 소련 영토로 진격했다. 공격 초기에 독일군은 허를 찔려 우왕좌왕하는 소련군에 대승을 거두면서 파죽지세로 밀고 들어갔다. 북쪽 레닌그라드는 수개월째 독일군에 포위되어 있었고, 전선 중앙부에서는 독일군이 모스크바 외곽까지 진격해 수도를 위협했으며, 남부에서는 우크라이나 곡창지대가 독일군의 수중으로 떨어졌다. 승승장구하던 독일군의 발목을 잡은 것은 다름 아닌 동장군, 러시아의 혹한이었다. 계속되는 승리에 도취한 독일군은 혹한기 대비를 등한시했다.

드디어 남부전선에 있는 볼가강의 교통 요지 스탈린그라드에서 승패가 결정됐다. 약 6개월(1942. 8.~1943. 2.) 동안 이어진 처절한 시가전에서 마침내 소련군은 승리했다. 이는 같은 해 여름 태평양에서 벌어진 미드웨이해전(1942. 6.)에서 미군이 거둔 승리와 더불어 전쟁 국면을 연합군 진영에 유리하게 전환하는 결정적 계기가 됐다. 애초에 미국은 유럽에서 전쟁이 발발하자 제1차 세계대전 때처럼 중립을 선언했다. 이후 직접 파병은 피한 채 무기대여법을 제정해 연합국 측에 무기와 식량 등을 공급했다. 이러한 미국이 일본 해군이 감행한 하와이 진주만 소재 태평양함대 사령부 기습 공격(1941. 12. 7.)을 계기로 직접 참전했다. 루스벨트 대통령은 대국민 연설에서 "진주만을 기억하라"라고 외치면서 태평양과 유럽 전선 모두에 미군을 투입했다.

동부전선에서 벌인 소련군의 선전 덕에 서부전선에서도 연합군의 반격이 본격화됐다. 북아프리카에서 반격의 서막을 연 연합군은 1944년 6월 드디어 노르망디상륙작전에 성공했다. 동서 두 전선에서 압박을 받은 독일군은 빠르게 무너졌다. 마침내 이탈리아(1944. 6.)에 이어 나치 독일마저 무조건항복(1945. 5.)함으로써 전쟁은 연합군의 승리로 끝났다. '전원 옥쇄'를 외치며 자살특공대까지 동원해 저항하던 일본도 히로시마와 나가사키에 원자폭

노르망디상륙작전은 연합군이 독일 점령지인 프랑스에 상륙하기 위해 수행한 역사상 최대 규모의 상륙작전이다. 당시 오마하 해변의 보급 작전 장면으로, 독일군 항공기 공격을 막기 위한 방어용 풍선과 미군 차량 행렬이 보인다.

탄이 투하되고 만주에서 소련군이 쇄도하자 무조건항복(1945. 8.)을 받아들였다.

일본마저 두 손을 들면서 마침내 제2차 세계대전이 끝났다. 이제 평화를 정착시킬 시점이었다. 6년 만에 파괴의 포성이 멈췄으니 이제는 전쟁이 저질러놓은 문제들을 해결해야만 했다. 전후 처리의 선결 과제는 '전쟁을 촉발한 가해자는 누구인가'를 밝히는 것이었다. 그래야만 책임 문제를 따질 수 있었기 때문이다. 앞선 제1차 세계대전이 그러했다. 문제는 그 결과 등장한 '베르사유체제'가 베니토 무솔리니Benito Mussolini와 특히 히틀러로 대변되는 파시즘의 발흥, 이어 제2차 세계대전 발발의 원인이 됐다는 불편한 진실이다. 역사적 실패를 교훈 삼아 제2차 세계대전 후에는 다른 방식으로 접근했다. 제1차 세계대전 종전 때처럼 별도의 강화회의를 소집하지 않고 전쟁 중 연합국 핵심 지도자들이 대서양회담, 카이로·테헤란회담, 얄타회담, 포츠담회담 등 일련의 국제 회담에서 합의한 결정으로 전후 처리를 대신했다.

어렴풋하게나마 전후 세계의 청사진을 처음 그린 것은 1941년 8월 처칠과 루스벨트 두 지도자의 대서양 함상 회의였다. 암울한 전황에 영국 처칠 총리와 미국 루스벨트 대통령이 대서양 뉴펀들랜드 인근 함정에서 전격 회동했다. 실효성 있는 결정은 없었으나 이 회담은 전후 평화 재건의 방향을 제시했다. 〈대서양헌장Atlantic Charter〉이란 이름으로 알려진 공동성명이다. 이는 유럽에서 영국

1941년 8월 대서양회담 중 영국 전함 함상에서 열린 일요 예배. 르스벨트와
처칠이 참석한 이 예배는 〈대서양헌장〉이 발표된 회담의 일부였다. 회담은
극비리에 진행됐다.

만 외롭게 나치 독일군에 대적하던 1941년 8월에 세계를 향해 선언됐다. 해상의 자유, 피정복민의 권리 옹호, 영구적 안전보장 제도 확립 등의 내용을 담은 헌장은 제1차 세계대전 동안 우드로 윌슨Woodrow Wilson 대통령이 제창한 '14개 조항'과 유사한 의미를 지니고 있었다.

〈대서양헌장〉은 다소 이상적이고 구체성이 미흡한 문서였다. 이보다 현실성 있는 결정 사항은 전쟁 중반부터 개최된 회담들에서 윤곽을 드러냈다. 1943년 중순 연합국의 승리가 가시화되었기에 연합국 지도자들은 회담을 통해 핵심 사안들을 구체적으로 논의할 수 있었다. 이러한 평화 구축 논의는 카이로회담에서부터 본격화됐다. 1943년 11월 말부터 12월 초, 루스벨트와 처칠 그리고 중국 국민당 정부 수반이던 장제스蔣介石 등 세 지도자가 이집트 카이로에서 회동해 전후 일본의 영토 문제를 논의했다. '적절한 시기에 한국을 독립시킨다'는 조항이 포함된 '카이로선언'은 당시 임시정부 요인을 비롯한 우리 독립지사들의 깊은 관심과 들뜬 기대를 모은 바 있다. 카이로회담 직후 루스벨트와 처칠 두 지도자는 이란의 테헤란으로 옮겨 스탈린을 만났다. 이때 서유럽에서 조속히 제2전선을 형성함으로써 소련에 대한 독일군의 압박을 분산시켜달라는 스탈린의 요구가 수용되어 이후 노르망디 상륙작전이 추진될 수 있었다.

전시 회담 가운데 백미는 얄타회담이었다. 여기서 도출된 '얄타협정'이 전후 처리와 국제 정세에 중대한 영향을 미쳤기 때문이다. 연합국의 승리가 거의 확실시되던 1945년 2월 초, 전쟁 수행의 견인차 역할을 하던 3국 정상(루스벨트, 처칠, 스탈린)이 소련의 크림반도 끝자락에 있는 얄타에 모였다. 의제는 전후 유럽과 소련의 대일전對日戰 참전 문제였다. 우선 적대 세력의 맹주였던 독일을 어떻게 처리할 것인지가 화두였다. 열띤 논의 끝에 전후 독일군을 무장해제시킨 뒤 독일 영토를 4개 지구로 분할, 연합국 4개국(미국, 영국, 소련, 프랑스)이 군정을 실시하기로 합의했다.

다음은 폴란드 정부 수립으로 대변되는 동유럽 문제였다. 1939년 9월, 불과 한 달 만에 독일군에게 나라를 빼앗긴 폴란드 정부의 주요 인사들은 영국 런던으로 피신해 그곳에서 임시 망명 정부를 구성했다. 문제는 대전 발발 때 폴란드의 동쪽 절반을 점령한 소련 적군赤軍이 폴란드 동부 루블린에 공산당 괴뢰정부를 수립하고 지원해왔다는 점이다. 그러다 보니 어느 쪽을 폴란드 정통 임시정부로 볼 것인가 하는 문제가 불거졌다. 논의 끝에 '향후 자유선거로 정부 형태를 결정한다'는 기본 원칙만 정하는 선에서 마무리됐다.

이어서 세계 평화를 지킬 집단안전보장책의 일환으로 국제연합UN, United Nations을 창설키로 합의했다. 이때 당시 강대국이 모두 참여하는 안전보장이사회를 핵심 기구로 만들었다. 제1차 세계대전의 결과로 탄생한 국제연맹League of Nations의 실패를 교훈 삼아 강대국을 모두 포괄하는 원칙을 적용한 셈이었다. 이에 더해 세계 평화를 교란하는 국가에 대해서는 유엔이 직접 군대를 파병해 응징한다는 무력 제재 규정도 신설했다.

마지막으로 동아시아에서 소련의 대일전 참전 여부를 결정했다. 독일 항복 후 3개월 이내에 소련군이 일본과의 전쟁에 돌입한다는 내용이었다. 남태평양의 도서島嶼를 탈환하는 과정에서 일본군의 끈질긴 저항으로 혈전을 벌인 미군으로서는 하루라도 빨리 일본을 굴복시키는 것이 급선무였다. 당시 일본은 항복은커녕 '본토 사수'를 외치면서 엄청난 인명 살상을 초래할 국가총동원법을 준비하고 있었다. 이런 상황에서 소련의 대일전 참전이야말로 종전을 앞당길 수 있는 매력적인 대안이었다. 얄타에서 처칠의 견제에도 불구하고 노령의 루스벨트가 스탈린에게 끈질기게 매달린 속내도 여기 있었다.

그러나 이는 전후 소련 측에 큰 이득을 안겨주는 결과를 가져왔다. 물론 만주에서 일본 관동군을 파죽지세로 밀어붙인 소련군의 쇄도가 일본 정부의 항복 결정에 결정적 영향을 미친 것은 분명하지만, 루스벨트의 유화적 태도가 스며든 얄타협정으로 동유럽이 소련의 위성국가화되고 한반도 분단이 초래된 점은 부인하기 어렵다. 같은 해 7월 독일 포츠담에서 3국 지도자(해리 트루먼 Harry Truman, 클레멘트 애틀리Clement Attlee, 스탈린)이 재차 회동했으나 얄타회담의 결정을 재확인하는 선에 머물렀다.

그렇다면 왜 얄타회담에서 이런 결과들이 도출됐을까? 이에 대한 답을 찾기 위해서는 당시 연합국을 대표한 세 지도자가 각자 어떠한 생각을 품고 회담에 임했는지를 볼 필요가 있다.

우선 처칠 총리로 대표되는 영국을 보자. 전쟁 발발 이전에 영국은 세계 최대의 식민지 보유국이었다. 따라서 당연히 이 질서가 대전 후에도 유지되기를, 적어도 최소한으로 개편되기를 원했다. 전 세계 식민지에 널려 있는 이권을 모두 포기한다는 것은 꿈에도 떠올리기 싫은 일이었다. 전쟁으로 국력을 소진한 영국이 이런 목표를 달성하기 위해서는 적어도 같은 자유민주즈의 국가인 미국의 도움 또는 적어도 묵인이 절실했다. 그런데 루스벨트는 영국의 염원을 들어줄 수 없었다. 이를 눈치챈 처칠이 실현 가능한 목표로 입장을 선회했는데, 바로 핵심 식민지인 중동과 인도에서 경제적 영향력을 지속하는 것이었다. 이를 위해서는 그리스반도를 중심축으로 한 지중해 해상권과 수에즈운하 통항권을 안정적으로 확보하는 것이 긴요했다.

이 목표를 달성한다면 처칠은 스탈린에게 어떠한 것이든 양보할 속셈이었다. 사실상 처칠은 이미 4개월 전에 스탈린과 회동해 영국에 그리스를 넘기는 대신 소련이 동유럽 대부분 지역을 차지하는 것을 허용한다는 '퍼센티지 비밀 협정Percentage Agreement'을 체결한 터였다. 달리 말해 런던에 폴란드 망명정부가 존속하더라도 처칠은 이미 폴란드를 소련의 위성국가로 넘겨줄 의향을 갖고 있었다고 추론할 수 있다.

그렇다면 홈그라운드에서 열린 회담에 음흉한 미소를 띠고 나타난 스탈린의 복안은 무엇이었을까? 사실상 제2차 세계대전 기간 동안 유럽 대륙에서 나치 독일군에 맞서 싸운 거의 유일한 무력은 소련군이었다. 제2차 세계대전 중 각국의 군인 사망자 수만 보더라도 여실히 드러나는 사실이다. 미국과 영국이 각각 40만 명에 달하는 전사자로 고통을 당한 데 비해 소련의 붉은 군대 전사자는 무려 800만~1000만 명에 달했다. 민간인 피해는 비교 자체가 무의미할 정도다. 영국의 민간인 사망자는 아무리 늘려 잡아도 1만 명 이하인 반면 전쟁 통에 죽은 소련인은 무려 1500만 명을 웃돌았다.

실상이 이렇다 보니 스탈린의 속마음은 전쟁 재발을 방지하는 데 집중되어 있었다. 구체적으로는 서방과 소련의 국경을 연해서 최대한 종심 깊은 완충지대를 확보하려는 시도로 나타났다. 더구나 얄타회담 당시 동유럽에서는 붉은 군대가 이미 폴란드 언저리까지 진격해 압도하고 있었기 때문에 여차하면 회담 때 '점령주의 원칙'이라는 카드를 꺼낼 참이었다. 그래서 스탈린은 얄타회담 직전 폴란드 동부 루블린에 있던 괴뢰정부를 향후 독립된 폴란드의 임시정부로 인정하는 조치까지 취하면서 실제 회담에서 기선을 잡으려 했다. 한마디로 유엔을 축으로 하는 국제 질서를 수립하려 한 미국과 제국주의 지배 체제라는 구질서의 와해를 막아보려 안간힘을 쓴 영국과는 달리, 소련은 자국 영토 방어 환경 조성이라는 목표를 갖고 회담에 임했다고 볼 수 있다.

회담의 실세 주관자인 미국의 입장은 어땠을까? 루스벨트가 이끈 미국의 핵심 목표는 동아시아에서 빨리 전쟁을 끝내는 것과 전후 국제 질서를 주도할 국제기구로 유엔을 설립하는 것 두 가지였다. 회담이 개최될 때만 해도 미군은 겨우 남태평양 지역을 평정하고 여전히 필리핀 주변 도서 지역에서 작전을 벌이고 있었다. 1945년 4월에 이르러서야 실행되는 오키나와상륙작전은 아직 윤곽조차 잡히지 않은 상황이었다. 그러다 보니 루스벨트는 과거 볼셰비키 혁명 이전에 제정러시아가 동아시아에 갖고 있던 영토 관련 이권을 대부분 인정하는 무리수까지 두면서 소련을 대일전에 끌어들이려 했다. 더구나 미국은 대전 후 세계 평화를 주도할 유엔을 순조롭게 설립하기 위해서도 강대국 소련의 협조가 절실한 상황이었다. 각자 미묘한 목표를 갖고 얄타에서 만난 세 지도자는 회담장의 불편을 감수하면서도 논의를 거듭해 절충안을 도출해내기에 이르렀다.

얄타회담 종료 몇 달 후 찾아온 종전과 더불어 세계인들은 자유와 평화가 깃든 희당찬 세계가 도래하리라 기대했다. 하지만 이는 한낱 꿈에 불과했음이 곧 드러났다. 연합국의 일원이던 소련이 숨겨온 침략 본성을 노골적으로 드러냈기 때문이다. 얄타회담에서 루스벨트 대통령의 유화적 양보로 챙긴 이권을 토대로 종

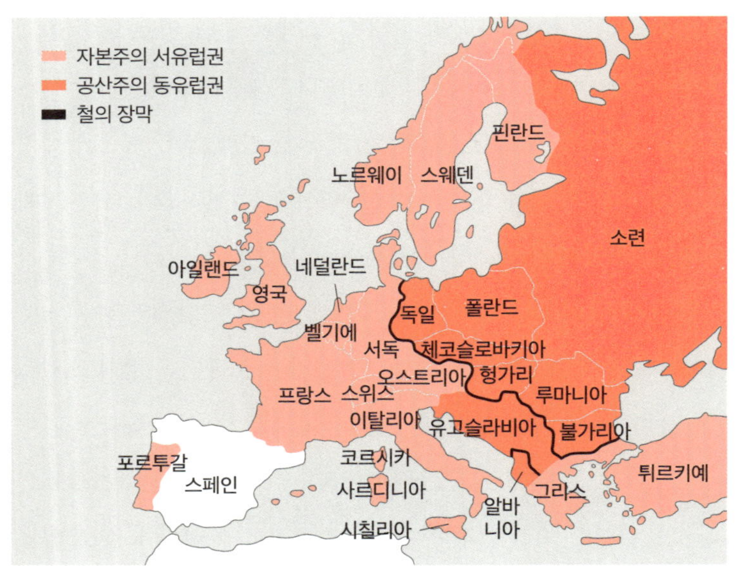

유럽 냉전 체제. 제2차 세계대전 직후부터 1991년 소련이 해체될 때까지 미국 중심의 자본주의 진영과 소련 중심의 공산주의 진영이 대립했다. 유럽 대륙은 '철의 장막'을 경계로 양분됐다.

전 직후 세력을 확장한 소련이 세계 평화를 위협하는 세력으로 대두했다.

대전 동안 공동의 적인 파시즘에 대항하느라 잠복했던 자본주의와 공산주의 체제의 대립이 "사회주의와 자본주의, 두 진영의 충돌은 불가피하다"라고 설파한 블라디미르 레닌Vladimir Lenin의 예견처럼 전후 소련의 급속한 영향력 확대와 더불어 표면화됐다. 특히 자유선거로 정부를 수립한다는 얄타회담의 합의를 무시한 채 소련이 동유럽 점령지에서 공산주의 반대 세력을 노골적으로 배제하고 숙청하면서 갈등의 골은 더욱 깊어졌다. 더욱이 미국 루스벨트의 뒤를 이은 트루먼 대통령의 민주당 정부는 이런 기류를 감지하고 대소對蘇 강경책으로 선회했다.

세계는 곧 미국을 중심으로 한 자유세계와 소련을 중심으로 한 공산세계의 대립, 즉 냉전이라는 긴장 관계로 빨려 들어갔다. 이때부터 1989년 11월 베를린 장벽 붕괴와 1991년 12월 공산 소련 해체로 냉전 체제가 끝날 때까지 약 반세기 동안 '냉전'이란 용어는 우리 시대의 가장 중요한 화두가 됐다. 그 계기가 된 사건이 바로 1945년 2월 흑해 연안에서 열린 얄타회담이었다.

2월

#을사늑약
#한일합병조약

러일전쟁

일제 군국주의의
빗장을 열다

#러일전쟁
#의화단사건
#그레이트게임
#문호개방정책
#발트함대
#을사늑약
#한일합병조약

1932년 5월 15일, 일본 해군 청년 장교들이 호헌護憲 운동을 이끌던 이누카이 쓰요시犬養毅 총리를 암살하고 폭탄 테러하는 사건이 발생했다. '5·15 사건'으로 불리는 이 사태는 크게 확대되지 않고 마무리됐으나, 4년 후에 이로부터 영감을 받은 또 다른 사건(2·26 사건)이 터졌다. 1936년 2월 26일 일본 육군의 황도파皇道派에 속한 청년 장교들이 1500명에 달하는 병력을 동원해 쿠데타를 일으킨 것이다. 거사는 실패했으나 이후로도 일본 정치에서 군부의 폭주는 이어졌다. 역사는 이를 일본 군국주의 시대의 도래라고 기록하고 있다.

일본이 본격적으로 군국주의의 길로 들어서게 된 계기는 무엇일까? 답을 찾으려면 역사의 시곗바늘을 30년 거슬러 러일전쟁(1904. 2. 8.~1905. 9. 5.)으로 되돌려야 한다. 러시아와 일본 두 나라가 최대 약 100만 명에 이르는 병력을 동원해 1년 반 이상 격전을 벌인 러일전쟁이 일본이 천황과 국가의 영광을 실현하고 동아시아의 새로운 강자로 부상해 '제국의 길'로 나아가는 출발점이었기 때문이다.

1904년 2월 8일 자정 무렵 일본 해군은 중국 뤼순항에 정박한 러시아 태평양함대를 선전포고도 없이 기습 공격하면서 전쟁을 시작했다. 같은 날 조선의 제물포에서도 서울로 진입하려는 일본 지상군 병력을 태운 일본 군함이 항구에 정박한 러시아 함정 두 척을 공격해 러시아 군함이 자침自浸했다. 러시아의 동아시아 해군력을 마비시키고 해상 우위를 점하려는 일본의 첫 번째 전략이었다. 일본은 선제 기습으로 러시아 태평양함대 전력을 심각하게 무력화했으며, 한반도 주변 해상권 장악의 발판을 마련할 수 있었다.

이후 한반도 북부를 관통해 육상 전쟁을 개시한 일본군은 압록강 유역과 만주 일대에서 러시아군과 치열한 공방전을 벌였다. 엄청난 인명 피해를 감수한 끝에 1905년 1월 랴오둥반도 러시아 핵심 해군기지인 포트 아서Port Arthur(다렌)를 함락할 수 있었다. 이어서 일본 해군은 1905년 5월 대한해협에서 러시아의 발트함대를 격파하면서 전쟁을 승리로 끝냈다.

소국 일본은 왜 서양 강대국인 러시아에 도전했을까? 객관적 전력상 크게 열세인 군사력으로 어떻게 육상과 해상에서 러시아 군대를 격파했을까? 이 전쟁은 동아시아를 둘러싼 세계, 특히 조

전쟁 초반, 세계인의 예상과 달리 거한 러시아를 쓰러 뜨리고 있는 일본을 묘사한 당시 풍자화.

선에 어떤 영향을 미쳤을까?

1868년 메이지유신 이후 일본은 빠른 산업화를 지렛대 삼아 근대화에 매진했다. 산업 발전에 기초한 군사력 강화는 일본의 욕심을 자극했다. 일본은 서구 열강처럼 제국주의 국가로 올라서

려는 욕구를 특히 중국이나 조선 같은 주변국을 대상으로 노골화하기 시작했다. 사회적으로도 급격한 산업화로 경제적 불평등과 갈등이 커졌기에, 내부 불만을 대외 전쟁으로 해소하려는 유혹이 있었다. 그런 가운데 청일전쟁과 러일전쟁에서 연거푸 승리한 일본에서는 국수적 민족주의를 등에 업은 군부의 위상이 빠르게 높아졌고, 급기야는 1930년대 접어들어 국내 정치까지 군이 주도하는 군국주의로 표출됐다.

러일전쟁은 왜 일어났을까? 왜 일본 해군은 선전포고도 없이 러시아 해군기지를 기습했을까? 1904년 2월 8일 러일전쟁은 겹겹이 쌓인 여러 요인의 작용으로 양국 간 긴장이 고조되다가 일본이 감행한 공격으로 불붙은 것이었다. 개전 소식에 일본은 열도를 휩쓴 애국주의 물결로 가히 열광의 도가니나 다름없었다.

당시 일본은 중국과 한반도에 영향력을 확장하려는 제국주의적 야망을 품고 있었다. 무엇보다도 대륙으로 통하는 길목 격인 한반도를 지배하고자 했다. 1895년 청일전쟁에서 승리하면서 이런 야심은 한층 노골적으로 나타나기 시작했다. 조선에서는 을미사변과 갑오개혁 등을 통해 영향력을 확대하면서 1897년부터 조선을 자국의 세력권 아래 묶어두려 했다. 이처럼 일본이 만주와 한반도에서 영향력 확대를 꾀하는 동안 러시아도 같은 지역을 바라보며 야심을 드러냈다. 이후 양국 사이에 고조된 갈등은 결국 전쟁으로 이어졌다.

그렇다면 러시아는 어떻게 만주 일대에 병력을 배치하게 됐을까? 직접적으로는 청나라 말기 일어난 '의화단사건'과 연관된다. 산둥반도에서 유사종교 단체 의화단이 촉발한 의화단운동은 곧 들불처럼 사방으로 번져 1900년 6월경에는 베이징의 외국 공사관이 장기간 포위되는 지경에 이르렀다. 실세였던 서태후西太后는 의화단 세력을 이용해 중국에서 열강 세력을 축출하겠다는 의도로 열강에 선전포고를 했다. 하지만 큰 반발을 초래해 중국과 이해관계를 갖고 있던 8개국이 무려 12만 명에 달하는 연합군을 편성해 베이징으로 진격하는 사태로 이어지고 말았다.

이런 상황에서 의화단운동이 자국의 이권(특히 동청철도東淸鐵道)이 집중된 만주까지 번졌다. 러시아는 이를 기회 삼아 철도 보호라는 명목으로 무려 약 17만 명에 달하는 병력을 만주 일대로 파병했다. 1900년 10월 초 동청철도 노선을 따라 벌어지던 의화단운동을 무자비하게 진압한 러시아는 일본과 두 차례 밀약을 맺고 만주 지역의 군사·행정 통치권을 장악했다. 사실상 동북 3성(랴오닝성, 지린성, 헤이룽장성)을 차지한 것이나 마찬가지였다. 한반도와 만주 진출을 노리던 일본이 러시아 세력의 확대를 그냥 보고 있을 리 없었다.

결국 1904년 2월 전쟁이 터진 것인데, 전쟁 발발 이전 이미 승기를 잡은 것은 일본이었다. 지피지기, 일본은 철저하게 준비한 상태에서 전쟁에 임했기 때문이다. 1895년 청일전쟁 승리로 얻은 랴오둥반도를 러시아가 주도한 '삼국간섭'으로 뱉어냈던 일본은 10년 동안 절치부심하면서 군사력을 길렀다. 전쟁의 직접적인 계기는 1904년 2월 8일 랴오둥반도 끝자락 뤼순항의 러시아 군함을 기습한 것이었지만 일본은 이전에 만주에 배치된 러시아 병력과 군항에 대한 정보를 광범위하게 수집했고, 심지어 장교들을 선발해 관련 문제를 연구하도록 해외로 유학을 보냈다. 이들은 전쟁 기술과 러시아군 관련 서적과 정보, 여러 아이디어를 갖고 돌아왔다. 전장이 될 법한 장소를 연구하는 데도 소홀함이 없었다. 일본군은 수시로 첩자를 보내 바이칼호 동쪽 영토를 체계적으로 조사했고, 그 덕에 일본군 지휘부는 만주의 전장에 대해 러시아인보다 더 정확한 정보를 갖고 있었다.

일본의 은밀한 움직임은 19세기 말 러시아가 본격적으로 동아시아로 진출하면서 갈등을 초래했다. 러시아는 1894년 러시아·프랑스 동맹을 끈으로 프랑스로부터 막대한 차관을 얻으면서 본격적으로 시베리아철도 건설에 착수, 1904년 6월에 모스크바에서 블라디보스토크까지 장장 1만 킬로미터에 이르는 철도를 막 완성한 상황이었다. 이는 러시아가 부동항을 확보한다는 전략적 목적 아래 만주와 한반도로 진출할 야망을 가시화했음을 의미했다. 실제로 러시아는 블라디보스토크항에 이어서 청으로부터 뤼순항을 조차租借해 두 곳을 동아시아 진출의 핵심 거점으로 개발했다.

동아시아에서 전개되던 양국의 각축전에 다른 열강들은 어떻게 반응했을까? 당시 세계 최대 식민지 보유국이던 영국은 특히 인도 식민지에 근접한 중앙아시아 지역에서 호시탐탐 남하하려는 러시아와 '그리이트 게임The Great Game'이라 일컫는 세력 다툼을 벌이고 있었다. 유럽에서 신흥 산업국으로 대두한 독일제국을 견제하느라 힘에 부친 영국은 기세등등한 러시아의 동아시아 진출을 견제하느라 골머리를 앓았다. 이때 영국의 눈에 들어온 국가가 바로 비백인종 국가로는 처음으로 산업화에 성공해 강대국 반열을 넘보던 일본이었다.

1902년 영국은 일본과 동맹을 맺고 그 힘을 빌려 동아시아에서 러시아의 팽창을 저지하려 했다. 영국은 미국과 마찬가지로 러시아의 만주 독점에 반대하면서 중국과의 교역에서 문호 개방을 요구하고 있었다. 전쟁이 나자 영국은 일본의 승리를 지지하며 영일동맹을 강화하고, 특히 세계 전략 차원에서 러시아 해군의 해상 활동을 견제했다. 일본의 승리는 영국의 이익에 부합하기에 일본은 최강대국 영국의 지원을 등에 업고 전쟁을 지속할 수 있었다. 일본 입장에서 영일동맹은 가장 중요한 외교 성과였다. 일본이 세계의 강대국과 맺은 최초의 동맹이기에 국격 향상을 꾀한 것은 물론, 중요하게는 러시아와의 일전을 앞두고 든든한 뒷배를 얻은 셈이기 때문이다. 이에 일본은 자신이 선택한 시간과 장소에서 자신이 선택한 '선제 타격' 방식으로 개전하면서 초전에 러시아에 일격을 가할 수 있었다.

이와 달리 당시 러시아가 처한 국내외적 상황은 전혀 순탄하지 않았다. 특히 1900년대 초 러시아 차르 정부는 복잡한 내부 문제에 시달리고 있었다. 그렇지 않아도 차르의 전제 정치에 인텔리겐치아의 저항이 거세어 불안한 와중에, 시베리아철도 건설에 따른 과도한 재정 지출이 경제적으로도 어려움을 초래해 사회적 불안정이 짙게 깔려 있었다. 차르 정부는 이런 국내 문제를 시베리아철도의 종착점인 동아시아 지역을 통해 외부에서 해결할 필요성을 강하게 느끼고 있었다.

비틀거리는 러시아와는 대조적으로 일본은 메이지유신 이후 근대화에 성공하고 빠르게 군사력을 증강했다. 일본은 러시아를 제치고 아시아에서 강력한 제국으로 자리 잡기를 원했다. 따라서 러시아의 만주 진출과 한국에서의 영향력 확대를 저지하려 했다. 그렇다고 양국이 충돌을 피하려는 노력을 하지 않은 것은 아니다. 러시아와 일본은 한반도와 만주에서의 이해관계를 조정할 목적으로 수차례 협상을 벌였지만 입장 차이를 좁히지 못하고 결국 충돌하고 말았다.

전쟁은 크게 두 갈래, 해상과 육상 전선으로 나뉘어 벌어졌다. 전쟁 초기 일본은 면밀하게 준비한 뤼순항 선제공격으로 러시아 태평양함대를 격파했다. 기습 작전으로 러시아 해군을 마비시키고, 이후 해상권을 장악해 전쟁을 유리한 방향으로 이끌어갈 수 있었다. 특히 러시아의 예비 병력이 최근 개통된 시베리아 철도를 타고 대거 투입되기 전에 만주 주둔 러시아군을 타격해야 한다는 전략의 성공 가능성을 높여주었다. 러시아 본국에서 오는 보급로를 차단하고, 역으로 일본 본토와 만주 주둔 일본군의 병참선은 유지할 수 있었다. 승패의 사활이 걸린 난제를 첫 교전에서 어느 정도 해결한 셈이었다.

이후 양상은 육상 전투 위주로 전환됐다. 주전장은 만주와 한반도 북부였다. 일본은 총 4개 군을 동원해 알렉세이 쿠로팟킨Aleksei Kuropatkin 총사령관이 지휘하는 러시아군과 만주에서 수차례 치열한 전투를 벌였으며, 이를 통해 러시아의 육상 군사력을 점차 무력화시켰다. 1904년 4월 압록강 유역 교전을 시작으로 만주 지역에서 연이어 대구모 전투가 벌어졌다. 대표적으로 러시아군 보급로 차단의 서막을 연 창춘 전투(1904. 5.)의 승리를 필두로 묵덴 전투(1904. 7. 10.) 대승, 랴오둥반도 전투(1904. 8. 24.~9. 4.), 러시아 태평양함대의 주요 거점인 뤼순 공방전(1904. 8. 1.~1905. 1. 4.), 평톈 전투(1905. 2. 20.~1905. 3. 10.) 등 육상 전투에서 승리하면서 전세를 유리하게 이끌었다. 특히 일본군 25만 명과 러시아군 30만 명 등 50만 명 넘게 투입된 평톈 전투에서는 각각 7만 명에 이르는 사상자가 발생할 정도로 혈전을 벌였다.

일련의 승전에 최종적으로 쐐기를 박은 것은 러시아 발트함대에 참패를 안긴 쓰시마해전(1905. 5. 27.~28.)이다. 태평양 해상에서 일본이 우세하자 러시아는 발트함대를 동원해 제압하려 했다. 차르 니콜라이Nikolai2세는 사령관 지노비 로제스트벤스키Zinovy Rozhestvensky 제독에게 발트함대를 이끌고 저 멀리 한반도 유역으로 가 전투에 임하라는 거의 불가능에 가까운 작전 명령을 하달했다. 결과는 잘 알려졌듯 러시아 해군의 파국적인 패배였다. 발트함대가 프랑스 식민지인 아프리카 마다가스카르섬에 정박했을 때 사령관은 뤼순 요새의 함락과 태평양함대의 대패 소식을 접했다.

이런 상황에서 기진맥진한 발트함대는 블라디보스토크로 항해를 계속했다. 그리고 대한해협에서 대기하던 도고 헤이하치로東鄕平八郎 제독 휘하의 일본 해군에게 치명타를 맞고 쓰러졌다. 주력함 29척을 포함해 38척으로 편성된 발트함대(정식 명칭은 제2태평양함대)는 19척이 침몰하고 7척이 나포되는 등 궤멸 수준으로 패배했다. 최종 목적지 블라디보스토크 항구에 도착한 전력은 군함 3척(순양함 1척, 구축함 2척)에 불과했다. 쓰시마해전 참패 후 러시아는 전력을 상실했고, 내부적으로도 1905년 혁명 등 혼란이 이어지면서 전쟁을 지속하기 어려운 상황에 봉착했다.

군사적 패배와 국내의 소란에 니콜라이2세는 결국 전쟁 의지를 접을 수밖에 없었다. 쓰시마해전을 마지막으로 협상 테이블로 옮겨간 러일전쟁은 미국 동부 포츠머스에서 시어도어 루스벨트 대통령의 중재로 1905년 9월 종결됐다. 이 조약으로 러시아는

쓰시마해전 당시 러시아 발트함대. 니콜라이2세의 명령으로 극동 함대를
지원하기 위해 파견됐으나 대한해협에서 일본 해군 연합함대와 교전해 큰
피해를 입었다.

만주와 한반도 지배권을 일본에 양도했고, 일본은 러시아의 남만
주철도와 뤼순항을 포함한 영토를 획득했다. 더불어 일본은 대한
제국을 보호국으로 만들고, 1905년 을사늑약으로 한반도 강점의
길을 열었다. 1910년 한일 합병과 일본의 한국 지배는 이 시점에

확고해졌다고 볼 수 있다.

여기서 한 가지 의문점이 남는다. 왜 하필이면 미국이 전쟁 종결 회담의 중재자로 나섰을까? 남북전쟁 후 19세기 말 태평양으로 적극 진출한 미국은 1899년 국무 장관 존 헤이John Hay가 '문호개방정책'을 천명하면서 유럽 열강이 득세하던 중국 시장(특히 만주 지역) 진출을 모색했다. 문호개방정책에 국제적으로 찬성 입장을 표명해온 일본과 맥을 함께하는 것이었다. 일본은 이미 중국과의 통상조약에 미국도 합류하기를 설득한 터였다. 다시 말해 1903년 10월 초 체결된 조약으로 일본은 문호개방정책 유지 측면에서 미국과 중국 시장의 이해를 공유하게 된 것이었다. 그 덕에 일본은 개전 이전 러시아에 대응해 또 다른 서양 강대국 미국과 준동맹 관계를 맺는 유리한 여건을 만들어나갔다. 이런 맥락에서 전쟁이 장기화할 조짐이 보이자 미국이 중재자로 나선 것이다.

일본은 전쟁 전에 동아시아를 둘러싼 국제 정세를 유리하게 다져놓았다. 당시 최강국이던 영국과는 영일동맹으로 끈끈한 관계를 유지했고, 미국마저 제 편으로 끌어들인 것이다. 하지만 일본의 승리 요인에는 외부적 요건만 있었던 것이 아니다. 무엇보다 전쟁을 수행하는 자세가 중요하기 때문이다. 전쟁 발발 이전에 일본은 국내에서도 전쟁 수행에 유리한 환경을 조성했다. 당시 일본인들은 러시아를 물리친다는 국가적 목표 달성을 위해 일

시어도어 루스벨트(가운데). 함께한 이들은 1905년 포츠머스조약에
서명하는 러시아와 일본의 평화 사절이다.

치단결하고, 승리를 위해서는 어떤 희생도 마다하지 않겠다는 각
오가 넘쳤다. 여기에 육전에서는 오야마 이와오大山巖 원수, 해
전에서는 도고 제독이 대표하는 일본군은 풍부한 실전 경험과 부
단한 훈련으로 전기 전술에 숙달했고, 죽음도 두려워하지 않는

사무라이 정신으로 무장하고 있었다. 정부 각료를 포함한 의회 정치가들도 한목소리로 전쟁을 지지했다.

이런 국내 여건을 뒷배 삼아 일본군은 초반부터 공세를 유지하고 병력 집중 원칙에 따라 해상과 육상에서 러시아군을 몰아붙일 수 있었다. 러시아는 일관되게 방어한 반면에 일본은 완전한 격멸을 목표로 러시아군의 중심부를 향해 집중하는 공세 전략을 줄기차게 실행했다. 일찍이 카를 폰 클라우제비츠Carl von Clause-witz가 강조한 '전쟁의 삼위일체', 즉 국민, 군대, 정부가 시종일관 한 몸처럼 움직여 강대국 러시아를 격파할 수 있었던 것이다.

그렇다면 러일전쟁은 일본과 러시아는 물론 국제 정세에 어떤 영향을 미쳤을까? 우선 승리를 발판으로 일본은 전통적 패권국 중국을 대신해 아시아의 강대국으로 자리 잡았다. 그리고 서구 열강에 맞설 최초의 비서구 국가로 부상했다. 반면 러시아는 패배의 여파로 제국이 붕괴 위기에 처하는 지경에 이르렀다. 단적으로 1905년 1월 '피의 일요일 사건'을 계기로 혁명적 사태가 전국을 휩쓸면서 제국의 토대를 밑동부터 흔들었다. 다행히 위기를 넘기기는 했으나 이후 제정러시아의 붕괴와 1917년 볼셰비키 혁명으로 이어지는 중요한 기점이 됐다.

러일전쟁은 단순히 러시아와 일본 두 나라의 충돌이 아니라 당시 열강 간에 벌어진 제국주의와 식민지 경쟁, 근대화된 군사력의 충돌, 아시아와 유럽의 정치적 균형 변화를 초래한 사건이었다. 승전과 함께 일본은 아시아의 강대국으로 부상한 게 반해 패전국 러시아는 위기에 휩싸이며 휘청거린다. 일본의 승리는 한반도 지배로 이어져 1910년 강제 병합을 가져왔다.

무엇보다 러일전쟁은 일본인들에게 '메이지의 영광'을 구체화하는 전쟁이었다. 멀리는 메이지유신 전후로 부상한 정한론 등 해외진출론을, 가까이는 10년 전 청일전쟁에서 승리하고도 이루지 못한 조선 보호국화와 대륙 진출의 꿈을 실현했다 하지만 세상사 모든 일에는 끝이 있는 법, 일본의 브레이크 없는 가속은 1930년대 군국주의로 급기야 동아시아를 전쟁의 소용돌이 속으로 몰아넣은 뒤 제풀에 휘말려 결국 산산조각 나고 말았으니, 이를 역사의 교훈으로 새겨야 한다.

3월

디엔비엔푸 전투

베트남전쟁의 씨앗이 되다

#도미노이론
#태평양전쟁
#포츠담회담
#호찌민
#보응우옌잡
#아이젠하워
#베트남민주공화국
#베트남공화국

2024년은 한국군이 베트남전쟁에 파병된 지 60주년 되는 해였다. 1964년 8월 '통킹만 사건'과 그 뒤를 이은 미군 지상군 파병으로 제2차 인도차이나전쟁이라고도 불리는 베트남전쟁에 불이 붙었다. 격화된 냉전 체제에서 도미노이론에 따라 동남아시아가 공산화되는 것을 막는다는 목적으로 미국이 베트남 문제에 본격 개입한 것이다.

얼마 후 미국은 자유 우방국들에 도움을 요청했다. 국방과 경제 문제로 고민하던 우리 정부는 미국과 유대를 강화해 돌파구를 찾으려는 의도 아래 적극적으로 호응했다. 1964년 9월 비전투 부대에 이어서 1965년 3월부터 이듬해 9월까지 청룡·맹호·백마부대 등 전투 부대를 파병했고, 우리 국군은 1973년 3월 전원 철수할 때까지 8년 넘게 주둔했다.

왜 베트남은 세계 최강 미국과 전쟁을 벌였을까? 1954년 3월 디엔비엔푸 전투에서 프랑스가 참패한 것이 미국이 본격 개입하는 빌미가 되었다. 프랑스인들이 왜, 그리고 어떻게 베트남에 갔는지를 알기 위해서는 19세기 중반 서양 세력의 동남아시아 진출 과정을 살펴볼 필요가 있다.

미군이 베트남 땅에 발을 딛기 전, 훨씬 먼저 그곳에 깃발을 꽂은 국가는 유럽의 강호 프랑스였다. 19세기 중반 프랑스는 가톨릭 선교사들을 통해 베트남과 관계를 맺고 베트남 왕실에 영향력을 행사하기 시작했다. 그러다 1870년 프로이센(독일)과의 전쟁에서 참패하면서 구겨진 자존심을 식민지 확장으로 만회하겠다며 인도차이나반도로 진출했다. 유럽 열강의 경쟁 속에서 가톨릭 선교로 일찍부터 기반을 닦은 프랑스가 베트남 응우옌 왕조의 내부 혼란을 기회로 군대를 파병해 1880년대 중반 베트남을 식민지로 만들었다. 이후 그 영역을 캄보디아와 라오스까지 확대하면서 인도차이나반도 전체를 프랑스령 인도차이나 총독부 아래 두고 장기간 통치했다.

19세기 말 시대적 조류였던 제국주의는 프랑스의 침략 행동에 날개를 달아주었다. 그러다 제2차 세계대전이 벌어지면서 1940년 9월 이미 대륙의 상당 부분을 차지한 일본군이 베트남을 비롯한 동남아시아 지역으로 밀고 내려왔다. 유럽 전선에서 독일군에 참패해 국력이 급전직하한 프랑스는 베트남을 일본에 내줄 수밖에 없었다. 이후 1945년 일본이 패전하면서 물러나자 전승국이 된 프랑스가 프랑스극동원정군이라는 이름으로 베트남에 무려 최대 20만 명(베트남 현지인 병사 포함 40만 명)에 이르는 병력을 파병해 식민 지배를 재확립하려 했다. 정확하게는 태평양전쟁 막바지인 1945년 7월 포츠담회담에서 무장 해제된 일본군 대신 베트남 북쪽은 중국이, 그리고 남쪽은 영국이 점령하기로 합의했다. 하지만 프랑스가 물밑 작업으로 중국과 영국의 양보를 얻어낸 후 태평양전쟁 이전에 지배하던 베트남을 다시 식민지화할 목적으로 1946년 대규모 병력을 파병한 것이었다.

그러나 베트남 사람들도 호락호락하지 않았다. 제1차 세계대전 종전 때와는 분위기가 사뭇 달랐다. 무엇보다 제2차 세계대전 중에 민족지도자로 떠오른 호찌민胡志明이 1941년 공산주의 추종 세력을 주축으로 결성한 베트남독립연맹, 즉 베트민Viet Minh이라는 정치·군사 조직의 등장이 눈에 띈다. 일본이 항복문서에 조인한 1945년 9월 2일, 권력의 공백 상황을 기회 삼아 호찌민을 수반으로 베트남민주공화국 독립을 선포한 이들은 프랑스군 재입성에 정글 지형을 십분 활용한 게릴라전술로 맞서면서 끈질기게 저항했다.

베트남인들의 독립 요구를 외면한 채 재차 식민 지배를 이어가려 한 프랑스는 이후 약 7~8년 동안 민족지도자 호찌민과 군사지도자 보응우옌잡武元甲 장군이 이끄는 베트민 세력과 일진일퇴의 공방전을 벌여야만 했다. 여기에는 교묘한 간접 통치로

베트남 독립운동사에서 호찌민(왼쪽)이 정치적·정신적 지도자라면 보응우옌잡(오른쪽)은 군사전략을 총지휘한 군사 지도자였다. 보응우옌잡은 1939년 중국에서 호찌민을 만난 후 무장 독립운동에 투신했다.

긴 세월 인도를 지배한 영국과 달리 직접 지배를 택한 프랑스의 통치 방식도 악영향을 미쳤다. 프랑스는 문화적으로 식민지의 프랑스화를 꾀한 동화 정책을 강력하게 추구해온 탓에 상대적으로 더 거센 저항에 시달려야 했다.

1946년 말부터 1954년 중반까지 약 7년간 프랑스군과 베트남군 사이에 제1차 인도차이나전쟁으로 알려진 무력 충돌이 일어났다. 해안 지대와 남부 주요 도시에서는 대규모 병력과 현대식 무기로 무장한 프랑스군이 승리해 재진출의 발판을 마련하는 데 성공했지만, 내륙 산악 지대와 특히 북부에서는 보응우옌잡

장군이 이끈 베트남군이 우세를 점했다. 군사적 충돌과 산발적인 대화와 타협이 이어지던 중 마침내 최종 결전으로 수렴된 것이 1954년 3월 발발해 2개월여 이어진 디엔비엔푸 전투다. 예상을 뒤엎고 베트남군이 승리하면서 마침내 프랑스의 베트남 식민지 지배가 끝났다. 이 전투에서 참패한 것이 프랑스 식민 제국의 해체를 가속화하는 신호탄이 됐을 뿐만 아니라, 여전히 서구 열강의 식민 지배 아래 있던 아시아와 아프리카(제3세계) 사람들에게 독립의 열망을 불어넣는 기폭제가 됐다.

이때 프랑스를 대신해 베트남전쟁에 뛰어든 나라가 미국이었다. 제2차 세계대전 동안 연합군의 노르망디상륙작전을 이끈 드와이트 아이젠하워Dwight Eisenhower 대통령은 중국에 이어 베트남까지 적화할 경우 인접한 동남아시아 국가마저 공산주의에 장악될 수 있다는 도미노이론에 따라 베트남 문제에 본격적으로 개입했다. 1949년 중공 정권 수립과 1950년 한국전쟁으로 냉전이 격화되면서 공산 세력의 동남아시아 진출 방지가 절실해졌기에 미국은 북위 17도선을 기준으로 분단된 베트남 남쪽에 발을 들여놓는다. 물론 이번에도 호찌민을 중심으로 한 북베트남이 가만있지 않았다. 강력하게 항의하면서 프랑스에 한 것처럼 무력 저항하겠다는 의지를 불태웠다. 10년간의 불안한 평화 끝에 양국 간 무력 충돌의 불씨를 던진 사건이 앞서 언급한 1964년 8월 통킹만 사태였다.

1953년 5월 프랑스 극동원정군 사령관으로 부임한 앙리 나바르Henry Navarre 장군은 일거에 베트남군의 주력을 격파해 수세에 몰린 전황을 역전할 묘책을 찾았다. 그러려면 대규모 베트남군을 한곳으로 유인해야 했다. 숙고 끝에 베트남 북서부, 라오스 국경 부근의 소도시 디엔비엔푸로 베트남군을 유인해 섬멸한다는 작전을 세웠다.

디엔비엔푸는 '변경 도시'라는 베트남어 뜻처럼 수도 하노이에서 서쪽으로 무려 300킬로미터 이상 떨어진 외딴곳으로, 험준한 산악으로 둘러싸여 변변한 길조차 없는 분지였다. 군데군데 언덕들이 있으나 전체적으로는 남북으로 약 16킬로미터, 동서로 약 9킬로미터에 달하는 평원이 펼쳐지고 분지 중앙부에 실개천이 흘렀다. 지형이 그러하다 보니 항공으로만 병력과 물자를 나를 수 있었다. 이런 악조건에도 불구하고 나바르 장군은 베트남군의 전투력이 기껏해야 1개 사단에 불과할 것이라 예상했고, 프랑스군의 우세한 화력과 공군력이면 충분히 대응할 수 있다고 오판하고 말았다.

1953년 11월 중순 나바르 장군은 약 3000명에 달하는 공정대空挺隊를 동원해 디엔비엔푸를 기습 점령했다. 곧 이어진 수차례 추가 강하로 프랑스 주둔군은 총 병력 1만 6000명 선으로 늘어났다. 디엔비엔푸를 점령한 프랑스군은 기지 외곽에 독립적인 사주방어 거점을 49개나 설치했다. 예상되는 적의 접근로마다 강력한 방어진지를 구축했고, 중요한 세 곳(이자벨, 베아트리스, 가브리엘)을 핵심 진지로 선정해 난공불락의 요새로 만들었다. 이에 더해 분지 중앙에 버려진 옛 비행장을 정비하고, 최신식 중형 대포를 비롯해 중화기 60여 문을 배치했다. 기지를 요새화하는 만반의 준비 후 프랑스군은 애초 기대한 대로 베트남군이 집결하기를 기다렸다.

그러나 프랑스군 지휘부는 베트남군의 전투 의지와 능력을 과소평가하는 우를 범하고 말았다. 정글과 고산 등 갖은 역경을 극복하고 디엔비엔푸 주위 산악지대에 집결한 베트남군은 전투 병력만 무려 5만 명(3개 보병 사단, 1개 포병 사단)에 달했다. 게다가 20만 명을 웃도는 베트남 민간인들이 자발적이든 동원이든 군수물자 운반을 도왔다. 이들은 베트남군 공병대와 협력해 보급품 트럭이 다닐 수 있게 길을 닦았다. 심지어 교량이 없는 곳에는 다리를 놓기도 했다. 프랑스 공군기의 공습으로 도로가 끊겨도 금세 복구하는 저력을 발휘한 것이다. 민간인 짐꾼들은 등짐을 지거나 자전거를 타고 장장 80킬로미터의 험한 산길을 걸어 보급 물자를 날랐다.

특히 베트남군 병사들은 험한 지형을 강한 정신력으로 극복하고 험준한 산꼭대기까지 105밀리미터 야포 20문과 포탄 15만 발을 비롯해 200문에 달하는 중화기를 운반했다. 중형 대포의 경우 스무 명 정도의 병사가 한 조가 되어 밧줄로 끌어서 산 위로 옮겨야 했다. 분해되는 중화기는 낱개로 나눠 운반한 후 정상에서 재조립했다. 여기다 국공 내전에서 승리해 1949년 10월 1일 중화인민공화국을 수립한 중국공산당 정권이 무기와 군수물자를 원조하고 군사고문단까지 파견했다. 이렇게 적극적인 지원에 힘입어 베트남군의 전력은 크게 강화됐다. 이제는 간헐적으로 게릴라전이나 펼치던 허약한 군대가 아니었다. 불행하게도 프랑스군 수뇌부는 변화를 전혀 예상치 못하고 있었다.

산발적인 전투가 여러 차례 이어진 후 마침내 1954년 3월 13일 밤, 프랑스군 주둔지를 포위한 베트남군이 제1차 총공격을 감행했다. 이로써 55일간 이어지는 디엔비엔푸 공방전의 불이 붙었다. 베트남군은 차례차례 교통호를 구축하면서 프랑스군이 구축해둔 진지로 다가갔다. 동시에 산중턱 경사면에 배치해둔 대포로 프랑스군 진지를 정밀 포격했다.

예상치 못한 방향으로 상황이 전개되자 프랑스군 지휘부는 당황하기 시작했다. 포위 상태가 계속되면서 프랑스군의 참호와 요새는 하나둘 베트남군 수중으로 떨어졌다. 설상가상으로 우기가 시작된 데다 베트남군 포병대의 집중 포격으로 3월 28일 이후로는 진지 비행장으로 수송기 이착륙도 할 수 없게 됐다. 시계가 좋지 않은 탓에 프랑스군이 유일하게 매달린 항공 보급조차 상당수가 베트남군 진영으로 떨어졌다. 무엇보다 부상병 후송이 불가능해지면서 병사들의 사기는 물론 진지 내부 상황도 빠르게

디엔비엔푸 전장의 프랑스군. 멀리 안개 낀 언덕에서 베트민의 포격이
이어졌고 프랑스 군대는 참호에서 살아남으려 안간힘 썼다.

악화됐다.

그나마 프랑스군 외인부대의 '결사 항전' 전통은 아직 살아 있
었다. 이들은 절대 우세인 병력을 앞세워 물밀듯 돌격해오는 베

트남군을 상대로 백병전을 벌이면서 버텼다. 하지만 거의 모든 지원이 끊긴 상태에서 병력 규모가 세 배가 넘는 베트남군을 막아내기는 불가능했다. 약 두 달간 치열하게 맞붙는 상태에서 마침내 1954년 5월 1일 시작된 베트남군의 제3차 총공세가 승부를 결정지었다. 프랑스군의 분전에도 불구하고 5월 7일 모든 요새가 베트남군에 넘어가면서 디엔비엔푸 전투는 막을 내렸다.

프랑스군은 파멸적으로 패했다. 병사 70여 명이 구사일생으로 탈출했을 뿐 전사자 2300명, 부상자 약 5000명이 발생했다. 부상자를 포함해 1만 1000여 명의 생존자는 전원 베트남군의 포로가 됐다. 이들 중 나중에 프랑스로 생환한 사람은 3000명에 불과했다.

디엔비엔푸에서 참패한 프랑스는 더 이상 베트남을 지배할 수 없었다. 베트남 독립에 대한 최종 해결책을 국제사회에 위임하고 프랑스는 인도차이나반도에서 철수했다. 1954년 7월 중순 중립국 스위스 제네바에서 협상 회담이 열렸고 베트남 문제를 해결하는 잠정적인 방안이 합의됐다. 북위 17도선을 경계로 베트남을 남북으로 분할해 각자 정부를 수립하고, 2년 뒤인 1956년 남북을 아우르는 총선거를 통해 최종적으로 단일 베트남 정부를 수립한다는 내용이었다. 그 결과 북쪽에는 호찌민을 수반으로 하는 베트남민주공화국(북베트남)이, 남쪽에는 바오다이 국왕이 이끄는 베트남공화국(남베트남)이 수립됐다.

베트남군은 디엔비엔푸에서 어떻게 초반의 열세를 딛고 강대국 프랑스군을 물리쳤을까? 가장 큰 승리 요인은 호찌민과 보응우옌잡의 탁월한 지도력이었다. 승리를 향한 지도자의 불굴의 신념, 더불어 병사로서 혹은 주민으로서 이들의 지도력에 적극적으로 호응한 베트남인들의 민족주의적 독립 열망이 열쇠였다. 특히 디엔비엔푸 전투는 프랑스군의 예상을 뛰어넘는 창의적인 전술 운용으로 승리할 수 있었다.

국력으로 보면 프랑스에 견주기가 무색할 정도로 열세인 베트남이 승리자가 됐다는 사실은 신뢰받는 리더십과 국민의 애국심, 그리고 창의적인 전략·전술 운용 같은 무형 전력이 전투의 중요 요소임을 일깨워준다. 특히 과거 거의 1000년 가까이 다른 민족의 지배를 받으던서 축적된 베트남인들의 저항 정신은 프랑스와의 싸움에서도 여지없이 발휘됐다. 1954년 봄을 뜨겁게 달군 디엔비엔푸 전투는 다른 식민지의 저항운동을 고취해 탈식민화를 촉진했다는 정치사적인 의의를 뛰어넘어, 전쟁사 면에서도 열세한 군대의 승리로 특히 약소국가에 교훈을 전한다. 다만 베트남의 탈식민화를 주도한 세력이 공산주의 집단이었다는 점이 냉전 상황과 뒤엉키면서 불행하게도 곧 또 다른 전쟁으로 이어졌다.

3월

이라크 전쟁

최첨단 미국 지상군, 비정규전의 늪으로 빠져들다

#사담후세인
#걸프전쟁
#조지W부시
#콜린파월
#도널드럼즈펠드
#알카에다
#오사마빈라덴
#수니파
#시아파
#ISIS

이라크 전쟁은 2003년 시작된 군사적 충돌로 미군과 영국군 중심인 다국적군과 이라크군 사이에 벌어진 전쟁이다. 이라크는 20세기 초 오스만제국 붕괴 후 영국의 통치 아래 있다 이후 서구 열강의 이해관계 속에서 독립을 얻은 후 왕정에서 공화정으로 정권 교체를 거듭했다. 바트Baath당에서 활동하며 정치적 입지를 다진 사담 후세인Saddam Hussein이 1979년 권력을 장악한 이후 이라크공화국은 확연히 독재국가의 길로 나아갔다. 후세인은 집권 초반 서구와 협력하는 태도를 보였으나 이란·이라크 전쟁(1980~1988)에 이어 쿠웨이트를 침공(1990)해 걸프 전쟁을 일으키면서 급기야 미국을 중심으로 한 다국적 군대에 패했다. 후세인 정권은 이후에도 살아남았으나 이라크는 국제사회에서 고립되어 유엔의 경제적·군사적 제재 상태에 놓였다.

미국과 연합한 자유 진영의 군대는 2003년 3월 왜 이라크에 쳐

들어갔을까? 콜린 파월Colin Powell 국무 장관과 도널드 럼즈펠드 Donald Rumsfeld 국방 장관 등 미국 수뇌부가 내세운 가장 직접적인 요인은 이라크 후세인 정권의 무기 개발 의혹이었다. 1990년대 초 인접국인 쿠웨이트 점령에 실패한 이래 이라크는 유엔 무기 사찰단을 비롯해 국제사회의 제재를 강하게 받고 있었다. 이런 와중에도 이라크가 비밀리에 대량 살상 무기WMD, Weapons of Mass Destruction로 분류되는 생화학 무기와 핵무기를 개발하고 있다는 의혹이 꾸준히 제기됐다. 인내하던 미국은 이런 행태를 더는 묵과할 수 없다며 국제 안보에 심각한 위협으로 판단했다.

또 한 가지는 미국에 엄청난 충격을 안긴 9·11 테러에 후세인 정권이 연루되어 있다는 의구심이었다. 2001년 9월 11일 이슬람 테러 조직 알카에다al-Qaeda(1988년 이슬람 근본주의자 오사마 빈 라덴Osama bin Laden이 창설한 국제 테러 조직)에 미국 본토가 공격을 당하는 미증유의 사태가 벌어졌다. 이는 미국의 대외 정책을 강경하게 선회시키는 계기가 됐다.

사건 직후 조지 W. 부시George W. Bush 대통령은 '테러와의 전쟁'을 세계에 선언하고 알카에다의 배후 세력으로 지목된 이라크와의 군사적 충돌을 정당화했다. 이라크 정부가 알카에다와 연계한다는 증거는 명확하지 않았지만, 독재자인 사담 후세인의 존재 자체가 서방의 군사행동에 설득력을 더해주었다. 1979년부터 이라크를 일당 통치해온 후세인은 잔혹한 성격에 반인권적인 탄압

2001년 9월 11일 아침, 알카에다에 납치당한 여객기 네 대 중 두 대가 미국 뉴욕 세계무역센터 쌍둥이 빌딩에 충돌했다. 2시간도 되지 않아 110층짜리 빌딩들이 연기와 화염 속에 사라졌다.

으로 국제사회에서 비판받고 있었기 때문이다. 오래전부터 미국은 후세인 정권이 중동 지역을 불안하게 만들고 이라크의 민주적 발전을 저해하기에 이를 시정할 필요가 있다고 판단해왔다.

나아가서 근원적으로 중동의 전략적 중요성도 큰 이유였다. 이라크는 사우디아라비아, 이란, 튀르키예 같은 중동 강국들과 국경을 접하는 지정학적 요지에 있다. 더구나 중동은 세계에서 가장 중요한 석유 자원을 상당량 보유한 지역이다. 특히 이라크는 세계 5위이자 중동 2위에 해당하는 총 1450억 배럴 상당의 석유 매장량을 자랑하고 있었다. 루마일라, 바스라, 키르쿠크 등 주요 유전에서 하루 평균 400만 배럴씩 생산되는 원유는 이라크 국가 경제의 근간이자 대표적인 수출 품목으로 주요 외화 수입원이었다. 이처럼 이라크가 세계 석유 생산에 중요한 비중을 차지하기에 미국은 석유 자원 확보와 보호를 위해 중동 지역에서 군사적 영향력을 강화할 필요가 있었다.

전쟁은 어떻게 전개됐을까? 미군과 영국, 호주 등 일부 동맹국에서 파견한 군대로 30만 명에 육박한 다국적군MNC, Multinational Force은 미국 중앙사령부CENTCOM 사령관으로 초반 군사작전에서 핵심 역할을 한 토미 프랭크스Tommy Franks 장군의 통합 지휘 아래 2003년 3월 20일 바그다드의 중요 군사시설에 공중 폭격과 원거리 미사일 공격을 가하며 전쟁에 불을 붙였다.

초반에 미군은 압도적인 군사력과 기동성을 바탕으로 빠르게

2003년 4월, 미 공군 제379 항공 원정 비행단 소속 항공기와 서남아시아 비공개 지역에서 출동한 연합군 항공기들이 중동의 사막 상공을 비행하고 있다.

이라크군의 방어선을 돌파했다. 전쟁 발발 시점 이라크군은 총 37만여 명으로 숫자상 앞섰으나, 전투력 면에서는 연합군에 크게 기울어 바그다드까지 진격하는 데 치열한 접전은 드물었다. 사담 후세인 정권 붕괴라는 초기 목표는 금세 달성됐고, 이후 이라크 북부 지역에서 이어진 전투에서도 어렵지 않게 승리할 수 있었다.

이라크 전쟁은 크게 두 단계로 나눌 수 있다. 먼저 불과 한 달도 지나지 않아 승패가 결판난 제1단계로 대규모 실전(2003. 3. 20.~4. 9.)이 벌어진 시기다. 3월 20일 만반의 준비를 마친 연합군은 '이라크 자유 작전'에 불을 붙였다. 세계에 천명한 전쟁의 목적은 이라크에서 대량 살상 무기를 찾아내 제거하고, 궁극적으로 후세인 독재 정권을 붕괴시키는 것이었다. 초반 전투는 연합군의 항공기 폭격과 미사일 공격이 주를 이루면서 기동전으로 빠르게 전개됐다. 연합군은 대규모 공습으로 이라크의 군사시설을 파괴했다.

일단 이라크군을 무력화한 후 기갑부대를 주축으로 한 연합군이 3월 20일 쿠웨이트·이라크 국경 방어선을 돌파하며 이라크 영토로 진격했다. 수도 바그다드를 향해 북진하는 동안 남부의 주요 도시인 바스라, 나자프, 티그리스 등지에서 제법 교전이 있었지만, 무기 체계가 현저하게 열세인 데다 전의마저 상실한 이라크군은 이렇다 할 반격을 하지 못했다. 마침내 연합군은 엿새가량 시가전을 벌인 끝에 전쟁이 개시된 지 채 20일도 지나지 않

아 2003년 4월 9일 바그다드를 점령하고 후세인 정권을 무너뜨
릴 수 있었다.

　문제는 '안정화 작전'을 취한 제2단계(2003. 5.~ 2011. 12.) 전투
시기였다. 이라크 군대를 무찌른 미국은 2003년 5월 바그다드를
점령하면서 전쟁 종식을 공식 선언했다. 하지만 이라크의 총체적
인 불안정은 진정되지 않았다. 장기간 철권 정치를 이어온 후세
인 정권이 붕괴하자 정치적 혼란과 무질서 상태로 빠져들었다.
이에 미국은 상황에 따라 다양한 조치를 취할 수밖에 없었다. 전
후 안정화 작전 초기에는 이라크의 상수도와 전력 공급 같은 인
프라 복구와 재건, 질서 유지에 중점을 뒀다. 이에 따라 기존 이라
크 군대와 특히 후세인의 전위부대였던 보안군을 해체하고 새로
운 군대를 창설하려 했다. 하지만 예기치 않은 실직자를 양산함
으로써 해고된 군인 일부가 반미를 표방하는 반군에 가담하는 부
작용을 초래했다.

　2004~2006년 이라크에서는 반미 무장 세력의 활동이 격화
되면서 내란에 버금가는 혼란이 벌어졌다. 특히 수니파와 시아파
의 종교적 갈등, 쿠르드족을 비롯한 소수민족 사이에 감정의 골
이 깊어지면서 폭력과 테러가 크게 늘었다. 무질서를 틈타 알카
에다 같은 무장 테러 조직들이 이라크를 본거지로 삼고 노골적으
로 준동하기 시작했다.

　진퇴양난의 상황에 대책을 고심한 부시 행정부는 데이비드 퍼

트레이어스David Petraeus 장군의 건의를 수용해 2007년 병력을 대폭 증파하는 결정을 내렸고, 곧 이라크에 추가 병력을 투입해 주요 도시에서 군사작전과 치안 강화를 도모했다. 작전은 일정 부분 성공을 거둬 점차 폭력이 줄고 미군의 통제력도 회복됐다.

미군은 이라크에 민주적인 민간 정부를 수립해 점차 권한을 이양하는 방향으로 나아갔다. 이에 따라 2008년부터 새로 모집한 이라크군과 경찰을 훈련하고 지원하는 데 집중했다. 2010년에는 전국 선거로 신설 이라크 정부가 출범했다. 이후 이라크 정세가 어느 정도 안정됐다고 판단한 미국은 모든 권한과 책임을 새로운 이라크 정부에 이양하고 2011년 12월 중순 공식적으로 군대를 철수했다.

연합군은 어떻게 불과 3주 만에 중동의 군사 강국 이라크를 무찌를 수 있었을까? 미군은 특히 공중 무기가 월등히 우세했다. 전쟁 초반 연합군은 이라크의 군사 인프라를 파괴하고 지휘와 명령 체계를 와해시키기 위해 F-117 스텔스 폭격기, B-2 스텔스 폭격기, F-16 전투기, 토마호크 순항 미사일 등 최첨단 항공 무기를 동원해 대규모 공습을 감행했다. 이어서 연합군은 최신형 M1A1 에이브럼스 전차와 M2 브래들리 장갑차 등으로 무장한 기계화 부대를 동원해 진격했다. 이때 아파치 AH-64 공격 헬리콥터가 지상군을 화력 지원하고, 정찰 드론이 적군의 동향을 파악해 지상군에 전달했다. 지상과 공중이 한 몸처럼 움직이며 합동 작전을 벌여 최상의 전투력을 발휘한 것이다. 이에 닻서 이라크군은 러시아제 T-72 전차를 동원해 저항했으나 적수가 되지 못한 채 후퇴를 거듭할 수밖에 없었다.

이라크 전쟁은 어떠한 결과를 가져왔을까? 이후 중동과 세계 정세에 어떤 영향을 미쳤을까? 가장 두드러진 성과는 독재자 사담 후세인을 제거한 것이었다. 2003년 4월 9일 전쟁이 끝난 후에도 계속 도망 다니던 후세인은 12월 13일 체포되어 특별재판에서 사형 판결을 받고 2006년 12월 30일 처형됐다. 잔혹한 독재자의 전형적인 말로였다. 이로써 전쟁의 주요 목표 하나가 달성된 셈이지만, 기대와 달리 이 외에는 내세울 만한 성과가 없었다.

미군의 안정화 작전이 일정 정도 성공을 거두기는 헸으나 전후 이라크의 심각한 정치적, 사회적 혼란은 수그러들지 않았다. 종교적으로는 수니파와 시아파의 갈등이, 민족적으로는 쿠르드족과의 불화가, 그리고 정치·군사적으로 산발적인 티러와 내전이 이어졌다.

이라크는 시아파 인구가 다수지만 긴 세월 동안 수니파가 지배해왔다. 그로 인해 두 종파가 첨예하게 대립각을 세워왔다. 특히 1979년 수니파 출신의 사담 후세인과 바트당이 집권해 요직을 독차지한 탓에 시아파와 쿠르드족(특히 시아파인 쿠르드족)은 울분을 곱씹고 있었다. 그러다 후세인 정권이 붕괴하면서 시아파가 정치적 우위를 점하게 됐다. 현실적으로는 미국의 지지를 받은 시아파 세력이 새로운 정부를 구성했다. 시아파 지도자들은 중동 시아파의 맹주인 이란과 관계를 강화했다. 이란도 마찬가지로 이라크의 시아파 정부를 적극 지원했다. 이처럼 상황이 역전되면서 수니파의 불만과 반발 수위는 점차 높아졌다. 수니파는 신정부 구성에서 배제됐고, 군대 정리 과정에서도 수니파 장교 다수가 해고되어 실업자 신세로 전락했다. 수니파 전직 군인들의 불만은 결국 2013년 4월 '이라크·시리아 이슬람국가ISIS, Islamic State of Iraq and Syria'로 불리는 괴물 무장 테러 집단의 출현으로 이어졌다. 새 정부가 수립된 뒤에도 거의 모든 분야에서 안정화 작업이 답보 상태에 머물고 있었다.

미국은 전쟁 후 곤혹스러운 상황에 직면했다. 이라크 전쟁을 정당화하는 핵심 논리가 대량 살상 무기였음에도 이라크 전역에 걸친 정밀조사에서 무기가 발견되지 않았기 때문이다. 따라서 미국은 한동안 전쟁의 정당성을 둘러싼 논란에 휩싸였다. 군사행동에 대한 국제사회의 비판은 여기서 그치지 않았다. 전쟁 후 중동 지역에서 연이은 자살 폭탄 테러의 위협, 수많은 민간인 사상자와 피난민 발생, 그리고 엄청난 전쟁 비용에도 불구하고 비효율적으로 진행된 재건 작업 등이 모두 비판 대상이었다.

이라크 전쟁은 국제정치에 커다란 영향을 미쳤다. 우선 시아파 주도 국가들의 영향력이 강화되면서 중동 지역의 정치적 재편을 불러왔다. 소수 수니파를 지지 기반으로 장기간 이라크를 통치해온 후세인이 사라지면서 이라크에서는 시아파 중심의 신정부가 수립됐다. 이로써 중동에서 이슬람 시아파의 맹주 격인 이란의 영향력이 확대되고, 이를 뒷배 삼아 헤즈볼라나 하마스 같은 테러 조직들이 준동하기 시작했다. 무엇보다 이란은 이라크 시아파의 부상을 등에 업고 이란, 이라크, 시리아, 레바논을 잇는 '시아파 회랑Shia Crescent' 세력권을 구축했다.

장기간 이라크에서 지배 세력으로 군림하다 밀려난 수니파의 불만이 고조된 탓에 테러리즘도 확산됐다. 미국의 후원을 받는 시아파 주도 정부의 압박에 반발해 수니파 청년 가운데 극단주의 무장 집단에 합류하는 수가 늘어났다. 이들 중 일부가 국경 너머 시리아로 넘어가면서 2011년 3월 중순 발발한 시리아 내전에도 영향을 미쳤다.

이라크 전쟁은 중동 테러를 근절하겠다는 목적과 반대로 알카에다 같은 테러 집단을 오히려 부채질하고 말았다. 전쟁으로 권력 공백이 생긴 틈을 이용해 이들이 활개 치면서 테러리즘이 전 세계로 퍼져나갔다.

무엇보다 이라크 전쟁은 주도국인 미국의 국내외적 입지에 흠집을 냈다. 국내로는 미국 내 정치 분열을 심화시켰다. 호언장담하던 대량 살상 무기가 발견되지 않으면서 전쟁의 정당성 논란은 의회에서도 여야 갈등을 증폭시켰다. 2003년 이후 이라크에서 발견된 대량 살상 무기는 소형 화학무기 잔해나 구식 탄두가 고

작이었고, 대규모 무기 생산과 관련된 증거는 발견되지 않았다. 게다가 이라크 전쟁은 엄청난 인명 피해와 막대한 재정적 손실을 초래했다. 미군은 3만 6000명이 넘는 전사상자(전사자 약 4500명) 피해를 입었다. 이라크에서는 전투와 직접 관련해서만 민간인을 포함해 약 10만 명의 사망자가 발생했다. 전쟁 종식 후 발생한 내전과 종파 갈등으로 민간인 인명 피해는 눈덩이처럼 불어났다. 재정 손실도 엄청났다. 약 1조 9000억 달러로 추산되는 군사 비용 이외에 전후 재건 활동과 급여 등까지 더하면 전체 전비는 무려 약 2조 달러에 달하는 것으로 추정됐다.

이런 인명 피해와 천문학적인 전비 문제를 놓고 미국 야당인 민주당은 물론 미국 국민들도 비판의 목소리를 높였다. 전쟁에 수조 달러를 투입한 탓에 전후 미국은 엄청난 재정 적자를 떠안아야만 했다. 전쟁 중에 터진 2008년 글로벌 금융 위기는 상황을 더욱 악화시켰다. 자유민주주의의 본산인 미국의 신뢰도는 크게 떨어지고 말았다.

이런 문제에도 군사적 측면에서 이라크 전쟁은 군사전략과 무기 체계를 발전시키는 계기였다. 첨단 기술을 실험할 수 있었기에 여러 방면에서 혁신과 변화를 추동했다. 우선 정밀유도무기PGM, Precision Guided Munition의 중요성을 분명하게 드러냈다. 크루즈 미사일이나 정밀 유도폭탄으로 '핀포인트Pinpoint' 폭격이 가능해지면서 미국은 공중과 지상에서 사전에 설정한 특정 목표

2003년 미국 해군 USS 에이브러햄 링컨함에 대기 중인 함재기와 정밀유도무기. 링컨함과 이들 항모 항공단은 이라크 자유 작전을 지원하는 전투에 투입됐다.

물을 정확하게 타격할 수 있었고, 민간인 피해를 최소화할 수 있었다. 그 장면이 CNN 같은 지상파나 인터넷 등으로 세계에 생중계되다시피 했다.

특히 이라크 전쟁은 정보전과 사이버전의 중요성을 드높였다. 미국은 위성과 무인 항공기UAV, Unmanned Aerial Vehicle를 활용한 정찰과 통신 감청 등 전자전 능력을 활용해 이라크군의 움직임을 감시하고 통신을 교란시켰다. 특히 무인 항공기를 활용한 실시간 정보 수집과 공중에서의 지휘 통제는 지상 작전을 효과적으로 수행하는 데 결정적인 역할을 했다. 정보와 통신 장악이 군사작전의 핵심으로 자리 잡게 된 것이다. 자연스럽게 육군, 해군, 공군, 해병대 등 군종 간의 협력이 성공 요인으로 부각됐다. 개별 군종의 경계를 넘어 군 전체가 한 몸처럼 움직이는 통합 작전(전투) 시스템이 미래 전쟁의 대세가 됐다.

다른 한편으로 이라크 전쟁은 비대칭 전쟁 방식과 게릴라 전술 개발의 필요성도 제기했다. 대규모 지상군 작전이 종료된 뒤에도 이라크 반군 세력과 무장 집단들은 자살 폭탄이나 급조 폭발물IED, Improvised Explosive Devices 등을 이용해 줄기차게 게릴라 활동을 벌였기 때문이다. 첨단 무기로 무장한 미군 주둔 병력에 정면으로 맞서지 못하는 테러 분자들은 소수 병력과 재래식 무기로 무장한 채 민간인과 시가지를 방패 삼는 비대칭 전투로 대항했다. 미군은 전통적인 군사전략에서 탈피해 비대칭전 수행에 필요한 전술을 개발하고 이를 실제 작전에 적용해야만 했다.

결론적으로, 이라크 전쟁은 단기적으로는 사담 후세인 정권을 무너뜨리고 이라크의 민주적 변화를 기대하게 만들었다. 하지만 장기적 관점에서 이라크와 중동 지역의 정치적·사회적 불안정을 심화시키고, 특히 전쟁 명분과 실제 결과가 크게 달라 국제적으로 미국의 신뢰도와 영향력을 크게 떨어뜨린 사건이었다.

4월

#개틀링기관총

미국
남북전쟁

국가 통합의
값비싼 대가를
지불하다

#노예제
#에이브러햄링컨
#바람과함께사라지다
#미주리타협안
#조지매클렐런
#율리시스그랜트
#로버트리
#조지미드
#윌리엄셔먼
#개틀링기관총

G2 일원인 중국이 거세게 도전하고는 있으나 지구촌 국제정치의 흐름을 좌지우지하는 군사·경제 대국은 여전히 미국이다. 미국과 우리는 1945년 일제의 지배에서 벗어난 후 한국전쟁을 겪으면서 심정적으로는 혈맹으로, 실질적으로는 한미 동맹으로 불가분의 관계를 맺고 있다. 70여 년에 걸친 우리 현대사에서 미국의 존재와 역할은 변수가 아니라 상수라 말해도 무방하다.

영국의 식민지에서 독립전쟁으로 1783년에야 신생독립국가로서 국제사회에 모습을 드러낸 미국은 그저 순탄하게 강대국 자리를 얻은 게 아니었다. 물론 광대한 영토, 풍부한 천연자원, 지속적인 이민 물결 등 여러 혜택과 요인이 발전의 원동력으로 꼽힌다. 하지만 결정적인 것은 미국을 하나로 뭉치게 만든 역사였다. 1861년 4월 발발해 막대한 인적·물적 피해를 남기고 1865년 4월 북부의 승리로 막을 내린 남북전쟁 이야기다. 4년에 걸친 참화를 거치며 재차 단일국가로 통합의 발판을 다진 덕에 미국은 높이 날아오를 수 있었다.

미국 역사에서 남북전쟁은 지금껏 가장 많이 연구된 주제다. 남북전쟁이 대전환의 사건이었고, 그 영향이 매우 컸다는 의미다. 무엇보다 남북전쟁은 동족상잔의 비극인 한국전쟁처럼 당시 미국인들의 마음에 깊은 상처를 남겼다. 전쟁으로 무려 62만 명에 달하는 군인이 죽었고, 거의 모든 집이 사랑하는 가족을 잃는 아픔을 겪어야만 했다. 그렇기에 남북전쟁을 다룬 문학 작품이나 영화도 헤아리기 벅찰 정도로 많다. 에이브러햄 링컨Abraham Lincoln은 우리나라 어린이들도 존경하는 인물이며, 마거릿 미첼 Margaret Mitchell의 소설 《바람과 함께 사라지다Gone With the Wind》와 그 영화는 장년층에게 아련한 추억으로 남아 있다.

남북전쟁은 왜 일어났을까? 일반적으로 말하자면 1860년 11월 대통령 선거에서 노예제 폐지를 내세운 공화당의 링컨이 당선되면서 수면 아래에서 들끓던 남부와 북부의 갈등이 표면화한 결과였다. 그러나 이렇게 단적인 문장으로 이 질문에 답하는 것은 타당하지 않다. 역사적인 대사건들이 그렇듯 남북전쟁이 일어난 이유도 매우 복합적이기 때문이다. 사건의 원인을 밝히는 것은 시대에 따라, 그리고 역사가가 속한 계층과 상황에 따라 다를 수밖에 없기에 전쟁의 원인을 한 가지로 도출하는 것은 매우 어려운 문제다.

현재까지 남북전쟁의 원인을 분석한 수많은 연구는 대략 세 방향으로 정리된다. 먼저 흑인 노예제를 유지할 목적으로 남부 농장주들이 전쟁을 일으켰다고 보는, 주로 북부 출신 역사가들의 견해가 있다. 이와 대척점에 있는 것이 남부 출신 역사가들의 입장이다. 이들은 산업 발달로 강력해진 북부가 농업이 바탕인 남부를 제압해 정치·경제적 이익을 독차지할 목적으로 전쟁을 일으켰다고 주장한다. 두 견해는 제각각 연고에 따라 입장과 행동을 정당화하고 상대를 비난하려는 의도가 강해 객관성이 떨어진다는 지적을 받아왔다.

그래서 나름 공평하게 제3자 입장에서 전쟁의 원인을 규명하려는 시도가 이어졌다. 이들 중 일부는 남북전쟁을 피할 수 있었다고 보고, 사악한 인간들 탓에 일어난 불행한 사태로 파악했다. 또 다른 일부는 단순히 남부와 북부의 경제적, 사회적, 정치적 상이점 때문이 아니라 이 모두가 복합된 차이가 감정적으로 비화되어 대화와 타협으로 해결할 수 없는 지경으로 악화된 탓에 남북전쟁이 일어난 것으로 분석했다.

대략 노예제도, 남·북부의 정치적 갈등과 경제 구조 차이, 그리고 헌법 해석상 이견 등을 전쟁의 원인으로 요약할 수 있겠다. 하지만 더 중요한 요인이 있었다. 이런 제도적 차이를 극명하게 부각해 남부와 북부를 극단의 충돌로 몰고 간 '지역 감정'이다. 다양한 해석에도 불구하고, 역사가들은 대부분 1850년대에 이르러 남부와 북부의 대립이 극한으로 치달았다는 데 공감한다. 따라서 남북전쟁은 식민지 때부터 다져진 지역주의가 세월이 흐르면서 감정적, 문화적 요인을 더한 배타적 지역주의로 변질했고, 급기야 지속적인 이해관계 대립으로 증오가 증폭되어 촉발한 사건으로 설명할 수 있다.

지역 차이를 넘어 불화를 초래한 가장 직접적이며 근원적인 요인은 역시 흑인 노예제였다. 노예 문제는 건국 초기부터 미국 사회가 태생적으로 안고 온 아킬레스건이었다. 건국 이래 남부와 북부는 서로 이질적인 경제 체제를 지향했다. 자유로운 노동에 기초해 공업 사회를 지향한 북부와 달리 남부는 담배와 면화 재배 등 환금성 높은 농업을 중심에 두고 발전했다. 독립전쟁 이전에는 담배 재배에 집중하던 남부 사람들의 관심은 독립 후 정부 보조금이 폐지되는 등 불리한 여건이 이어지자 면화로 옮겨 갔다. 특히 영국에서 산업혁명이 막 시작한 18세기 말부터 영국 면방직 산업의 빠른 성장이 가져온 면화 수요 급증 덕에 미국 남부의 면화 농업은 엄청난 호황을 누렸다.

문제는 면화 재배에 엄청난 노동력이 필요하다는 점이었다. 이윤 창출을 위해서 농장주는 될 수 있는 대로 저렴한 노동력을 대량 확보해야만 했다. 당연히 식민지 시대 이래 남부에는 아프리카에서 강제로 팔리거나 잡혀온 흑인 노예들이 노동력의 주축을 이뤘다. 19세기 들어 남부에서 자본주의적 농업 경영이 성행하면서 농장 규모는 한층 커졌고, 이와 더불어 흑인 노예의 수도

1850년경 조지아주 들판의 노예들. 흑인 노예는 미국 남부 경제를 일으킨
산업 엔진이나 다름없었다.

가파르게 늘었다. 곧 심각한 문제가 생겼다. 흑인 노예가 없으면
남부의 면화 농장은 경영이 불가능한 지경에 이르렀다는 현실적
한계였다.

이런 지역 차이를 인정하는 한 남부와 북부는 공존할 수 있었
다. 그런데 미개척 서부로 영토가 확장되고 이에 병행해서 새로
운 주가 신설되면서 노예 문제가 인간의 기본권을 침해한다는 차
원을 넘어 남·북부의 대립을 표면화하는 정치적 문제로 부상했
다. 신설 주를 자유주로 할지 아니면 노예주로 할 것인지가 연방

정부의 정치적 균형을 위협했다. 이를 해결할 목적으로 남부와 북부는 1820년 '미주리 타협안Missouri Compromise'을 만들었다. 미주리주를 노예주로 하는 대신 동부에 메인주를 신설해 양측을 같은 수로 유지하고, 이후에는 위도 36.3도를 기준으로 그 이남은 노예주, 이북은 자유주로 정한다는 협의였다. 1854년에는 캔자스·네브래스카법이 제정되기도 했으나 두 진영의 갈등은 더욱 심해졌다.

1860년대에 접어들어 급기야는 참을 수 없는 한계점에 이르렀다. 1860년 11월 대선에서 노예제도 폐지를 주장한 링컨이 대통령에 당선되면서 드디어 남부와 북부는 돌아올 수 없는 강을 건너고 말았다. 그해 연말 남부 7개 주가 연방에서 탈퇴해 남부연합이라는 명칭으로 새로운 국가를 수립했다. 1861년 4월 12일, 유럽에서 전쟁 물자를 수입하던 남부의 생명줄 찰스턴 항구 바로 앞 인공 섬에 연방군이 구축한 섬터Sumter 요새를 남부군이 포격하면서 이를 도화선으로 4개 주가 추가로 남부 진영에 가담했다. 이로부터 4년간 남과 북은 열전 속으로 빨려 들어갔다.

남북전쟁은 크게 세 전역에서 전개됐다. 우선 북군이 남부 해안을 봉쇄했다. 선전포고 직후 북군은 우세한 해군력을 동원해 해안을 빙 둘러 포위하는 '아나콘다 작전'으로 남부의 숨통을 조였다. 초반부터 남군의 물자 조달 경로를 막으려 한 북군의 조치였다. 해군력이 없다시피 한 남부는 대응할 수단이 없었다. 육상에서는 동부전선과 서부전선(애팔래치아산맥 서쪽부터 미시시피강 사이)으로 나뉘어 4년 동안 크고 작은 전투를 64차례 정도 치렀다. 하지만 전쟁의 주 무대는 북부 수도 워싱턴과 남부 수도 리치먼드를 사이에 두고 치열하게 공방전을 벌인 동부전선이었다.

전쟁 직후 남부는 앨라배마주 몽고메리에 있던 수도를 연방 정치 중심지인 워싱턴 DC에서 채 100마일도 떨어지지 않은 버지니아주 리치먼드로 옮겼다. 아마도 초반부터 끝장을 보려는 의지를 강하게 드러낸 상징적 조치인 듯하다. 워싱턴과 리치먼드 사이에는 포토맥강과 요크강이 있어 양측 최전방에 해당하는 이곳이 전쟁 중반까지 실질적인 주전장이었다. 북군은 주력인 포토맥군을, 남군 역시 주력인 북버지니아군을 이곳에 배치했다. 그리고 북군은 조지 매클렐런 장군George McClellan(전쟁 후반에는 율리시스 그랜트Ulysses Grant 장군)이, 남군은 유명한 로버트 리Robert Lee 장군이 지휘봉을 잡았다.

개전 초기 포토맥강을 경계로 대치한 양측은 일진일퇴의 접전을 벌이면서 2년 동안 답보를 거듭했다. 인구나 산업 생산 등 거의 모든 전력 면에서 북부가 압도적이었으나, 총사령관 리 장군을 중심으로 단합한 남부가 의외로 잘 버텼다. 하지만 전쟁이 길어지면서 전세가 인적·물적 자원이 우세한 북군으로 기울었다.

드디어 1863년 7월 초 펜실베이니아주 게티즈버그에서 남북전쟁의 분수령으로 평가되는 격전이 벌어졌다. 조지 미드George

남북전쟁 중 북부로 진격하는 리 장군. 리의 남부 연합군은 두 차례 북부를 침공했는데, 1863년 7월 게티즈버그에서 가장 큰 전투가 벌어졌다.

Meade 장군이 이끈 북부의 포토맥군이 리 장군의 남부 북버지니아군의 사활을 건 파상공격을 막아내는 데 성공했다. 이로써 북부 수도인 워싱턴을 직접 공략해 점령함으로써 점차 불리해지는 전쟁을 조기에 끝내려 한 리 장군의 소망이 무산됐다.

동부전선에서 게티즈버그 전투가 벌어진 즈음 서부전선에서도 북군의 중요한 승전이 이어졌다. 율리시스 그랜트 장군이 이끈 북군이 서쪽 전장의 요충지인 미시시피강 유역 빅스버그를 점령한 것이다. 이로써 북군이 미국 땅의 중앙부를 종단하는 미시시피강을 장악하면서 남부 연합의 영토와 전력은 둘로 나뉘고 말았다. 그랜트 장군의 활약을 눈여겨본 링컨 대통령은 1864년 3월 그를 북군 전체를 지휘하는 신임 총사령관으로 임명했다. 링컨이 바라던 지휘관이 드디어 나타난 것이다. 그랜트와 더불어 떠오른 또 한 명의 북군 맹장은 서부전선에서 그랜트의 오른팔로 맹위를 떨친 윌리엄 셔먼William Sherman이었다. 링컨의 기대에 부응하듯 이후 두 인물이 남북전쟁을 종결짓는 주역으로 활약했다.

그랜트로부터 북부 연방 서부군의 지휘권을 물려받은 셔먼 장군은 5개월여 접전 끝에 1864년 9월 남부의 핵심인 조지아주 애틀랜타를 점령했다. 이후 총사령관 그랜트는 전쟁을 끝내는 마지막 모험을 단행했다. 동부 버지니아주에서는 리 장군이 이끄는 남군이 피터스버그에서 그랜트 장군의 북군과 대치하고 있었다. 이때 그랜트는 셔먼이 대규모 우회 기동으로 캐롤라이나주의 주요 항구인 사바나를 점령하고 이어서 리 장군의 후방으로 진격하면 남군을 강하게 압박할 수 있으리라 판단했다. 이런 작전에 더해 남부군의 경제력과 항전 의지를 무력화할 목적으로 셔먼 장군은 약 100킬로미터 간격으로 부대를 양분해 그 사이 지역을 초토화하면서 파죽지세로 진격했다. 인적·물적 자원 모두 압도적으로 우세한 북군은 기진맥진한 남군을 강하게 압박해 결정적 승기를 잡을 수 있었다.

마침내 1865년 4월 리치먼드 남쪽 피터스버그에서 8개월 동안 포위됐던 남군 총사령관 리 장군이 항복했다. 그리고 4월 9일 버지니아주 아포마톡스에서 그랜트 장군과 대면한 리 장군이 항복문서에 서명함으로써 4년 넘게 치열하게 이어진 전쟁은 북부의 승리로 종결됐다.

남북전쟁은 근대 전쟁사에서 선례를 찾기 힘든 대규모 살상전이었다. 백인 인구 6명당 1명꼴인 300만 명이 참전했고, 이들 중 무려 3분의 1에 해당하는 100만 명의 전사상자(전사자 약 62만 명, 부상자 약 41만 명)가 발생했다. 성능이 크게 향상된 소총과 대포가 널리 사용되면서 인명 피해가 늘었다.

연방 성립 후 반세기를 지나면서 격화된 남북 간의 지역주의는 운명의 한판 대결을 피할 수 없었던 것일까? 북부인들은 진정한 연방으로 거듭나기 위해서는 전쟁이 불가피하다고 생각했고, 남부인도 마찬가지로 노예제에 기초한 사회경제체제 유지와 주권 수호를 위해 기꺼이 총을 들고자 했다.

전쟁 발발 전의 각종 지표를 볼 때 남군은 북군의 적수가 될 수 없었다. 산업화의 길목에 있던 북부가 화력은 물론이고 병력에서도 절대적으로 우위였음은 분명한 사실이다. 이에 대응해 남부는 전쟁 중반까지 상대적으로 단합된 정신력에 의지해 대등한 싸움을 벌일 수 있었다. 하지만 1863년 7월 초 게티즈버그 전투 패전 이래 군수물자가 심각할 정도로 부족해지면서 남군은 정신력과 사기만으로 버틸 수 없게 됐다. 북군은 월등한 산업 기반을 토대로 소총 약 170단 정과 대포 7800문을 생산하는 놀라운 군수 역량을 과시한 터였다.

남북전쟁은 한 발은 과거에, 다른 한 발은 미래에 걸친 전쟁이었으나 유형상 최초의 현대전으로 평가된다. 당시에는 알지 못했을지언정 약 반세기 후에 일어난 제1차 세계대전과 유사한 양상이 분명하게 드러났다. 특히 무기와 전쟁 수행 측면에서 중요한 변화가 남북전쟁에서 움텄다. 19세기 중엽 이래 질적으로 크게 향상된 화약 무기가 위력을 발휘하면서 엄청난 수의 군인이 죽었다.

두 진영의 두기는 성능이 비슷했다. 전쟁 초반에는 생김새와 구경이 다양한 전장식 활강 머스킷 소총이 주를 이뤘다. 전쟁이 무르익으면서는 강선식 소총이 보급되고 신형 미니에 탄환이 흔해지면서 사거리와 정확도가 크게 높아졌다. 전쟁 중인 1862년 리처드 개틀링Richard Gatling이 발명한 기관총도 동원됐다. 반자

남북전쟁 당시 건설된 철교와 열차. 사진 속 열차는 군용 차량이며,
버지니아주의 철도 교량을 복구한 장면이다. 당시 철도는 병력과 보급품을
효율적으로 이동시키는 데 결정적인 역할을 했다.

동 개틀링 기관총에 이어서 1880년대 초반 등장하는 맥심 기관총은 무려 분당 600발을 토해냈다.

무엇보다 승패에 영향을 미친 것은 철도와 전신이었다. 19세기 중엽 유럽에서 유행한 철도 건설 붐이 대서양 너머 미국에도 빠르게 전파됐다. 영토가 광대한 미국에서 철도는 병력과 물자 수송에서 명실공히 절대적인 요소로 자리 잡았다. 1830~1860년 미국 전체에서 총 4만 8000킬로미터에 달하는 철도가 브설됐다. 특히 남군과 비교해 철도망을 두 배 이상 갖고 있던 북군은 인원과 물자 집중으로 우세를 점할 수 있었다. 게다가 1832년 새뮤얼 모스Samuel Morse가 발명한 전신 덕에 전후방 지휘관들이 빠르게 정보를 교환할 수 있게 됐다. 철도로 대규모 병력을 단기간에 이동해 원하는 곳에 배치하고, 전신으로 중앙의 지휘 통게는 물론 분산된 작전 수행이 가능해진 것이다.

보병 전술 면에서도 남북전쟁에서 중요한 변화의 조짐이 나타났다. 최후의 구시대 전쟁이자 최초의 현대판 전쟁이라는 평가처럼, 남북전쟁은 18세기의 선형 전술과 엄폐호에 몸을 숨겨 사격하는 현대적인 소부대 전술이 동시에 존재한 과도기적 전장의 모습을 보여주었다. 전반에는 양측이 넓은 정면에 긴 횡대로 포진해 마주 서서 사격하는 방식으로 싸웠으나, 점차 살상력 높은 무기들이 도입되견서 똑바로 서서 사격하는 것은 자살행위나 다름없게 됐다. 이에 따라 어깨가 맞닿을 정도로 밀집한 보병 대열은

옛말이 되고 개인 간격이 넓어졌다. 이제 적의 가공할 화력 앞에서 살아남을 길은 최대한 자세를 낮추거나 땅을 파고 들어가는 수밖에 없었다. 제1차 세계대전을 특징짓는 깊고 긴 참호가 전장의 일상이 됐다.

전쟁사 측면에서 남북전쟁은 국가의 인적·물적 역량을 총체적으로 투입해야 하는 현대 총력전의 서막이었다. 이전까지 승패를 좌우한 정신력과 사기는 점차 중요도가 낮아졌다. 무기의 성능과 화력이 크게 향상되면서 무모한 전방 돌격은 대량살상으로 이어졌다. 이것이 전쟁 신 마르스Mars가 남북전쟁을 통해 세계에 귀띔해준 경고였으나, 애석하게도 유럽의 지도자들은 이런 가르침을 간과하고 말았다. 그 대가로 반세기 후 한때 세계를 호령하던 유럽 대륙이 파멸의 구렁텅이로 빠져들었음을 우리는 잘 알고 있다.

엄청난 피해를 초래하기는 했으나 어쨌든 전쟁에서 북부가 승리한 덕분에 연방은 유지되었고 노예제도는 폐지됐다. 어느 면에서는 식민지 시대부터 이어져온 두통거리의 근원 두 가지를 값비싼 비용을 치르고 한 번에 해결한 셈이었다. 전쟁 후 약 400만 명에 이르는 남부의 흑인 노예들이 연방 수정헌법 제정으로 자유인이자 미국 시민이 됐다. 특히 식민지 시기부터 미국 사회를 주도해온 남부가 북부와의 대결에서 패함에 따라 이후 미국 역사의 주도권은 확실하게 북부 쪽으로 넘어갔다.

　미국사의 긴 흐름에서 볼 때, 남북전쟁은 독립한 지 채 100년도 되지 않은 신생국가 미국이 합중국을 유지하면서 내부의 구조적 문제를 해소하고 단합된 국력으로 산업화를 향해 나아감으로써 20세기 초 세계 강대국으로 올라서는 계기가 됐다. 그리고 이처럼 의미가 큰 남북전쟁에 불을 붙인 계기가 초록빛 짙은 1861년 4월 12일에 터진 섬터 요새 포격 사건이었다는 사실은 자칭 '만물의 영장'이라는 인간의 어리석음을 새삼 되돌아보게 한다.

4월

남베트남 패망

패망의 원인은 내부에 있었다

#디엔비엔푸전투
#통킹만사건
#파병
#파리평화회의
#사이공
#호찌민
#도이머이정책
#보트피플

역사는 수많은 제국과 국가의 흥망성쇠로 이루어졌다 해도 과언이 아니다. 비단 먼 옛날 고대에만 그런 것이 아니라, 근대 이후에도 여러 국가가 명멸했다. 물론 한 나라의 종말을 초래하는 원인은 다층적일 수밖에 없는데, 흔히 강력한 외부 세력의 침략을 첫 번째 요인으로 꼽는다. 하지만 한 꺼풀 들춰보면 대부분은 외침 이전에 내부에서 벌어진 분열이 본질적인 멸망 원인이라는 것을 알 수 있다.

현대에 이를 가장 분명하게 보여준 사례가 1975년 4월 30일 베트남공화국(이하 남베트남) 패망이다. 어느새 남베트남이 세계 지도에서 사라진 지 50년이 넘었다. 패망의 교훈을 되새겨 오늘날 극심한 내부 분열로 몸살을 앓는 우리가 반면교사로 삼자는 의미에서 남베트남 멸망을 살펴보려 한다.

19세기 후반부터 100년 가까이 베트남을 지배한 프랑스가 저

2차 세계대전 이후 재차 이 땅을 식민지화하려다 1954년 봄 디엔비엔푸 전투에서 참패하면서 물러났다. 제2차 세계대전에서 승리하며 자유민주주의 진영의 지도국으로 올라선 미국은 중국에 이어 베트남까지 적화할 경우 인접한 동남아시아마저 공산주의 체제로 넘어갈 수 있다는 도미노이론에 따라 베트남 문제에 본격 개입했다. 이후 자유 진영과 공산 진영의 대결이 격화되는 냉전 체제에서 '통킹만 사건(1964. 8. 2.)'을 빌미로 미국은 북베트남을 공중 폭격한 후 이듬해 봄(1965. 3.)에는 해병대 지상군까지 파병했다.

문제는 북베트남이 강력하게 저항하면서 점점 더 많은 병력과 비용을 투입해야 했다는 점이다. 증파가 절실한 시점에 미국의 고민을 덜어준 우군이 나타났으니 바로 한국 정부였다. 안보와 경제라는 두 마리 토끼를 잡아야 했던 한국 정부는 베트남 파병이 이런 난제를 해결할 수 있는 기회라고 인식했다. 양국 정상의 만남을 거쳐 마침내 1964년 9월, 이동 외과 병원과 태권도 교관으로 구성된 140명이 베트남에 파병됐다.

한국은 이후 네 차례에 걸쳐 청룡부대, 맹호부대, 백마부대 등 대규모로 전투병을 파병하면서 거의 5만 명에 달하는 병력이 남베트남에 주둔하게 됐다. 1973년 3월 모든 병력이 완전히 철수할 때까지 약 8년 6개월 동안 연인원 32만 명을 파병해 총 57만 7000여 차례 크고 작은 작전을 실행했다. 그런데 우방국 파병 병

1965년 10월 16일 부산항, 베트남전에 파병되는 한국군 맹호부대 환송식.
한국이 참전한 데는 한미동맹 강화, 경제적 실리 확보 등 다양한 배경이
있었다. ⓒ대한민국역사박물관

력이 모두 철수하고 남베트남 군대가 자국 국방을 떠맡은 지 채
2년도 지나지 않은 1975년 4월 30일, 북베트남(베트남민주공화국)
의 침략으로 남베트남은 지구상에서 사라지고 말았다

1975년 남베트남 패망은 약 10년 동안 이어진 베트남전쟁의
진정한 끝을 상징하는 사건이다. 북베트남 주도로 통일이 이뤄졌
기에 통일 베트남은 사회주의 공화국이 됐다. 그렇다면 남베트남

은 왜 어이없이 무너졌을까? 남베트남 패망은 국론 분열이라는 요인 외에도 대내외적으로 다양한 요인이 복합된 결과였다.

우선 정치적으로 불안정했다. 정부의 부패와 비효율적인 행정 때문이었다. 응오딘지엠Ngô Đình Diệm 대통령의 독단과 수차례의 군사 쿠데타로 정권 교체가 빈번해지면서 안정은 기대할 수 없는 상황이었다. 이로 인해 정부 운용은 비효율적이고 부패가 만연해 전략 자산의 근본인 민심 이반을 초래했다. 전쟁으로 피폐해진 가운데 국민은 정부에 실망을 거듭했다. 게다가 승리가 불확실하다는 불안과 군 지도부에 상존한 파벌로 지휘관 개인의 능력보다 정권에 대한 충성을 우선하다 보니 불신의 기류가 만연했다. 흔히 "사기를 먹고 싸운다"라고 말하는 장병들의 정신력에 부정적인 영향을 미칠 수밖에 없었다.

대외적으로는 무엇보다 미국의 군사적 지원이 줄었다. 1973년 1월 파리평화회의 이후 미국은 '베트남전쟁의 베트남화'라는 기치 아래 남베트남 군수물자 지원을 대폭 축소했다. 미국은 전쟁 장기화로 막대한 손실을 입고 국내 여론마저 전쟁 반대로 기울면서 베트남에서 발을 빼려 했다. 급기야는 북베트남과 파리협정을 맺고 실제로 미군을 철수하기에 이른 것이다. 미군이 물러나면서 남베트남군은 전적으로 자국 방어의 책임을 떠안아야 했다. 철수를 완료한 미국은 직접적인 군사 개입을 회피하겠다는 의도를 분명하게 내비쳤다.

엎친 데 덮친 격으로 미군 철수 시점에 미국에서는 베트남전쟁에 대한 향후 지원 가능성을 크게 제한하는 법적 조치가 있었다. 1972년 6월 발생한 워터게이트 사건 이후 정치 환경이 변하면서 미 의회는 1973년 전쟁 개입을 제한하는 법률을 제정할 정도로 염전厭戰 분위기가 퍼져 있었다. 일명 '전쟁권한법'은 미군의 해외 군사 개입에 의회의 사전 승인을 요구하는 내용을 담고 있었다. 미국 정부의 무리한 대외 전쟁 수행을 의회가 강력하게 제약하겠다는 선언이나 마찬가지였다. 이로써 미군이 우사시 베트남에 다시 투입되리라는 기대는 완전히 포기해야 했다.

미군을 비롯한 우방국 군대가 철수하면서 남베트남은 강력한 군사적 보호망을 상실했다. 곧 군사 장비 부족에 직면했고, 자주 국방력 구축에 어려움을 겪었다. 병력은 정규군 57만 명에 지방군과 민병대를 망라해 100만 명에 달했으나 사기 저하와 훈련 부족으로 전투력을 제대로 발휘할지 장담하기 어려웠다. 전쟁 장기화로 피로감이 높고 만성적인 정치 불안으로 안보의식도 높지 않았다. 이에 편승한 군 지도층은 부패하고 무사안일주의가 만연하면서 군의 단결력은 낮아졌고 이는 곧바로 전투력 약화로 이어졌다.

미군이 군수물자 지원을 거의 중단하면서 남베트남군은 무기 체계 측면에서도 우위를 점하기 어렵게 됐다. 전적으로 미군에 의지해온 헬리콥터, 전투기, 폭격기 등 공중 지원이 중단되자 전투력에 심각한 타격을 입었다. 미군이 제공한 첨단 무기와 훈련에 의존해온 이들은 미국이 첨단 장비를 상당량 이양했다고는 하지만 북베트남의 기계화 부대를 앞세운 치밀한 작전에 효과적으로 대응할 수 없었다.

1975년 북베트남이 침공하기 직전 남베트남은 외형상 군 전력 면에서 상당한 우위에 있었다. 특히 철수하는 미군으로부터 전차 600대, 장갑차 1200대 등 양질의 장비들을 받았고, 정밀한 무기와 함께 이를 운용할 보병 사단은 물론 공수부대와 해병 사단도 편성되어 있었다. 공중 전력도 미국으로부터 F-5A 같은 최신예 전투기와 헬기 약 500대를 받아 표면적으로는 세계 4위의 항공 전력으로 평가되기도 했다.

하지만 문제는 이런 무기를 어떻게 효과적으로 운용해 전투력을 발휘할 것인가였다. 소프트웨어 면에서는 매우 미흡했기 때문이다. 베트남전쟁 기간 내내 미군에 의존한 데다 미군의 철수가 가시화된 상황에서도 제 여건에 부합하는 전략과 전술 개발은 도외시한 채 타성에 젖어 물량 작전이 특징인 미국의 방식을 답습한 것이다. 겉으로는 공군력 세계 4위였으나 이를 정비하고 실제 작전에서 운용하기엔 여전히 미숙했다. 탱크(M48 패튼 전차)와 포병(105, 155밀리미터) 전력도 소련과 중국으로부터 전폭 지원을 받던 북베트남군과 비교해 우세하다고 말하기 어려웠다. 가장 심각하게는 미군이 철수한 이후 군수 지원이 단절되면서 부품 보급과 기술 정비가 제때에 이뤄지지 않아 보유 무기 가운데 상당수는 고철이나 다름없게 됐다.

설상가상으로 남베트남 군대 상층부의 중요 정보가 북베트남 군에 유출되고 있었다. 진작부터 침투해 암약하던 북베트남 추종 첩자들은 노골적으로 군의 핵심 정보를 가로채 넘겼다. 그렇지 않아도 온갖 내홍으로 긴 세월 몸살을 앓아온 남베트남군은 미군 이 남긴 고급 장비들을 보유하고도 북베트남의 공세에 효과적으 로 대응하지 못했다. 부패한 정권과 승전 의지가 사라진 군 지휘 체계, 비효율성이 복합적으로 작용해 훈련조차 제대로 이뤄지지 않았다. 당연히 적군인 북베트남군의 정신력과 전략 전술 분석도 소홀할 수밖에 없었다. 한마디로 지피지기에 실패한 것이다.

이와 대조적으로 북베트남의 전력은 시간이 지날수록 강해졌 다. 정규군의 경우 약 47만 명으로 수적으로는 열세였으나 장병 대다수가 전투 경험이 풍부했다. 북베트남군은 명확한 지휘 체계 아래 부단한 훈련으로 전투 기술을 연마한 정예병이 주축을 이뤘 다. 이들은 어떤 형태의 전술이든 즉각 실행할 수 있었으며, 특히 기습에 능했다. 남베트남 병사들은 무엇을 위해 싸우는지 목적의 식조차 분명치 않았던 반면 북베트남군은 호찌민 사상에서 연유 한 민족주의적 동기와 공산주의 이념으로 무장하고 있었다. 더구 나 북베트남은 민병대와 더불어 남쪽에서 게릴라전술로 긴 세월 미군과 남베트남군을 괴롭힌 베트콩(남베트남 민족 해방 전선) 등 잠재적인 병력 동원 역량도 우수했다. 호찌민이 역설해온 '전민

항전全民抗戰’ 교리에 따라서 여차하면 언제든 민중 전체가 전투원으로 활약할 수 있었다.

북베트남은 공산주의 우방인 소련과 중국의 지원에 힘입어 남베트남 침공 대공세 준비에 박차를 가했다. 양국으로부터 중형 전차(T-54, T-55), 대포(130, 152밀리미터), 미사일, 전투기(MiG-17, MiG-21) 등을 꾸준히 지원받고 있었다. 그 덕에 대공세 이전에 이미 북베트남군은 전차나 대포 같은 강력한 화력으로 무장할 수 있었다. 병사들은 평소 훈련으로 새로 지원받은 신형 무기와 장비를 능숙하게 다뤘다. 파리평화회의에서 약속한 공존의 원칙은 단지 문서에 불과할 뿐, 이들은 1969년 세상을 떠난 호찌민의 유업에 따라 결사적으로 남베트남 점령 작전을 준비했다. 더구나 본격적으로 행동을 개시하기 전에 이미 북베트남군은 베트콩의 게릴라 활동으로 남베트남군의 전력을 갉아먹고 있었다.

남베트남은 어째서 북베트남군의 전면 남침 개시 후 불과 두 달도 지나지 않아 패망에 이르렀을까? 앞서 언급했듯이 1973년 파리평화회의에서 협정이 체결되면서 미군이 남베트남에서 철수하는 대신 북베트남은 남베트남에 대한 군사행동을 자제하기로 약속했다. 미국은 협정에 따라 병력을 철수하고 베트남에 대한 군사적 개입마저 중단했다. 하지만 공산주의자들에게 약속이란 목적 달성을 위한 속임수에 불과하다는 말처럼, 북베트남은 남북 베트남 문제를 군사적 대결로 결판내겠다는 원래의 목표를 전혀 포기하지 않고 있었다.

　미국이 개입하지 않는다는 것을 확신하고 남베트남군의 무기력한 실상을 간파한 북베트남은 1975년 3월 남베트남 대공세를 개시했다. 빠르게 기동하는 기계화 부대를 앞세워 북위 17도 경계선을 넘어 밀고 내려왔다. 남베트남군은 초반부터 이미 제대로 반격하지 못했다. 사전에 구축해둔 축차 방어선마다 연이어 뚫리면서 남쪽으로 후퇴를 거듭했다. 심지어 장교들마저 고가의 무기를 버리고 도주하기에 급급했다. 파죽지세로 밀고 내려온 북베트남군은 1975년 4월 말 크게 네 방향에서 남베트남 수도 사이공에 접근했다. 이렇다 할 저항은커녕 지도층은 도망가기 바빴다. 4월 30일 북베트남군 전차가 대통령궁 담장을 부수고 진입하는 극적인 장면과 함께 남베트남은 지구상에서 사라졌다. 1954년 체결된 파리협정 이후 베트남이 17도선을 경계로 갈라진 지 막 20년을 넘긴 시점에 베트남은 북베트남이 주도하는 사회주의 공화국으로 통일됐다.

　1975년 4월 남베트남 패망은 이후 국내외에 어떤 영향을 미쳤을까? 북베트남이 무력으로 남북 통일을 달성한 이후 베트남에서는 어떤 일들이 벌어졌을까? 우선 국내적으로 북베트남은 한껏 승전의 개가를 불렀다. 1976년 7월 총선거를 통해 등장한 남북 베트남 단일 의회가 베트남 통일을 공식 선포하고 국호를 베트남사회주의공화국으로 정했다. 당연히 북베트남의 하노이가 신생 통

사이공 함락. 1975년 4월 30일 북베트남 베트민군 전차가 남베트남의
대통령궁(현 통일궁) 정문으로 돌진하는 순간으로, 베트남전쟁의 종식을
알리는 상징적인 장면이다.

일국가의 수도가 됐다. 호찌민으로 이름이 바뀐 옛 사이공은 경제 중심지로 남았다. 신생 통일 베트남 정부는 호찌민의 공산주의 이념을 바탕으로 국가를 통합하고 재건하는 작업에 착수했다.

사회주의 정책에 따라 한때 남베트남에서 꽃피웠던 자본주의의 요소들이 사라지고 공산주의식 계획경제가 시행됐다. 긴 전쟁과 내전의 여파로 경제는 파탄 상태였다. 국가 기반 시설은 대부분 파괴됐고, 전반적인 경제 여건은 매우 열악했다. 전정으로 인한 인명 피해와 국토 파괴는 베트남 사회에 깊은 상처를 남겼다.

이런 현실에 아랑곳없이 통일 공산 정부는 국가 산업을 국유화하고 토지를 몰수해 농업 집단화를 추진했다. 사회주의적 중앙집중식 계획경제 시스템을 확립하려는 조치였다. 공장과 농장 국유화로 동기부여가 되지 않자 기대와는 달리 생산성과 효율성이 빠르게 저하됐다. 특히 과거 남베트남의 고위 관료, 기업가, 대지주 등 상류층 출신은 사회주의 체제에 쉽게 적응할 수 없었기에 상당수가 재산을 잃고 강제 노동에 동원되거나 위험을 무릅쓰고 국외 탈출을 시도했다. 1986년 베트남어로 '개혁' 또는 '새로운 시작'을 의미하는 도이머이Đổi Mới 정책으로 경제의 파러다임을 전환할 때까지 통일 베트남은 국제사회에서 고립된 채 실효성 낮은 사회주의 경제정책을 이어갔다.

무엇보다 과거 남베트남 주민 통합 정책이 적극적으로 펼쳐졌다. 역사가 그러하듯 패전국 지배층 숙청 작업도 있었다. 사이공 함락 후 북베트남 군대는 남베트남 고위 인사와 고위급 장교들을 체포했다. 일단 모두 구금한 다음 약식 재판을 거쳐 강제수용소에 가두고, 육체노동과 사상 교육 등 교화 작업에 처하거나 일부는 처형했다.

당연히 패망 직후 피난민이 대거 발생했다. '보트피플Boat People'이라는 명칭에서 짐작할 수 있듯이 쪽배를 타고 대양을 거슬러 목숨을 건 탈출을 시도했다. 많은 이들이 항해 도중 목숨을 잃는 등 크나큰 고통을 겪었다. 1975년 이후 100만 명 넘는 베트남 난민이 미국, 프랑스, 호주 등지로 떠났다.

남베트남 멸망은 1950년대 중반 프랑스로부터 바통을 넘겨받아 남베트남 공화국의 수호자를 자처해온 미국에 짙은 패배감을 안겨주었다. 그때나 지금이나 미국은 세계 최강국이었기에 동양의 약소국에 당한 패배의 충격은 한층 컸다. 미국은 지원을 중단하고 군 병력을 철수하면서 간신히 발을 빼는 데는 성공했으나, 결국 남베트남 패망이라는 참담한 현실에 직면해야 했다. 약 5만 8000명을 상회하는 사상자와 6500억 달러에 이르는 전쟁 비용 등 엄청난 손실을 입고도 남베트남을 수호하지 못했기 때문이다. 자연히 베트남전쟁의 정당성과 미국의 개입에 의문을 제기하는 비판과 자성의 목소리가 터져 나왔다. 최강대국 미국의 위신이 실추된 것은 물론이고 이후 외교와 국방 정책의 방향 설정에도 큰 영향을 미칠 수밖에 없었다.

1975년 남베트남 패망으로 베트남전쟁이 끝나고 베트남이 통일된 사건은 세계 유일의 분단 지대인 한반도에도 중요한 시사점을 남겼다. 베트남전쟁은 단순히 군사적 승리에 그친 것이 아니라, 정치·사회적으로나 이념적 측면에서 향후 남북통일이 어떻게 이뤄져야 하는지, 그리고 통일 후 과제는 무엇인지 등 깊은 함의를 담고 있기 때문이다. 베트남전쟁과 통일 과정은 통일과 평화 유지를 위해서는 다양한 요인이 복합적으로 작동해야 한다는 점을 시사한다. 특히 이념 차이와 군사적 대결을 뛰어넘어 민족 화합과 함께 평화를 정착하기 위한 성찰과 공감대 형성에 관심을 기울일 것을 촉구하고 있다.

거목이 강풍에 쓰러지는 것은 오래전부터 소리 없이 밑동이 썩어왔기 때문이다. 그렇지 않다면 뿌리를 굳게 내린 나무는 거센 태풍이 불어와도 끄떡없다. 그렇다. 숱한 제국과 국가의 역사를 보듯이 나라의 패망은 본질적으로 내부 분열에서 기인했다. 공동체 구성원끼리 극심하게 대립하느라 외침에 제대로 대응하지 못한 것이다. 로마제국이 그랬고, 연개소문 사후 너붐으로 운명의 막을 내린 고구려나 끈질긴 당쟁으로 이념 대립이 극에 달한 조선의 결말도 예외가 아니었다. 이참에 과연 오늘날 우리 대한민국 사회는 어떠한지 한번 성찰해보면 어떨까.

5월

이스라엘 건국

항구적인 화약고가 중동에 들어서다

#세계의화약고
#유대인파워
#AIPAC
#이스라엘하마스전쟁
#시온주의운동
#테오도어헤르츨
#후세인맥마흔서한
#중동전쟁

2025년 2월 초 세계를 깜짝 놀라게 한 기사가 삽시간에 퍼져나갔다. 취임하고 막 열흘을 넘긴 도널드 트럼프Donald Trump 미국 대통령이 "재건을 위해 팔레스타인의 가자 지구를 미국 소유로 하겠다"라는 폭탄 발언을 쏟아낸 것이다. 전쟁으로 가자 지구의 70퍼센트 이상이 파괴되어 생활이 거의 불가능하니 주민들을 이집트, 요르단 같은 주변 이슬람 형제 국가로 이주시키고 지중해의 휴양지 리비에라처럼 재건하는 편이 합리적이라는 것이었다. 이스라엘·하마스 전쟁이 마무리되는 와중에 나온 뉴스인지라 그 충격은 엄청났다.

물질적으로 삶의 질을 높일 수 있다는 트럼프 대통령의 말에 주변국은 물론이고 당사자인 가자 지구 주민들은 왜 즉사적으로 반대할까? 그 이면에는 팔레스타인 영토 문제를 겹겹이 휘감고 있는 다양한 요인이 있다.

중동 땅에서는 20세기에만 해도 여러 차례 전쟁이 터졌다. 지금도 이스라엘과 하마스의 전쟁이 끝날 듯하다가 재발하기를 반복하고 있다. 그러다 보니 중동은 제1차 세계대전 이전 발칸반도처럼 자연스럽게 '세계의 화약고'라는 별칭이 따라붙었다. 이스라엘과 주변 아랍 국가 사이에 전쟁이 빈발하는 요인은 무엇일까? 왜 다른 지역처럼 대화와 타협으로 평화를 정착시키지 못할까?

기껏해야 인구 1000만 명에 국토 면적이 2만 7700제곱킬로미터에 불과한 이스라엘이 주변 아랍 국가에 포위된 상황에서도 연이어 전쟁에 승리하며 굳건하게 버티는 힘의 원천은 어디에 있을까?

외적 요인부터 보자면 세계 최강국 미국의 전폭적 지원이 있다. 1948년 건국 이래 이스라엘은 미국의 중요한 동맹국으로 긴밀한 관계를 유지하고 있다. 미국과 이스라엘의 우호적 관계 이면에는 미국 내 유대인들의 정치적 영향력이 큰 몫을 하고 있다. 630만 명에 달하는 미국 거주 유대인은 이스라엘 정부를 지지하면서 이스라엘과 관련된 정책 결정에 큰 목소리를 내고 있다. 특히 이스라엘·팔레스타인 분쟁 같은 중동 이슈에는 어느 유력 정치가도 거스르기 어려운 '유대인 파워'가 발휘된다고 알려져 있다.

미국 정계에서 유대인 정치인들과 로비 단체들은 중동 관련 정책을 이스라엘에 유리한 방향으로 끌고 가기 위해 풍부한 인

2023년 1월 워싱턴 DC에서 열린 AIPAC 포럼. AIPAC는 이스라엘의 안보와 이란 제제 등을 위해 해마다 수십억 달러를 지원하며 선거에도 적극 관여한다.

맥과 막강한 금맥을 십분 활용한다. 천문학적 비용이 소요되는 선거와 정치 시스템에서 유대인들은 가장 중요한 재정적 후원자다. 유대계 기업인이나 자선단체가 유력 정치인에게 거액의 선거 자금을 지원하고 암묵적으로 영향력을 행사한다. 대표적으로 미국·이스라엘 공공문제위원회AIPAC, American Israel Public Affairs Committee 같은 강력한 유대인 로비 단체는 미국 정계의 큰손으로 중동 관련 중요 정책 결정에서 입김을 내뿜고 있다.

엄밀히 말해 유대인들이 애초부터 이런 소프트 파워를 지녔던 것은 아니다. 전 세계에 흩어진 유대인들이 결속하는 결정적 계기는 이스라엘 건국이었다. 1948년 5월 14일 이스라엘의 초대 총리가 된 다비드 벤구리온David Ben-Gurion이 의회 단상에 올랐다. 이때 그의 손에는 종이 한 장이 들려 있었다. 신생독립국가 이스라엘의 건국 선언서였다. 국회의사당을 가득 메운 유대계 인사와 수많은 청중의 시선이 벤구리온의 입으로 향했다. 건국을 선언하는 공간이 복잡한 감정과 팽팽한 긴장감으로 가득했다. 오랜 독립의 꿈을 실현한 이 순간은 이스라엘 역사에서 매우 중요한 전환점이었다.

감격의 순간은 잠시일 뿐, 곧 미래에 대한 불안과 불길한 예감이 뒤따랐다. 이날 유대인들은 팔레스타인 땅에 독립국가를 수립했지만, 이슬람을 믿는 주변 아랍 국가들이 인정하지 않았기 때문이다. 심지어 독립선언 바로 다음 날 군대를 동원해 이스라엘을 공격했다. 제1차 중동전쟁으로 알려진 이 충돌을 시작으로 지금도 진행 중인 이스라엘·하마스 전쟁에 이른 것이다.

2000년이나 나라 없이 떠돌던 민족이 건국을 하기까지, 이스라엘 탄생의 이면에는 정치적, 사회적 그리고 종교적으로 복잡한 배경이 얽혀 있다. 고대 이스라엘 왕국이 존재한 팔레스타인 지역에서 로마제국이 유대인을 추방한 것은 기원후 70년경이다. 이후 소아시아를 거쳐 이베리아반도와 동유럽, 서유럽 등지를 떠돌던 유대인들은 19세기 후반 박해와 차별을 피해 팔레스타인에 자신들의 국가를 세우자는 시온주의Zionism 운동을 시작했다. 그 산파라 할 수 있는 테오도어 헤르츨Theodor Herzl을 주축으로 확산 움직임이 있었으나 초반에는 국제사회의 관심과 호응을 얻지 못했다.

이런 가운데 유대 국가 수립 운동에 새로운 동력이 되는 사건이 벌어졌다. 1914년 8월 발발한 제1차 세계대전이었다. 보호령 이집트를 축으로 인도로 가는 길을 지키는 데 사활을 건 영국의 행보가 변화의 동인으로 작용했다. 중동의 지배자 오스만제국이 독일 진영의 일원으로 대전에 뛰어들자 영국은 중동 지역에 영향력을 강화하려 했다. 중동이 현대 산업 발전의 에너지원인 석유의 최대 매장지라는 현실도 영향을 미쳤다. 이런 과정에서 제1차 세계대전 중에 서로 상충하는 세 문서(후세인·맥마흔McMahon 서한, 사이크스Sykes·피코Picot 협정, 밸푸어Balfour 선언)가 연기어 작성되고 유대인 정착 문제까지 부각하면서 전후 중동의 영토 문제는 매우 복잡해졌다.

먼저 영국이 아랍 측에 후세인·맥마흔 서한으로 알려진 독립 밀약으로 협력의 미끼를 던졌다. 영국은 중동에서 오스만제국을 견제할 목적으로 아랍민족주의 운동을 고무시키고자 했다. 당시 영국의 이집트 주재 고등판무관 헨리 맥마흔Henry McMahon은 1915년 1월부터 1916년 3월까지 열 차례에 걸쳐 아랍의 유력 정치지도자 알리 빈 후세인Ali bin Hussein에게 오스만제국의 영토인 팔레스타인 지역에 "향후 아랍인의 국가 건설을 지지한다"라는 서한을 보냈다. 이에 고무된 아랍인들은 후세인을 중심으로 뭉쳐 오스만제국의 지배에 조직적으로 저항하기 시작했다.

그러나 영국은 이중 거래를 모색하고 있었다. 제1차 세계대전이 협상 진영의 승리로 끝난 후 패전한 오스만제국의 중동 영토를 영국과 프랑스가 나눠 통치하기로 비밀 협정을 맺은 것이다. 1915년 11월부터 1916년 3월까지 협상을 진행하고 1916년 5월 16일 정식으로 조약을 체결했는데, 이것이 양국 협상 대표 이름을 딴 사이크스·피코 협정이다. 전후 오스만제국의 아랍 영토 분할 방식을 규정한 이 협정에 따라 영국은 팔레스타인, 이라크, 요르단 등을 포함한 지역을, 프랑스는 시리아와 레바논을 차지하게 됐다. 언뜻 협정은 아랍 국가들의 독립을 약속한 듯 보였으나 실제로는 영국과 프랑스의 중동 지배권을 강화하는 의도가 숨어 있었다. 협상 시점을 봐도 맥마흔과 후세인이 서신을 주고받는 기간과 중복되어 영국의 불투명한 이중 플레이가 드러난다.

팔레스타인을 둘러싼 문제는 여기서 끝나지 않았다. 대전이 길어지면서 승리에 목마른 영국 정부가 유대인 자본의 지원을 얻어낼 심산으로 1917년 '밸푸어 선언'을 발표했다. 전후 영국 정부는 "팔레스타인에 유대인의 민족적 고향을 세우는 데 지지한다"라는 내용으로 선언서를 작성해 외무 장관 아서 밸푸어Arthur Balfour가 영국 유대인 공동체 대표이자 보험업계의 큰손 월터 로스차일드Walter Rothschild에게 보낸 서한에 동봉했다. 이 선언은 19세기 말 이래 거세게 일던 시온주의 운동의 성과였으나 앞의 두 사건, 특히 후세인·맥가흔 서한 밀약과 상충했다. 따라서 당연히 팔레스타인에서 유대인과 아랍인의 긴장을 고조시키는 기폭제로 작동했다. 영국은 아랍인과 유대인 모두에게 팔레스타인 땅을 주겠다는 일종의 '사기성 어음'을 남발한 셈이기 때문이다.

영국은 제1차 세계대전이 끝나고 1920년부터 팔레스타인을 위임통치하며 실질적으로는 유대인 국가 수립을 암묵적으로 지원했다. 영국이 간신히 중동 지역의 질서를 유지해왔으나 1939년 또 다른 세계대전을 맞으면서 더는 유대인과 팔레스타인 사이에 평화로운 타협을 기대할 수 없는 상황으로 치달았다. 제2차 세계대전 발발과 더불어 히틀러의 나치 세력이 유대인을 박해하고 학살이 가속화되면서 살길을 찾아 팔레스타인으로 이주하는 이주민이 급증했기 때문이다. 당연히 팔레스타인에 거주하는 아랍인들은 경계심을 드러내며 반발했다. 전쟁으로 국력이 약해진 영국은 계속 팔레스타인 문제를 붙잡고 있을 수 없었다.

제2차 세계대전 후 영국은 정치·경제적 한계를 절감하고

1947년 노동당 정부가 팔레스타인 철수를 결정했다. 이어 유엔에 팔레스타인 문제 해결 권한을 넘김으로써 영국의 위임통치는 1948년 5월 14일부로 종료될 예정이었다. 1947년 11월 29일 총회에서 유엔은 팔레스타인을 유대인 국가와 아랍 국가로 나누고, 중심 도시인 예루살렘은 유엔이 관장하는 국제 특별 도시로 둔다는 팔레스타인 분할안을 '결의안 제181호'(표결 33:13)로 통과시켰다.

유대인들은 분할 계획을 수용한 데 반해 팔레스타인과 주변국 아랍인들은 극렬하게 반대했다. 638년 유대인이 쫓겨난 팔레스타인을 이슬람 세력이 점령한 뒤 1300여 년 동안 아랍계 민족이 거주해왔기 때문이다. 19세기 말부터 이주해온 유대인들이 그곳에 나라를 세우려 할 뿐만 아니라 극소수 인구인 이들이 팔레스타인 땅의 절반 이상을 차지(유대 국가 55퍼센트, 아랍 국가 45퍼센트)하고 있었다. 아랍인들이 분할 계획을 불공정하게 여길 것은 뻔했다.

아랍인의 격렬한 시위가 이어지는 상황에서 1947년 말 영국군이 철수하자 유대인들은 구체적으로 독립국가를 세우기 위한 준비에 착수했다. 그리고 1948년 5월 14일 벤구리온이 텔아비브에서 이스라엘 독립 선언서를 낭독하기에 이르렀다. 이 선언은 유대인 국가의 탄생을 대내외에 알리는 공식 외침으로서 '이스라엘은 유대 민족국가이며, 모든 유대인이 자유롭고 안전하게 살

수 있는 곳'이라는 내용을 담고 있었다. 유대인과 아랍인의 평화로운 공존을 바란다는 구절도 있었으나 그 울림은 작았다.

아랍 국가들의 거센 반발은 즉각적인 무력 행동으로 표출됐다. 독립선언 바르 다음 날 주변 아랍 국가들이 연합해 막 독립을 선언한 이스라엘에 군사행동을 취했다. 이집트, 요르단, 이라크, 시리아, 레바논 등이 이스라엘을 공격해 제1차 중동전쟁(1948년 아랍·이스라엘 전쟁)이 발발한 것이다. 전력상 크게 열세인 이스라엘군이 예상을 깨고 이듬해까지 이어진 전쟁에서 승리하면서 독립을 지켜냈다. 아랍국 군대는 제대로 훈련된 상태가 아니었고 갈등이 심해 연합 작전을 전혀 수행하지 못했다.

마침내 유대인들의 오랜 꿈이던 독립국가가 조상의 옛 땅에 자리를 잡았다. 게다가 전쟁에서 이긴 덕에 무력 충돌 직전 유엔 분할안에서 정한 경계선을 넘어서까지 영토를 확장할 수 있었다. 동시에 이는 지금까지도 두 민족 간에 벌어지고 있는 무력 충돌의 씨앗이 됐다.

1948년 이스라엘이 등장한 배경에는 19세기 말 유럽에서 불붙은 시온주의가 있었다. 유대인들이 고향이라 여긴 팔레스타인에 독립국가를 세우려 한 정치·사회적 운동이었다. 긴 세월 박해 속에 흩어져 살던 유대인들은 19세기 말 크게 각성했다. 혁명의 나라라는 프랑스에서조차 '드레퓌스Dreyfus 사건'에서 보듯 반유대주의와 사회적 차별이 극심했기 때문이다. 그동안 차별과 박해에 산발적으로 반응하던 차원에서 벗어나 조직적으로 대처하려는 움직임이 나타났고, 고대 이스라엘 왕국의 땅 팔레스타인으로 돌아가야 한다는 주장이 해결책으로 주목받기 시작했다.

이런 분위기에 구체적으로 불을 붙인 인물은 시온주의 운동의 기수로 혜성처럼 떠오른 헤르츨이었다. 오스트리아 빈에서 기자로 활동한 그는 시온주의 운동을 현대적 의미의 정치적 운동으로 발전시킨 인물로 1896년에는 《유대인 국가Der Judenstaat》라는 책을 발간해 유대인이 독립국가를 수립해야 하는 당위성을 역설했다. 그는 독립국가 건설을 통해서만 다른 민족과 동등하게 어울려 살 수 있다고 믿었다. 이를 위해 국제적 지원을 얻으려 유럽 국가들과 협상을 시도하고, 동시에 내부적으로 유대인들의 힘을 하나로 결집하고자 했다. 그 첫 번째 열매가 1897년 스위스 바젤에서 개최된 최초의 세계시온주의자회의였다. 여기서 팔레스타인에 유대인 독립국가를 세운다는 시온주의 운동의 최종 목표와 그 달성 방안으로 단계적 이주 전략을 공식화하는 '바젤 프로그램'이 채택됐다.

시온주의 운동 초기에는 다양한 방식으로 유대인의 팔레스타인 정착이 시도됐다. '알리야aliyah'라 불리는 유대인의 팔레스타인 이주 물결은 개인 차원으로 시작해 제1차 세계대전 이전부터 꾸준히 이어졌다. 정치적, 사회적 배경이 다르고 유럽 각지에 흩어져 살던 유대인들이 초창기 이주 물결에 합류했다. 시온주의 운동이 본격적으로 개시된 19세기 말과 20세기 초 팔레스타인 지역 아랍인들은 유대인들의 이주가 미칠 영향에 대해 별로 심각하게 고민하지 않았다. 당시 팔레스타인은 오스만제국의 지배 아래 있었고, 이곳 아랍인들은 대부분 농업에 의존해 살고 있었다. 초창기 유대인 이주민의 정착은 주로 소규모 자립형 농업 공동체 키부츠kibbutz를 중심으로 이뤄졌기에 경제적으로도 별다른 위협이 되지 않았다.

그런 가운데 유대인의 팔레스타인 이주를 촉진하는 일이 생겼다. 밸푸어 선언으로 유대인 국가 건설을 지지하는 영국 정부의 정책이 팔레스타인 지역에서 공식화됐기 때문이다. 이에 따라 1920년대 초반부터 유대인의 대규모 이주가 본격화됐다. 상대적으로 팔레스타인 아랍인들의 불안감은 높아졌고, 급기야 과격한 집단행동으로 표출됐다. 예루살렘(1920)과 야파(1921)에서 연이어 발생한 폭동은 영국의 지배에 대한 불만과 그동안 누적된 유대인과 아랍인의 갈등이 폭발한 사건이었다. 1929년에는 헤브론을 비롯한 팔레스타인 전역에서 더 큰 폭동이 일어났다. 불행히도 유대인 공동체가 아랍인들의 습격을 받아 다수의 사망자까지 발생했다.

1930년대에 들어서도 팔레스타인 상황은 빠르게 악화됐다. 유럽에서 파시즘이 기승하면서 이를 피해 팔레스타인으로 오는 유대인 이주 물결이 더욱 커지고, 유대인 거대 자본이 팔레스타인 토지를 대량 매입하면서 팔레스타인 거주 아랍인들이 난민이 되었다. 그 결과 '반영국·반유대인'을 기치로 내걸고 아랍인이 대규모로 참여한 '아랍 대봉기Arab Revolt' 저항운동이 폭발했다. 유대인과 아랍인의 폭력 충돌에 양측 모두 큰 피해에 시달렸다. 아랍인들의 공격에 대비해 유대인 정착지에서는 무장 자위대가 생기기 시작했다. 이주 초기에는 유대인에게 선뜻 땅을 팔던 아랍인들은 소중한 땅을 빼앗긴다는 위기의식에 휩싸였다.

이렇게 고착한 두 민족의 갈등은 지금도 이어지고 있다. 양측의 대립을 상징하는 곳이 바로 중동(테러) 관련 뉴스에 수시로 등장하는 예루살렘성전 산Temple Mount이다. 이곳은 종교적으로 유대교와 이슬람교 모두에게 중요한 의미를 지닌다. 고대 이스라엘 왕국의 솔로몬 성전이 있던 곳으로, 세계에 흩어진 유대인들이 가장 신성하게 여기는 성지다. 성전은 파괴와 복구를 거듭하다 70년경 최종적으로 로마 군단에 파괴되어 현재는 '통곡의 벽'으로 알려진 서쪽 벽만 남아 있다. 세계 각지에서 모여든 유대인이 예루살렘성전 재건을 기원하며 기도하는 장소로 유명하다.

638년 예루살렘을 차지한 이슬람 세력이 7세기 말 이후 이곳에 이슬람 사원을 세웠다. 성전 산 남쪽 끝자락에 우뚝 선 알아크사Al-Aqsa 모스크는 메카와 메디나에 이어 세 번째로 중요한 이슬람교 성지다. 전통에 따르면 이곳은 이슬람교 창시자 무함마드Muhammad가 승천해 하늘에서 하나님과 만난 장소로 알려져 있

예루살렘 성전 산. 종교적, 역사적 중요성 때문에 성전 산 주변에서 일어나는 사건이나 미묘한 변화는 증종 이스라엘과 팔레스타인의 충돌을 유발하곤 한다.

다. 그래서 알아크사 모스크 바로 옆에는 무함마드의 승천을 기념하기 위해 모스크보다 먼저 건설된 '돔 성소'가 있다. 황금빛 지붕으로 유명한 돔 성소는 예루살렘을 상징하는 건축물로 위용을 뽐낸다. 두 종교의 성지가 공존하는 성전 산은 그 관할권을 둘러싸고 오늘날까지 종교 갈등과 정치적 긴장의 발원지가 도고 있다.

1948년 이스라엘 건국은 유대인들이 반세기에 걸친 노력 끝에 달성한 성과였기에 그로 인해 발생한 사건들은 국제정치와 특히 중동 판도에 영향을 미쳤다. 1947년 팔레스타인 분할 계획을 승인한 유엔은 이스라엘 건국을 위해 국제적으로 법적 근거를 마련해준 가장 중요한 국제기구였다. 유엔은 이스라엘과 아랍 국가들 사이에 평화협정 체결을 꾸준히 촉구하며 중재 노력을 기울였다. 이스라엘 건국 이후에도 이스라엘과 아랍 국가들이 벌인 충돌은 계속해서 유엔의 중요 논의 대상이었다.

무엇보다 이스라엘 건국은 갈등을 폭력으로 내모는 결정적 계기가 됐다. 유대 국가의 등장으로 중동의 정치·군사적 상황은 매우 불안정해졌다. 이스라엘 건국 직후 주변 아랍 국가들이 독립을 부정하며 쳐들어온 아랍·이스라엘 전쟁(제1차 중동전쟁) 이래 지금의 이스라엘·하마스 전쟁까지, 수에즈운하 전쟁(1956), 6일 전쟁(1967), 욤 키푸르 전쟁(1973), 레바논 전쟁(1982) 등 무력 충돌이 연이어 벌어졌다.

이스라엘과 팔레스타인 사이에 복잡하게 얽힌 중동 문제를 풀 방안은 정녕 없을까? 사랑과 평화를 외치는 종교들이 발원한 곳에서 역설적으로 폭력과 테러, 전쟁이 빈발하는 이유는 무엇일까? 그동안 평화협정 체결과 신뢰 구축, 경제적 지원·개발, 상호 내정 개혁, 국제적 중재 등 다양한 중장기 방안이 시도됐다. 가장 널리 알려진 해결책은 언론에 자주 거명되는 '두 국가 해법'으로 유엔과 국제사회가 추구하는 방안이기도 하다. 말 그대로 이스라엘과 팔레스타인이 각각 독립국가로 존재하는 것이다. 이를 위해서는 이스라엘과 팔레스타인 사이에 국경을 획정하고, 특히 팔레스타인 측에 자치권을 보장하는 등 정치적 협상이 선결되어야 한다. 이런 노력에도 불구하고 여전히 해결이 쉽지 않은 이유는 역사적, 종교적 요인에 더해 재차 누적된 갈등과 불신, 그리고 국제적인 이해관계 대문이다. "가자 지구를 리비에라 휴양지로 바꾸겠다"는 트럼프 대통령의 마법도 해묵은 원한을 떨쳐버고 신뢰가 회복될 때라야 그나마 설득력을 얻지 않을까.

30년전쟁

근대 국제정치 체제 탄생의 계기가 되다

#30년전쟁
#마르틴루터
#장칼뱅
#95개조반박문
#요한틸리
#구스타브아돌프
#테르시오대형
#베스트팔렌조약

1618년 가톨릭 진영과 신교도(프로테스탄트) 진영으로 분열된 유럽 국가들 사이에 전쟁이 일어났다. 1648년까지 무려 30년 동안 이어진 '30년전쟁'이다. 유럽 최초의 대규모 국제 전쟁으로, 시작은 두 진영의 종교전쟁이었으나 곧 강력한 절대왕정 국가들의 영토 전쟁으로 변질했다. 대표적으로 오스트리아 합스부르크가와 프랑스 부르봉가가 유럽의 패권을 놓고 힘을 겨뤘다.

1648년 베스트팔렌조약으로 종결될 때까지 30년 동안 치열하게 진행된 전쟁 때문에 500만 명 넘게 사망했고 독일과 중부 유럽은 거의 폐허가 되면서 긴 분열과 쇠락의 길로 들어섰다. 하지만 큰 희생과 파괴를 겪은 후 유럽 각국이 조약에 서명함으로써 전쟁이나 분쟁을 국가 간 회의와 조약으로 사전에 조정하고 해결한다는 국제정치 시스템 수립에 합의했다. 바야흐로 근대적 국제 관계 형성의 토대가 마련된 것이었다.

30년전쟁은 스페인·오스트리아 세력과 프랑스·스웨덴 세력의 싸움이었다. 또 다른 강국 잉글랜드가 불참한 채 벌어진 긴 전쟁은 크게 네 단계로 요약할 수 있다. 우선 보헤미아 신교도들이 페르디난트Ferdinand 황제의 가톨릭 강요에 들고일어났으나 가톨릭 동맹군에 패해 보헤미아가 초토화됐다(1618~1623). 가톨릭 세력권이 과도하게 커지자 신교도 진영에서는 처음에 덴마크가 참전했고(1625~1629), 덴마크가 물러나자 이어서 스웨덴의 구스타브 아돌프Gustav Adolf 국왕이 전쟁에 뛰어들었다(1630~1635). 그리고 끝으로, 원래 가톨릭 국가였으나 국익에 따라 신교도 진영으로 돌아선 부르봉가의 프랑스와 합스부르크가의 신성로마 제국이 전면전을 벌여 결국 신교 진영의 미온적인 승리로 종결됐다(1635~1648).

발발 후 점차 범위가 확대되면서 전쟁은 단순히 종교 갈등 차원에 머물지 않고 유럽 왕가들의 이권 쟁탈전으로 성격이 바뀌었다. 프라하의 백산白山 전투(1620), 루터 전투(1626), 브라이텐펠트 전투(1631), 뤼첸 전투(1632), 로크루아 전투(1643) 등 치열한 접전이 주로 중부 유럽에서 벌어졌다. 이 과정에서 마우리츠 판 나사우Maurits van Nassau, 구스타브 아돌프, 알브레히트 폰 발렌슈타인Albrecht von Wallenstein 같은 탁월한 군사 지도자들이 등장했고, 이들과 함께 연속 사격 방식, 선형 전술, 야전 대포 활용 같은 보병 전술의 진전이 있었다.

복잡하게 전개된 30년전쟁은 합스부르크가의 분리에 원인이 있었다. 신성로마제국 황제 카를Karl5세는 1558년 퇴위하면서 당시 유럽 최대였던 합스부르크가의 땅을 대략 이베리아반도 스페인 영토와 중부 유럽 영토로 나눴다. 그런 다음 신성로마제국 황제 자리와 오스트리아·보헤미아·헝가리 통치권을 동생인 페르디난트에 넘겼다. 이로써 합스부르크 스페인과 합스부르크 오스트리아는 공식적으로 별개가 됐다.

그렇다면 무엇이 문제였을까? 형에게서 오스트리아 통치권을 물려받은 페르디난트2세는 1617년 신성로마제국 황제로 즉위했다. 그런데 독실한 가톨릭 신자였던 신임 황제가 선대의 관용 정책을 무시한 채 제국을 재차 가톨릭화하려는 무리수를 뒀다. 이에 오늘날 체코 영토인 보헤미아 지방에서 곧 문제가 터졌다. 이곳은 1517년 마르틴 루터Martin Luther와 그 뒤를 이은 장 칼뱅Jean Calvin의 종교개혁에 영향을 받아 프로테스탄트 중에서도 칼뱅파가 강세였다. 이들은 전임 황제로부터 신앙의 자유를 이미 인정받은 터였다. 페르디난트 황제의 종교 탄압이 심화되자 마침내 보헤미아 지방의 신교도들이 참지 못하고 들고일어났다. 점차 고조되던 갈등에, 1618년 5월 23일 프라하성에서 가톨릭 사절을 내던지는 '창밖 투척 사건'이 터지면서 불이 붙었다.

자연스럽게 본질적 의문이 떠오른다. 신교도 군대는 어떻게 생겨난 것일까? 16~18세기는 절대왕정 시대였다. 15세기 들어 중

30년전쟁의 시작을 알리는 프라하의 창밖 투척 사건. 1889년 12월 31일 핀란드 대공국의 간행물에 수록된 그림이다.

세의 지방분권이 해체되고 국왕을 정점으로 한 중앙집권화 경쟁이 붙었다. 영국에서는 튜더가, 프랑스에서는 부르봉가, 으스트리아에서는 합스부르크가가 절대왕정을 수립했다. 정치뿐만 아니라 모든 측면에서 새로운 변화의 기운이 거세게 움트고 있었다.

종교도 예외가 아니었다. 1517년 루터가 불붙인 종고개혁으로 신교도가 급성장하면서 가톨릭과 불협화음을 내던 끝에 급기야 30년전쟁 같은 무력 충돌로 이어졌다. 종교개혁은 1517년 10월 말, 독일 비텐베르크대학 교수 루터가 제기한 '95개조 반박문'에서 촉발했다. 이는 로마의 성베드로대성당 건축 기금을 충당할 목적으로 당시 독일에서 행하던 면벌부 판매의 부당성을 지적하는 단순한 의견서였다. 연옥에 있는 죽은 이의 영혼이 천국으로 간다는 주장은 잘못됐고, 근본적으로 교황과 사제에게는 죄 사면권이 없다는 내용을 담고 있었다.

루터의 반박문에 로마교황청이 강경 반응하면서 독일 중부 시골에서 점화한 횃불은 거센 변혁의 바람을 타고 삽시간에 유럽 전체를 불바다로 만들었다. 루터를 이은 다양한 성향의 개혁가 가운데 오늘날의 장로교를 창시한 칼뱅이 두각을 나타냈다. 프랑스 출신 신교도였다가 종교 박해를 피해 스위스로 이주한 그는 1540년 초부터 제네바에 정착해 기반을 닦았다. 그의 주장은 1536년 발간돈 《크리스트교 강요_Institutio Christianae Religionis_》에 종합적으로 담겨 있다. 칼뱅 교리의 핵심인 예정설과 소명 의식이

상공업 종사자들의 마음을 끌면서 칼뱅파는 스위스를 넘어 빠르게 중부 유럽의 보헤미아까지 퍼져나갔다.

신임 신성로마제국 황제 페르디난트2세가 1618년 다시 가톨릭화하기 전에 보헤미아 귀족들은 1609년 전임 루돌프Rudolf2세로부터 신앙의 자유를 보장받은 바 있었다. 하지만 1617년 오스트리아·보헤미아 통치자로 등극한 페르디난트2세가 신교도 칼뱅파를 압박하면서 귀족들이 궐기했다. 빈에서 황제의 칙서를 들고 프라하를 방문한 가톨릭 사절 세 사람을 칼뱅파 귀족들이 성 2층 회의실 창문에서 내던지는 사태가 터진 것이다. 다행히 사절들은 목숨을 건졌으나 소식을 접한 페르디난트 황제는 격노했다. 황제의 군대가 이를 응징하기 위해 진군할 김새를 보이자 보헤미아 귀족들은 같은 칼뱅파 신자인 독일 팔츠 선제후 프리드리히 Friedrich5세를 보헤미아의 왕으로 추대했다. 바야흐로 가톨릭과 신교도 진영의 충돌은 초읽기 상태로 접어들었다.

처음에는 홈그라운드의 이점을 지닌 신교도 반군이 유리한 듯 보였다. 그런데 무슨 영문인지 기대하던 다른 신교도 진영이 호응하지 않았다. 자칫 닥칠지도 모르는 황제군의 보복에 지레 겁을 먹었기 때문이다. 신교도군은 1620년 프라하 근처 빌라 호라에서 벌어진 백산전투에서 노령의 요한 틸리Johann Tilly 백작이 이끈 가톨릭 동맹군에 대패하고 말았다. 반란에 동참한 신교도 귀족들은 재산을 몰수당한 뒤 추방됐고, 주전장인 보헤미아는 가톨릭 군대에 의해 거의 초토화 지경에 이르렀다.

그러자 신성로마제국 세력이 독일 북부까지 미칠까 우려한 신교 국가 덴마크의 크리스티안Christian4세가 관망 기조를 버리고 1625년 군대를 이끌고 남쪽으로 내려왔다. 호기롭게 낙하하던 그는 독일 서북부에서 벌어진 루터 전투에서 가톨릭 동맹군에 참패하고 만다. 이로써 페르디난트 황제의 오스트리아가 독일 전체는 물론 발트해마저 장악하는 상황에 이르게 됐다.

이때 합스부르크가와 유럽 패권을 다투던 프랑스 부르봉가가 방관적 입장에서 벗어나 오스트리아 대항전에 적극 개입했다. 전쟁은 종교보다는 국가 이익을 우선하는 영토 전쟁이 됐다. 가톨릭 국가 프랑스가 같은 가톨릭국 오스트리아와 전쟁을 벌이는 신교 진영을 지원한 것이다. 프랑스 절대왕정의 실권자였던 리슐리외Richelieu 재상이 비밀리에 제공한 군비로 전력을 강화한 북방 강국 스웨덴의 구스타브 국왕이 1630년 7월 초 그리 많지 않은 병력 1만 3000명을 이끌고 북독일 포메라니아 지방에 상륙했다. 유럽 중앙에서 10년 넘게 이어지던 전쟁판에 뛰어든 것이다. 물론 신교도 형제들을 지원하고 보호한다는 명분을 내걸었지만, 진짜 이유는 역시 국익이었다.

구스타브 국왕은 왜 참전했을까? 우선 독일 북부 깊숙이 진출한 가톨릭 동맹군이 발트해와 그 연안 통제권을 장악하려 하자 조만간 스웨덴 안보를 위협할 것으로 예상했다. 이를 방관할 경우 가톨릭 진영은 북부 독일의 주요 항구를 차지한 후 발트해로로 진출할 것이고, 그렇게 되면 그동안 발트해의 제해권 장악 덕에 스웨덴이 누리던 군사·경제적 지위가 크게 흔들릴 우려가 있었다. 끝으로 이 전쟁에서 가톨릭 진영이 최종 승리할 경우 신교 국가인 스웨덴의 정체성마저 위협받을 수도 있었다. 복잡한 상황에 직면한 구스타브 국왕은 국면 돌파를 결단하고 출정의 깃발을 올린 것이었다.

북독일에 상륙한 스웨덴 군대에 독일 신교도들은 의외로 냉담한 시선을 보냈다. 이로 인해 현지 보급 물자 확보에 어려움을 겪은 구스타브 국왕은 독일 북부에 머물면서 상황을 관망할 수밖에 없었다. 그러다 상륙 후 1년이 훨씬 지난 1631년 10월 이후 독일 내 신교도들이 스웨덴 군대를 적극적으로 지원하기 시작했다. 무슨 일이 있었던 것일까? 1631년 5월 20일 틸리 백작의 가톨릭 동맹군이 독일 중북부의 신교 도시 마그데부르크를 점령한 후 주민들을 학살하고 도시에 불을 질러 초토화했다는 소식이 퍼진 것이었다. 무분별한 학살이 자행되면서 전쟁 이전 약 1500만 명에 달하던 독일 인구는 30년전쟁 후 거의 절반인 800만 명까지 감소했다.

독일 내 신교도의 지원으로 전력을 크게 보강한 스웨덴 군대는 서서히 남쪽으로 진군했다. 최종 목표인 합스부르크가의 수도 빈으로 향하던 스웨덴군은 1631년 9월 중순 독일 중부 라이프치

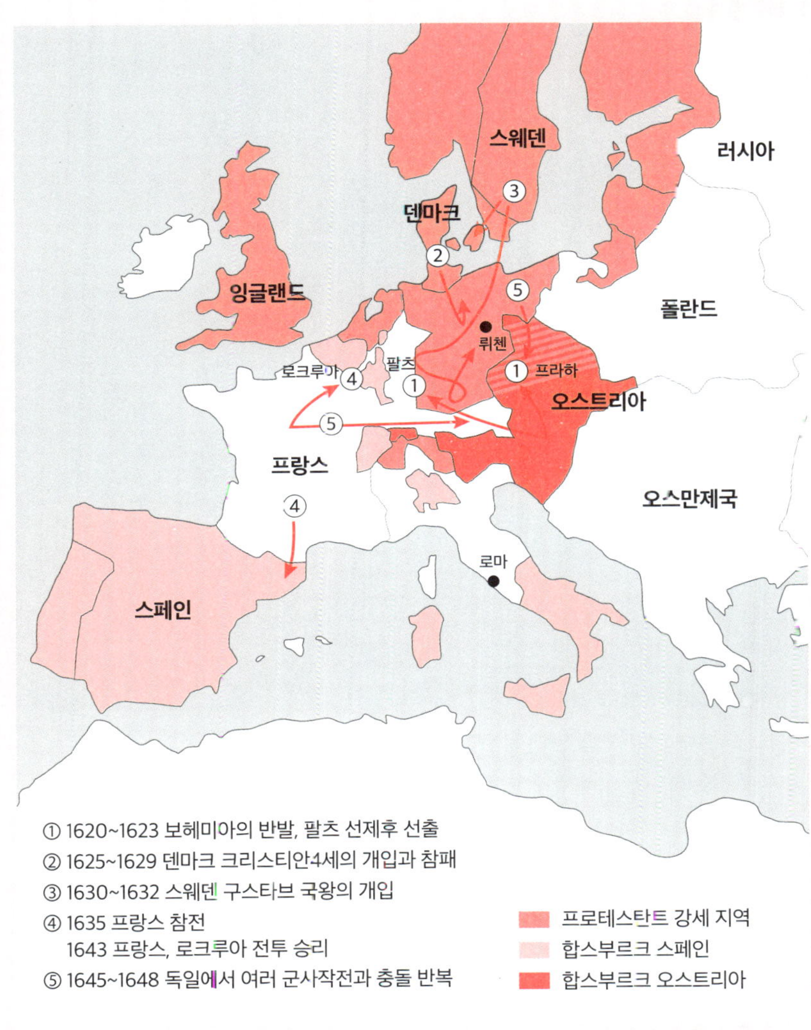

① 1620~1623 보헤미아의 반발, 팔츠 선제후 선출
② 1625~1629 덴마크 크리스티안4세의 개입과 참패
③ 1630~1632 스웨덴 구스타브 국왕의 개입
④ 1635 프랑스 참전
　　1643 프랑스, 로크루아 전투 승리
⑤ 1645~1648 독일에서 여러 군사작전과 충돌 반복

프로테스탄트 강세 지역
합스부르크 스페인
합스부르크 오스트리아

30년전쟁의 전개

1631년 신교 연합군을 이끌고 브라이텐펠트 전투에서 승리한 구스타프 국왕. 30년전쟁 초기 개신교의 수호자를 자처하며 참전해 전쟁의 양상을 바꾼 핵심 인물이다.

히 인근 브라이텐펠트 벌판에서 틸리 백작이 이끈 신성로마제국 황제군(가톨릭 동맹군)과 격돌해 대승을 거뒀다. 이전에도 양측은 몇 차례 충돌했으나 본격 대결은 처음이었다. 이 승리를 계기로 그동안 북쪽 변방 지도자 정도로 알려졌던 구스타브 국왕은 출중한 군지휘관이자 전략가, 그리고 무엇보다 '신교의 구원자'로 유럽 전역에 명성을 떨쳤다. 그리고 이 승리를 계기로 수세에 몰렸던 신교 진영이 우위를 점하게 됐다.

그렇다면 구스타브 국왕은 어떻게 브라이텐펠트 전투에서 승리했을까? 보병과 기병으로 구성된 양측의 병력은 약 3만 5000~4만 명으로 규모가 비슷했다. 벌판의 완만한 구릉지를 선점한 틸리 백작의 가톨릭 동맹군은 전형적인 테르시오Tercio 대형으로 본진을 배치했다. 처음 이 대형을 창안한 스페인군이 100여 년 동안 유럽의 패자로 군림하도록 뒷받침해준 밀집형 사각 모양 전투 대형이었다. 화승총병과 창병으로 혼합 편성된 테르시오 대형은 사방 최전면에 소총병을, 중심에는 장창병을 배치해 적 기병의 기습으로부터 소총병을 엄호했다. 접전 직전 틸리 백작은 테르시오를 17개 횡대로 정렬하고 그 좌우에 기병대를 배치하는 전형적인 전술을 구사했다.

이에 맞서 스웨덴군은 소총병과 장창병, 기병으로 부대를 편성하고 개인 간격을 다소 넓게 배치했다. 여기까지는 틸리의 가톨릭 동맹군(황제군)과 별반 차이가 없었다. 그런데 스웨덴군에는 틸리 군대에 없는 특이점이 있었다. 바로 포병 부대로, 스웨덴군 모든 연대에 3파운드짜리 포탄용 야전포가 2문씩 배속되어 있었다. 특히 부대의 중앙 선두에는 대포 수십 문으로 무장한 야포 부대가 집중 배치되었다. 약 3킬로미터에 달하는 횡대로 배치를 마친 양측은 9월 17일 정오경 화끈한 포격전을 신호탄으로 5시간에 걸쳐 치열한 공방전을 벌였다. 전투 초반 우세를 점했던 틸리군의 예봉을 꺾고 승전을 결정한 것은 스웨덴군의 야전포였다. 활짝 트인 개활지에서 전투가 벌어진 덕에 스웨덴 포병은 진가를 유감없이 발휘할 수 있었다.

이 전투에서 구스타브의 스웨덴군은 5000명 정도의 인명 피해를 입은 데 비해 틸리의 황제군은 무려 2만 명의 사상자가 발생할 정도로 참패했다. 이 승리를 계기로 그동안 신교 측 후견인 정도로만 개입하던 강대국 프랑스가 전쟁에 뛰어들었다. 더욱 강해진 신교 진영의 위세에 가톨릭 동맹 측은 계속 수세에 내몰렸다. 마침내 1643년 로크루아 전투에서 스페인군이 프랑스군에 패하면서 30년간 이어진 전쟁은 1648년 신교 측의 최종 승리로 막을 내렸다.

길고 참혹한 전쟁에 지친 양측 대표단은 종전 협상을 위해 1644년 처음 독일 중서부 베스트팔렌에 모였다. 하지만 여전히 자존심을 내세우며 가톨릭 대표단은 가톨릭 도시인 뮌스터에, 신교도 대표단은 50킬로미터 정도 떨어진 프로테스탄트 도시 오스나브뤼크에 머물렀다. 이후 4년에 걸쳐 지루한 협상이 이어졌고 마침내 최종 동의안이 타결되어 1648년 1월과 10월에 두 도시에서 각각 평화조약이 체결됐다. 이것이 최초의 근대적 국계조약으로 평가되는 베스트팔렌조약이다.

근대적 국제조약이라는 평가에 어울리게 이 조약으로 긴 세월 유럽에서 갈등을 촉발해온 문제들이 해결됐다. 우선 개인의 종교 자유가 인정되어 이후로는 종교 문제로 전쟁을 벌이는 일이 사라지게 됐다. 지엽적으로는 80여 년 동안 강국 스페인과 독립 전쟁을 벌인 네덜란드가 국제적으로 독립을 승인받았다.

국제정치 측면에서 중요한 것은 전쟁 막바지에 참전해 신교 승리에 결정적 공헌을 한 부르봉가의 프랑스가 명실상부 유럽의 강대국으로 부상한 점이다. 이후 프랑스는 합스부르크가의 오스트리아와 유럽 패권을 놓고 긴 세월 치열하게 자웅을 겨뤘다. 또 무엇보다 베스트팔렌조약으로 영토나 국력의 대소와 무관하게 개별 국가마다 주권과 외교권이 인정되면서 진정한 근대국가가 출현하는 토대가 마련됐다. 이후 유럽 각국의 외교 관계가 복잡해진 것은 당연한 귀결이었다.

30년전쟁의 영향은 근대적 국제 관계에만 국한되지 않았다. 직접적으로는 무기와 무기 체계, 이와 연계한 전술 운용 발전에도 크게 영향을 미쳤다. 생사의 경쟁 속에서 문명 발전의 추동력이 나온다는 말처럼 30년전쟁을 통해서 '군사 혁명'이라 불릴 정도의 무기 체계 변화와 전술 혁신이 일어났다.

전장을 휘저은 지도자 가운데 특히 구스타브 국왕의 활약이 두드러졌다. 그는 스웨덴에서 야심 차게 추진한 군사 개혁의 성과를 전 유럽에 과시했다. 국민개병제를 채택해 병력을 안정적으로 확충하고, 대포 경량화와 표준화로 화력을 극대화한 스웨덴군이 당대 유럽 최강의 전력을 뽐내던 틸리 백작의 테르시오 대형을 격파하고 신교 진영에 첫 승리를 안겨준 것이다. 무기 체계의 삼박자라 할 인원, 무기, 전술을 체계적으로 결합한 스웨덴군은 한동안 유럽 군대의 전범으로 명성을 떨쳤다. 구스타브 국왕이 스웨덴 국내에서 선제적으로 실행해온 군제 개혁이 승리의 원동력이었다. 따라서 그를 당대 군사 분야의 선각자로 평가해도 무리가 없다.

하지만 구스타브 국왕이 천재적 전략가인 것은 분명하나 전혀 새로운 전략 전술이나 무기 체계를 고안해낸 것은 아니다. 그는 이미 존재하던 체계를 기발한 창의성으로 체계화하고 효율성을 높여 강력한 전투력을 구현했다. 무기 발전을 적극적으로 수용하고 이를 훈련에 적절하게 결합해 전투력을 극대화한 것이다. 지도자의 창의성과 비전이 부국강병의 핵심임을 후세에 분명하게 보여준 사례다.

30년전쟁 이후 유럽에서는 절대왕정이 유행했다. 각국은 경쟁적으로 국왕에 권력을 집중시켰다. 관료 제도, 조세 제도, 법체계

정비 등이 필요했지만 가장 직접적이고 절실한 것은 군사력이었
다. 대내로는 왕권에 도전하는 저항 세력을 견제하고, 대외로는
타국의 침략에 대응하기 위함이었다. 따라서 이 시기 각국은 상비
군 제도를 도입하고 이를 정예화하면서 경쟁적으로 군대의 규모
를 키웠다. 당연히 크고 작은 전쟁이 빈발했고, 대표적인 충돌이
30년전쟁이었던 셈이다. 전쟁의 규모와 영향에 걸맞게 1970년대
이래 서양 역사학계에서 중요한 화두로 등장한 '군사 혁명' 논쟁
도 근본적으로는 30년전쟁 연구로부터 촉발됐다.

1950. 6. 25.

한국전쟁

공산주의 독재자 3인방의 음흉한 합작품

#김일성
　#스탈린
　　#마오쩌둥
　　　#항미원조
#유엔
　#38도선
#조선민주주의인민공화국
　　#NATO
　#애치슨라인

1950년 6월 25일 새벽 4시. 한반도 북위 38도선 일대에 은밀하게 대기하던 북한군이 T-34 탱크의 굉음과 함께 기습 남침을 전면 개시했다. 이로 인해 이 땅을 터전 삼아 긴 세월 함께해온 한민족이 동서 냉전의 한복판에서 무려 3년 넘게 처참한 전화에 휩쓸렸다. 엄청난 인적·물적 손실을 빚고 정신적 상흔과 증오심을 남긴 채 1953년 7월 27일, 일단 총성은 멎었다.

하지만 전쟁은 잠시 멈췄을 뿐 국제법상 아직 끝난 것이 아니며, 남북의 대결 구도는 지금도 숨 가쁘게 진행 중이다. 그래도 어김없이 시간은 흘러 어느덧 전쟁이 발발한 지 75년이 지나고 있다. 사람 수명으로 치자면 한평생을 산 셈인데도 전쟁의 아픈 기억과 모진 상흔은 아직도 우리 내면에 남아 간혹 후대의 역사 인식과 해석에 논쟁을 불러일으키고 있다.

한국전쟁은 명백하게 김일성의 지령을 받은 북한 공산 인민군의 불법 침략으로 불붙었다. 그동안 발발 원인을 둘러싸고 다양한 해석이 제기됐다. 최근엔 소강상태인 듯 보이지만 그간 전개된 논쟁에서 한국전쟁의 원인은 같은 진영에서도 초점에 따라 여러 갈래로 나뉘었다. 예컨대 압력 분산설, 미국의 대응 시험설, 중공 견제설, 소련의 롤백 전략설 대 북침설, 미국 음모설, 제한전쟁설, 내전설 등이다. 크게 보자면 전통주의와 수정주의라는 두 관점을 기본 축으로 논쟁이 이어졌다.

전통주의 관점에서는 한국전쟁의 원인을 북한의 침략으로 단정한다. 김일성의 명을 받은 북한군이 1950년 6월 25일 새벽 기습적으로 38도선을 넘어 군사 도발을 감행함으로써 불붙었다는 견해다. 김일성이 이런 모험을 시도할 수 있던 배경에는 공산주의 소련(스탈린)과 중국(마오쩌둥)의 승인, 그리고 전폭 지원이라는 뒷배가 있었다. 당시는 자유 진영과 공산 진영이 대립하면서 국제적으로 냉전 체제가 격화되고 있었기에 맹주 소련을 대신해 위성국 격인 북한이 미국의 지원을 받는 자유주의 국가 대한민국을 침공한, 일종의 '대리전' 성격의 무력 충돌이었다.

이에 비해 수정주의 관점에서는 단순히 북한군 침략이 전쟁의 원인이라 단정할 수 없다고 말한다. 여러 요인이 복합적으로 작용했지만, 오히려 발발의 책임은 남한 정부에 있다고 주장한다. 미국에서 뉴레프트 운동이 대두한 1960년대 이후 《한국전쟁의 기원*Origins of the Korean War*》을 쓴 브루스 커밍스Bruce Cumings 등 미국과 한국의 일부 역사학자나 정치학자, 그리고 친북 성향 정치인들이 제기하는 관점이다. 이들은 한국전쟁 직전에 남한이 38도선 부근에서 수차례 군사 도발을 일으켜 긴장을 고조시켰고, 이런 작은 충돌이 누적되어 전면 충돌로 이어졌다면서 전쟁 발발의 책임을 남한 정부에 돌리고 있다. 더불어 자유 진영의 맹주 미국의 책임도 지적한다. 자본주의 시장경제를 지향하는 미국은 당시 한반도에서 전쟁 방지가 아니라 공산주의 세력의 확장을 억제하기 위해 적극적인 군사 개입을 단행했으며, 제2차 세계대전 종전 이후 국제적으로 격화된 냉전이 한반도에서 폭발한 것이 한국전쟁이라는 것이다. 따라서 북한이나 소련의 책임이 전혀 없지는 않으나 전쟁 발발의 책임은 오히려 냉전 상황을 고조시킨 남한과 미국에 있다는 의견이다.

두 관점 사이에서 전통주의라는 큰 흐름에 발을 딛고 한국전쟁이 스탈린·마오쩌둥·김일성이라는 공산 진영 세 독재자의 모험적 합작품이라는 관점에서 살펴보는 것이 타당한 접근이다. 세 독재자가 1940년대 후반 이래 긴밀하게 접촉해 각자 음흉한 속셈을 품은 채 불법적인 침략을 준비했다고 판단하기 때문이다. 더구나 실질적인 도발은 김일성이 수행했다는 사실은 이미 1994년 러시아가 우리 정부에 넘겨준 구소련 기밀문서고의 한국전쟁 관련 사료로 밝혀진 바 있다.

우선 소련의 독재자 스탈린은 어떤 역할을 했는지 살펴보자.

스탈린은 북한 김일성의 군사적 모험을 승인하고 침략에 필요한 인적·물적 자원을 전폭 지원했다. 김일성은 1949년부터 남침 계획을 치밀하게 준비해왔고, 1950년 초 실행으로 옮기던 중 마지막 관문에 해당하는 스탈린의 허락을 얻어냈다. 승인에 이어 남침에 필요한 대규모 군수물자 지원이 뒤따랐다. 스탈린은 김일성에게 T-34 전차, MiG-17 전투기 그리고 여타 공격용 무기를 제공해 남침을 가능하게 했다. 그리고 소련 군사고문단을 파견해 북한군 훈련을 감독, 조언했다. 특히 북한군 수뇌부의 대규모 군사작전 계획과 실행 능력 향상에 필요한 교육을 했고, 전쟁 초반 '선제 타격 계획'이라는 핵심 작전 계획 수립에 주도적으로 관여했다. 세계 전략 측면에서 스탈린은 공산 진영의 맹주로서 미국과의 대립을 강화하고, 나아가 동아시아에서 공산주의를 확장하는 과정으로 한국전쟁을 인식했다.

오랜 내전 끝에 전쟁 직전 중원의 주인이 된 중국의 마오쩌둥은 어땠을까? 그는 북한과 길게 국경을 맞댄 지정학적 이점을 십분 활용해 물심양면으로 북한을 지원했다. 스탈린처럼 마오쩌둥도 북한을 공산주의 동맹국으로 여겼다. 한반도에 공산주의를 확산시키려는 목표를 공유하면서 초반 망설임을 벗어던지고 김일성의 남침 계획을 지지했다.

전쟁 발발 이후에는 '항미원조抗美援助'를 외치며 중국 인민지원군이라는 이름으로 1950년 10월 대규모 병력을 은밀하게 불법 파병했다. 그에 힘입어 김일성은 패배 직전 기사회생할 수 있었고, 전쟁 대결 양상도 거의 대등한 판세로 바뀌었다. 인천상륙작전으로 서울을 탈환하고 1950년 10월에는 평양을 점령한 후 압록강과 두만강 언저리까지 진격해 승리와 통일을 눈앞에 둔 유엔군에게 인해전술로 타격을 가했다. 중국에는 38도선까지 후퇴하게 만든 장본인이 중국 인민 지원군이었던 것이다. 이들의 파병은 남북한 간 충돌이던 한국전쟁의 성격을 확연한 국제전으로 변모시킨 계기가 됐다.

스탈린과 마으쩌둥의 역할이 크긴 했지만 누가 뭐래도 가장 비난받아야 할 인물은 김일성이다. 그야말로 스탈린과 마오쩌둥 사이를 오가면서 가장 주도적으로 전쟁 도발을 계획하고 실행한 장본인이기 때문이다. 당시 나이 30대 후반에 불과하던 김일성은 어떻게 한국전쟁 도발을 주도하는 권력의 정상에 도달했을까? 1945년 해방 이전에는 거의 알려지지 않았던 젊은 김일성이 어떻게 5년에 불과한 기간에 북한 정권을 굳건하게 장악했을까?

1945년 8월 일본 패망 직후 한반도는 38도선을 기준으로 소련군과 미국군이 분할 점령했다. 해방 직후 정치적 공백 상태에서 남북한 동일하게 다양한 정치 세력이 우후죽순 등장해 국가 건설이라는 명분 아래 치열하게 경쟁을 벌였다. 이런 상황에서 해방 이후 북한 땅에는 소련군 장교 김일성(본명 김성주)이 소련군을 뒤따라 들어왔다. 그는 실세 소련 점령군의 노골적인 지원을 등에 업고 평양에서 세력을 넓히기 시작했다.

사실상 처음부터 김일성은 소련군 꼭두각시로 북한 땅을 밟았다. 공산주의 이념 확산을 목표로 한 스탈린은 그 목적을 실현할 인물로 소련군 장교였던 김일성을 지목하고 그의 득세를 적극 지원했다. 김일성은 일제강점기 동안 만주 동북 지방에서 중국공산당의 항일 유격대원으로 활동하다 일본군의 추격을 피해 소련 땅에 들어갔다. 그리고 소련군 휘하 제88독립보병 여단에서 소련군 장교가 됐다. 해방 후 그는 자신을 항일 운동의 영웅으로 포장해 북한 주민들에게 다가갔다. 특히 유격대 활동과 소련군 복무 경험을 십분 활용하고 소련군을 뒷배 삼아 정치·군사적 기반을 닦았다.

김일성은 1945년 말과 1946년 초 조선인민군을 조직해 권력 장악에 유용한 무력 수단으로 삼았다. 조선노동당에서 독재 권력을 강화하기 위해 초반에는 박헌영 같은 토착 공산주의자들과 결속했으나 점차 이들의 세력 기반을 약화시켰다. 공산주의 특유의 통일전선 전술을 적극 활용해 당 내외의 경쟁자들을 하나씩 제거해나간 셈이다. 마침내 1948년 9월 9일 김일성은 조선민주주의인민공화국 수립을 선포하고 공식적으로 최고 권좌에 앉았다. 한국전쟁 이전에 김일성은 북한에서 공산주의 체제를 공고히 하고 절대적인 위상을 차지했다.

다음 단계는 한반도 전체를 공산화하는 것이었고, 그 목표를 향해 질주했다. 1949년에 접어들자 남침 계획을 세우고 구체적인 행동을 시작했다. 먼저 공산 진영의 우두머리인 스탈린의 승인을 얻고자 북한 신생 정권의 공식 사절단을 대동하고 1949년 3월 초 처음으로 모스크바를 방문해 스탈린을 면담했다. 이때 김일성은 북한의 전쟁 준비 상황과 한반도 전쟁 발발 가능성을 역설하며 그 승인과 군사적 지원을 간청했다. 스탈린은 귀를 기울이긴 했으나 미국의 참전 여부가 불투명하다는 이유를 내세워 김일성의 요구에 응하지 않았다. 이때 스탈린이 가장 관심을 기울인 것은 미국과 무력 충돌할 수 있다는 위험성이었다. 미국과 맞붙으면 승산이 없다고 판단한 스탈린은 가능한 한 초강대국 미국과의 직접 대결을 피하려 했다.

그렇게 빈손으로 귀국한 김일성이 한반도 적화를 포기한 것은 아니었다. 그는 남한 무력 침공 계획을 더욱 구체화하면서 한반도를 둘러싼 기류가 유리한 방향으로 바뀌길 기다렸다. 인내한 덕인지 1950년 1월 30일 남침 공격 허가를 재차 요청하는 김일성에게 모스크바에서 답이 왔다. "도울 준비가 됐다"는 스탈린의 답이었다.

마침내 때가 무르익었다고 판단한 김일성은 박헌영과 함께 1950년 3월 30일 다시 소련을 방문했고 4월 25일까지 머물면서 스탈린과 회담했다. 남침 감행 전에 반드시 마오쩌둥에게서도 동의와 향후 병력 파병 약속을 받아야 한다는 전제 조건이 있었지만, 마침내 1950년 4월 10일 무력 남침 계획과 관련해 공산 진영 최상급자의 허락을 얻어내는 데 성공했다. 한 달 이내에 남한을 점령할 수 있다는 김일성의 호언장담에 고무됐는지 스탈린은 요청을 수용하며 군사적 지원을 약속했다.

첫 면담에서 남침을 반대한 스탈린이 두 번째 만남에서 허락한 이유는 무엇일까? 1년 사이에 한반도를 둘러싼 국내외 정세에 변화가 있었기 때문이다. 1949년 3월과 1950년 3월 사이 한반도를 둘러싼 국제사회의 움직임을 주목할 필요가 있다. 이 시기 한반도는 국제 정세 면에서 변화와 갈등의 중심으로 떠올랐다. 1950년 3월 이후 스탈린이 김일성의 남침을 승인한 이면에는 1년 사이 국제정치와 군사적 요인들이 공산 진영에 유리한 방향으로 전개됐다는 배경이 있었다.

무엇보다 1949년 10월 1일 오랜 국공 내전 끝에 마오쩌둥이 이끄는 공산 군대가 승리해 중화인민공화국이 수립됐다. 중국의 공산화는 주변국은 물론이고 특히 공산주의 종주국 소련 측에 동아시아 전략의 큰 틀을 재고할 필요성을 제기했다. 북한과 역사적으로 긴밀하고 지리적으로도 인접한 중원 대륙이 공산화되면서 공산 진영은 한반도에서 무력 충돌이 벌어지더라도 유리할 것이라 예견했다. 김일성이 남한 공산화에 성공할 경우 소련은 한반도라는 완충지대를 확보하는 셈이기에 동아시아에서 벌어질 냉전 대립 구도에서 유리한 고지를 선점할 수 있다고 판단했다.

실제로 소련과 중국은 1950년 2월 상호방위조약을 체결함으로써 협력 관계를 공고히 했다. 스탈린으로서는 이제 거대한 공산 중국과 공식적으로 한배를 타게 됐으니 미국이라도 감히 아시아의 공산 세력에 선뜻 도전할 수 없으리라 생각했다.

더구나 1949년경 서유럽의 안보 상황은 소련 측에 불리하게 전개되고 있었다. 제2차 세계대전 종전 이후 소련은 전후 복구와 동유럽 영향력 확대에 큰 관심을 기울였다. 하지만 미국과의 경쟁이 가열되면서 서유럽에서 소련의 국제적 위상이 흔들렸다. 단적으로 스탈린은 서방 자유 진영을 상대로 야심 차게 도박을 벌인 베를린봉쇄(1948. 6. 24~1949. 5. 12.)에서 고배를 마셨다. 설상가상 미국이 핵무기를 독점한 상황에서 1949년 4월 북대서양조약기구NATO, North Atlantic Treaty Organization가 신설되는 등 서방의 군사적 결속력이 강화되고 있었다. 이런 상황을 타개할 의도로 스탈린은 다른 곳으로 눈길을 돌리려 했다. 아시아에서 공산주의를 확장해 세력균형을 이루려 한 것이다. 따라서 중국에 이어서 한반도까지 공산화할 경우 자유 진영을 크게 압박할 수 있으리라고 내다보았다.

이처럼 세계 공산화 전략을 재조정하는 시점에 김일성이 한층 진전된 남침 계획을 들고 다시 찾아왔다. 1950년 초탄 북한 군사력은 남한을 월등히 앞서 있었다. 1948년 2월 조선인민군 창설 후 김일성은 군사력 증진에 매진했다. 그해 6월에는 증병으로 북한 청년을 동원하고, 1949년 중순에는 중국 팔로군에서 활동하며 실전 경험을 쌓은 후 마오쩌둥의 허락으로 입북한 조선족 병력 5만여 명을 주축으로 정예 사단을 여럿 신설했다. 더불어 본대 철수 후 북한 땅에 잔류한 소련 군사고문단이 북한군 교육과 훈련을 맡고, 1949년 말부터는 소련 탱크와 야포를 비롯해 공격용 무기를 대거 지원받았다.

이와는 대조적으로 안보 면에서 남한의 상황은 악화일로였다. 1949년 6월 30일부로 주둔 미군마저 철수하면서 남한의 군사력은 더욱 허약해졌다. 지상군은 국내 치안 유지, 해군은 연안 방어, 공군은 지상 관측과 연락 업무를 간신히 수행하는 정도였다. 이렇게 '한심한' 상황은 1950년에도 달라지지 않았다. 전쟁 발발 직전 남한과 북한의 군사력은 삼척동자가 봐도 기가 찰 정도로 차이가 컸다. 예컨대 정규 병력은 약 10만 명(남한) 대 약 20만 명(북한), 공격용 화포는 91문(남한) 대 550문(북한), 항공기는 경비행기 22기(남한) 대 전투기·폭격기 226기(북한), 그리고 무엇보다도 현대 지상전에서 가장 가공할 공격 무기인 전차는 0대(남한) 대 242대(북한)로 남한은 압도적 열세였다. 게다가 북한에서는 김일성의 1인 지배 체제가 공고해진 데 비해 남한은 정치·경제적으로 불안정한 상황이 이어지고 있었다. 군사적으로도 지리산 일대에서 준동한 빨치산을 소탕하는 데 진력하느라 체계적인 군사 교육 훈련조차 곤란한 형편이었다.

엎친 데 덮친 격으로 1950년 1월 초반 스탈린과 김일성의 남침 야욕을 자극하는 사건이 벌어졌다. 1월 12일 미국 국무 장관 딘 애치슨Dean Acheson이 워싱턴 DC 연설에서 한반도를 미국의 극동 방위선에서 제외한다는 '애치슨 라인'을 발표한 것이다. 원래 의도는 아니었을지 모르겠지만 이 발언은 미국이 동아시아 대륙에 더는 미련을 두지 않는다는 오해를 불러일으키기 충분했다. 다시 말해 북한이 남침하더라도 일본 열도에 주둔한 미군은 개입하지 않을 것이라는 잘못된 기대를 심어주고 말았다. 설혹 개입한다 하더라도 1개월 단시일에 전쟁을 종결할 것이기에 현실적으로 병력을 파병할 수 없으리라 판단했다.

그렇다면 혹시 있을지도 모르는 미국과의 전면 충돌에서 스탈린에게 자신감을 심어준 결정적 계기는 무엇일까? 스탈린의 심경 변화를 이끈 가장 현실적이고 직접적인 요인은 1949년 8월 말 소련의 핵폭탄 개발 성공이었다. 이 소식은 전 세계에 큰 충격을 주었다. 특히 미국과 소련의 체제 경쟁에서 소련의 군사력을 한껏 드높이는 결정타였기 때문이다.

이제 소련은 미국과의 군비 경쟁에서 동격의 '절대무기' 핵폭탄으로 무장한 초강대국으로 자리매김했다. 핵무기라는 가공할 수단을 확보했기에 소련도 북한의 남침 시 미국의 개입을 크게 우려할 필요가 없다고 여겼다. 국공 내전에서 중국공산당의 승리를 막기 위해 미국이 군사력을 동원하지 않았듯이, 소련이 핵무기를 보유한 상황에서 미국이 한반도에 개입할 가능성은 더욱 설득력을 잃게 됐다.

한국전쟁은 이렇게 소련의 스탈린, 중국의 마오쩌둥 그리고 북한의 김일성이라는 세 공산 독재자의 전략적 합의로 불붙었다. 스탈린은 김일성의 남침 계획을 승인하고 이를 실행할 물적 기반을 제공했으며, 마오쩌둥은 전쟁 발발 후 북한군이 거의 괴멸할 시점에 대규모 병력을 파병해 전쟁 상황을 원점으로 돌려놓았다. 드디어 만반의 준비를 끝냈다고 자신한 김일성의 명령 아래 북한군은 1950년 6월 25일 새벽 4시를 기해 기습적으로 38도선을 넘어 남한을 침략했다. 그런데 불과 1개월 이내에 남한을 점령할 수 있다고 큰소리친 김일성의 장담과는 달리 전쟁은 3년이나 이어졌다. 큰 그림으로 전황을 조망하자면 1950년 후반기에 남쪽으로는 낙동강 전선까지, 이어서 북쪽으로는 청천강 전선까지 밀고 밀리다 결국에는 처음 충돌한 38도선 제자리로 돌아온 형국이었다.

물론 형언할 수 없이 막대한 인적·물적 피해와 크나큰 고통이 뒤따랐다. 전황이 패전을 목전에 둘 정도로 벼랑 끝에 치달았다는 것은, 흡사 임진왜란처럼 일제의 압제에서 벗어난 지 불과 6~7년도 지나지 않아 한반도 전체가 전장이 되고 초토화됐음을 의미했다.

그러면 역사적 측면에서 한국전쟁은 어떤 교훈을 남겼을까?

1950년 8월 대구 북방 낙동강 방어선 전투 중 미군에 파괴된 북한군 전차.
치열했던 낙동강 전투의 상징적인 장면으로 남아 있다.

국방력 건설이라는 맥락에서 한국전쟁은 전후 우리의 안보를 굳게 세우는 데 중요한 계기가 됐다. 1948년 8월 15일 정부 수립과 동시에 창설되기는 했으나 사실상 한국전쟁 이전에 우리 국군은 국내 질서 유지와 게릴라 토벌에나 투입될 정도로 규모가 작고 구식 무기 위주로 낙후한 상태였다. 이처럼 초라한 우리 군은 한

1950년 9월 인천상륙작전 성공 후 서울 수복 당시 도심에 배치된 미군 전차들. 유엔군이 북한군 포로들을 호송하고 있다.

국전쟁을 계기로 수십만 명의 병력에 현대적인 최신 장비를 갖춘 강군으로 환골탈태해 자주국방의 디딤돌을 마련할 수 있었다.

이에 더해 한미상호방위조약(1953. 10. 1.)을 맺고 전후 눈부신 경제 발전과 선진국 진입을 견인하는 국방·안보의 틀을 세울 수 있었다. 세계 최강 미국이 북한의 도발 위협이 상존하는 한반도에서 우군이 되었기 때문이다.

한국전쟁을 기억하고 반복적으로 후세에 상기시켜야 하는 이유는 분명하다. "평화를 원하거든 전쟁을 이해하라"는 전쟁사 금언처럼, 전쟁에 대해 알아야 또 다른 전쟁의 참화에 휩쓸리지 않기 때문이다. 이런 맥락에서 오늘날 북한과의 관계에서도 상호 협력과 대화의 문은 열어놓되, 그 동향과 속셈에는 언제나 경각심을 유지해야 한다. 겉으로는 교류를 내세웠으나 실제로는 남침으로 우리의 뒤통수를 친 바가 있고, 오늘날에도 비밀리에 개발한 핵무기로 무장한 김정은 정권은 75년 전과 비교해 달라지지 않았기 때문이다.

미국과 중국의 힘겨루기 속에 한반도를 위시한 동북아시아에 신냉전의 기운이 재차 감들면서 우리를 긴장시키고 있다. 전쟁처럼 영향력이 큰 사건의 원인을 설명하는 데 구조적 측면을 살펴보는 것도 중요하지만, 후대에 유용한 교훈을 도출한다는 목적을 위해서는 이번 주제처럼 인물의 행태를 주목하는 일종의 행동과학적 접근이 도움이 된다.

6월

사라예보사건

제1차 세계대전의 불씨를 던지다

#사라예보사건
　#페르디난트대공
#민족주의
　#범게르만주의
#범슬라브주의
　#비스마르크
#슐리펜계획
　#보불전쟁
#국민개병제도

탕! 탕! 탕!

1914년 6월 28일 남유럽 발칸반도의 도심에서 벌건 대낮에 울려 퍼진 총성은 유럽 전체를 죽음의 제전으로 몰아넣었다. 세르비아 비밀 조직의 사주를 받아 가브릴로 프린치프Gavrilo Princip가 쏜 총탄이 바로 그날 보스니아의 수도 사라예보를 방문한 오스트리아·헝가리 제국 황위 계승자인 프란츠 페르디난트Franz Ferdinand 대공과 대공비를 죽음으로 몰아넣었기 때문이다.

이후 '사라예보사건'으로 역사에 기록된 암살 사건을 계기로 유럽은, 아니 세계는 제1차 세계대전이라는 인류 문명 파괴의 소용돌이로 빠져들고 말았다. 세계대전이라는 말에 걸맞게 유럽은 물론 식민지 인도와 아프리카, 일본과 미국 등 다른 대륙 국가까지 합해 총 32개국이 참전했다. 4년 4개월여 지속한 전쟁은 사상자 3000만 명과 2000억 달러라는 천문학적 손실을 남긴 채 끝이

1914년 6월 28일 프란츠 페르디난트와 그의 부인 소피가 사라예보 길드홀을 나서는 모습. 두 사람은 5분 후 암살당했다.

났다.

청년 프린치프는 왜 오스트리아 황태자를 향해 총구를 겨눴을 까? 유럽의 변두리 도시에서 일어난 암살은 왜 곧 유럽 열강 전 체가 참전하는 대전으로 번졌을까?

1914년 8월부터 1918년 11월까지 이어진 제1차 세계대전은 전쟁 수행을 위해 엄청난 규모의 인적·물적 자원이 동원된 최초의 전형적인 총력전이었다. 근본적으로 국지전이 세계대전으로 비화한 이면에는 19세기 내내 유럽 열강들이 경쟁해온 산업화와 더불어 프랑스혁명 이념 중 하나인 민족주의가 배태한 국민국가의 출현, 그리고 1870년 이래 서구 제국주의 열강의 경정으로 고조된 대립과 불신의 누적 등이 있었다.

20세기 초반을 피로 둘들인 '모든 전쟁을 끝내기 위한 전쟁'은 왜 일어났을까? 1918년 11월 11일 종전 직후 프랑스 파리에서 전후 처리 회담이 개최되면서 전쟁의 원인에 대한 논의가 활발하게 진행됐다. 전쟁 발발의 원인이 무엇인지를 묻는 질문은 전쟁의 책임 문제와 밀접하게 연결되기에 논쟁은 가열됐다. '독일과 그 동맹국에 전쟁 발발의 책임이 있다'고 단정한 베르사유조약에 독일과 연합국이 공식 조인했음에도, 대전의 원인과 책임 문제는 일단락은커녕 줄기차게 이어져 대전 발발로부터 무려 한 세기가 흘러간 오늘날까지 계속되고 있다.

제1차 세계대전의 도화선은 1914년 사라예보에서 발생한 오스트리아 황태자 페르디난트 대공 암살 사건이었다. 현장에서 체포된 암살범 프린치프의 배후에 보스니아 이웃 국가인 세르비아 정부가 연루되어 있다고 확신한 오스트리아는 철저한 진상 규명을 요구했다. 그동안 줄기차게 오스트리아 제국 내 슬라브족의 저항을 부추겨온 세르비아를 이참에 단단히 혼내줄 요량이었다.

하지만 슬라브족 '형님 국가' 러시아라는 믿는 구석이 있던 세르비아 정부의 미온적 태도에 오스트리아가 발끈해, 사건 발생 한 달 후인 7월 28일 국경을 넘어 세르비아 수도 베오그라드를 향해 진격했다. 역사는 물론 민족적, 종교적으로도 복잡하기 이를 데 없던 '만성적 화약고' 발칸반도에서 전쟁이 벌어진 것이었다. 그런데 오스트리아와 세르비아가 충돌한 지 불과 1주일도 지나지 않아 러시아, 독일, 프랑스, 영국 등 유럽의 내로라하는 열강 대부분이 전쟁에 개입하게 됐다. 남유럽 발칸반도에서 터진 국지전이 삽시간에 유럽 전역과 다른 대륙으로 확대되는 세계대전으로 진화한 것이다.

암살 사건이 드넓은 유럽 대륙을 두고 변방 남유럽 사라예보에서 일어난 이유는 무엇일까? 오랜 세월 발칸 지역에 상존해온 게르만족과 슬라브족의 갈등을 근본 요인으로 꼽을 수 있다. 당시 유럽의 어느 지역보다도 남유럽에서는 범게르만주의와 범슬라브주의로 대변되는 배타적 민족주의가 극성을 떨치고 있었다. 17세기 중엽 이래 오스트리아가 취한 남하 정책으로 게르만족의 발칸 지역 유입이 빈번해지면서 4~5세기 이래 이곳의 터줏대감으로 자리 잡았던 남슬라브 민족의 경계심이 고조되고 있었다. 그러다 보니 '우리끼리'라는 동족 의식과 '저들은 침입자'라는 배타심이 강하게 뿌리를 내리고 있었다.

문제는 16세기 초엽 이래 오토만제국Ottoman Empire이 지배해온 발칸 지역에 잠재되어 있었다. 19세기 중엽 이후 다민족 제국이되 게르만족이 주도한 오스트리아는 물론 슬라브족의 '큰 형님'을 자처하던 제정러시아도 적극적으로 발칸 진출을 시도했다. 이런 상황에서 러시아·오스만튀르크 전쟁(1877) 후 체결된 산스테파노조약으로 무주공산이 된 보스니아·헤르체고비나 지역을 독일의 후광을 등에 업은 오스트리아가 차지하면서 발칸 지역 남슬라브 민족의 맹주라 자임하던 세르비아 민족주의자들의 불만이 고조됐다. 1878년 여름 베를린 회담에서 독일 총리 비스마르크가 "발칸반도의 세력균형을 유지한다"라는 명분으로 원래 자치령으로 계획된 이곳을 게르만족 형제 국가인 오스트리아가 통제하는 행정구역으로 결정했기 때문이다.

한계점에 도달한 세르비아 민족주의자들의 울분은 1914년 6월 28일 사라예보를 방문한 오스트리아 황태자 암살로 표출됐다. 그동안 쌓인 원한의 골이 너무 깊은 탓에 이 사건은 1·2차 도로코사건이나 1·2차 발칸전쟁 등 20세기 들어 유럽에 긴장을 고조시킨 다른 국제 이슈들과 달리, 열강들의 외교적 대화를 통한 중재로 해결하기가 어려웠다. 각자 누적되어온 불만이 폭발하고 상대방의 일방적 양보만 끈질기게 내세웠기 때문이다.

두 나라의 다툼에 유럽 열강이 서둘러 개입하는 불길한 상황이 벌어진 데도 이유가 있다. 대전 발발 직전 유럽 열강은 1882년 완성된 삼국동맹(독일·오스트리아·이탈리아)과 1907년 성립한 삼국협상(영국·프랑스·러시아)이라는 대립적인 블록으로 분열해 불신의 늪으로 빠져들고 있었기 때문이다. 삼국동맹에 속한 오스트리아와 삼국협상 일원인 러시아의 전폭 지원을 등에 업은 세르비아 사이에 충돌이 벌어지자 다른 국가들도 마치 몽유병자처럼 부지불식간에 전쟁의 소용돌이로 휘말려들었다.

유럽 열강의 대립적 외교 관계는 어느 날 갑자기 대두한 것이 아니라 거의 반세기에 걸쳐 긴 세월을 두고 형성된 것이었다. 1871년 초 유럽 중앙부에 강력한 힘을 지닌 통일 독일제국이 등장하고, 이후 독일의 외교정책에 따라 유럽의 세력균형에 지각변동이 일어나면서 야기된 결과였다. 통일 과업을 완수한 후 국내 통합을 위해 유럽 내 평화 유지가 절실했던 신흥 독일제국에서는 총리이자 외무 장관이던 비스마르크가 '프랑스의 국제적 고립'을 외교정책의 근간으로 삼아 신중하고 끈기 있게 밀어붙였다. 우선 1882년 오스트리아와 이탈리아를 끌어들여 삼국동맹을 결성했다. 그래도 안심하지 못한 비스마르크는 1887년 비밀리에 러시아와 재보장조약을 체결했다. 이로써 최대 가상 적대국 프랑스를 국제 외교 무대의 외톨이로 만드는 데 거의 완벽하게 성공했다.

하지만 세상만사가 뜻대로만 움직이지는 않는 법이다. 비스마르크가 적극적 해외 진출을 골자로 '세계정책Welt Politik'을 주창한 신임 황제 빌헬름2세와 외교 노선을 놓고 갈등을 빚다가 1890년 정치 일선에서 물러나면서 유럽의 기존 질서에 변화가 일어났다. 독일 외교를 주도하게 된 빌헬름 황제가 러시아의 재보장조약 연장 요구를 거부하고 이어서 영국과 해군력 증강 경쟁을 도모했기 때문이다.

그러자 그동안 고립되어 절치부심한 프랑스가 1894년 독일의 일방적인 조약 연장 거부로 울분을 삭이던 러시아에 접근해 손을 잡았다. 내친김에 파쇼다Fashoda사건(1898)을 계기로 1904년 영국과 적대 관계를 청산하고, 나아가 1907년에는 영국과 러시아의 동맹을 중재하는 데도 성공했다. 드디어 영국·프랑스·러시아의 삼국협상 라인이 결성되면서 급기야 유럽에는 삼국동맹과 삼국협상이라는 두 개의 외교 블록이 등장했다. 이후 제2차 모로코사건(1911)과 발칸전쟁(1912. 10.~1913. 8.) 등을 거치면서 각자의 결속력은 단단해진 데 비해, 역으로 양 진영의 대립은 더욱 고조됐다. 이렇게 살얼음판 같은 상황이 지속하던 가운데 마침내 사라예보에서 운명의 방아쇠가 당겨지고 만 것이다.

불행하게도 뒤따른 '7월 위기' 동안 유럽 열강은 평화적 해결책을 모색하는 데 실패했다. 1914년 7월 29일 러시아의 총동원령에 대응해 독일이 러시아와 프랑스를 향해 선전포고하고, 독일군이 중립국 벨기에를 침공하자 이를 빌미 삼아 8월 4일 영국마저 참전하면서 세계대전의 불길은 거침없이 타올랐다. '6주 이내선 프랑스 점령, 후 러시아 공격'이라는 대원칙 아래 독일 군부가

1914년 8월, 독일 장교의 동원령을 경청하는 베를린 군중. 슐리펜 계획에 따라 독일은 룩셈부르크를 침공하고, 프랑스 공격을 빌미로 벨기에에는 독일 군대의 자유로운 통행을 요구했다.

긴 시간 준비해온 '슐리펜 계획Schliffen Plann'을 실행에 옮기면서
유럽 열강들은 되돌아올 수 없는 다리를 건너고 말았다. 제1차
세계대전이 본격화한 것이다.

유럽 각지의 마을 어귀마다 "조국이 너를 원한다"라는 표어가
쓰인 징집 포스터가 내걸렸고, 기차역에서는 군악대가 전선으로
떠나는 장병들을 환송하는 우렁찬 행진곡이 울려 퍼졌다. 대륙의
평원은 반세기 동안 경쟁적으로 부설한 철길을 따라 병사들을 한
가득 싣고서 최전선으로 내달리는 증기기관차의 연기로 자욱했
다. 객차에 앉은 병사 대부분은 그해 성탄절 전에 당연히 집으로
돌아가리라 기대했다.

제1차 세계대전은 전형적인 총력전이었다. 정치·경제·사회·
문화 등 국가 역량 전체를 동원하는 총체적 충돌, 승리하기 위해
서는 국가 차원에서 엄청난 인적·물적 자원을 소모할 수밖에 없
다는 말이다. 근본적으로 19세기 초반 이래로 유럽 각국이 야심
차게 추구한 산업화가 전쟁의 양상 변화를 추동했다.

산업화의 위력은 이미 1870년 프로이센과 프랑스의 전쟁에서
충분히 드러났다. 우수한 장비로 무장한 프로이센군 앞에서 프랑
스는 채 두 달도 버티지 못한 채 항복하고 말았다. 저항하는 파리
민중을 향해 프로이센군은 자국의 크루프사가 생산한 고화력 대
포를 동원해 집중포화를 퍼부었다. 일거에 파리는 파괴되고 무수
히 목숨을 잃었다. 대규모 파괴와 대량 살상에 사람들은 경악했

1914년 8월 전선으로 향하는 열차의 독일 병사들. 꽃을 든 병사, 주먹을 치켜든 병사들이 보인다. 차량에는 "파리 여행", "이따가 대로에서 만나요", "전장으로", "칼끝이 근질근질하다" 등이 적혀 있다. 당시 참전국들은 단기간에 전쟁이 끝날 것으로 예상했다.

으나 이는 다가올 전쟁의 음울한 단면에 불과했다.

보불普佛전쟁 이후 유럽 열강은 대외적으로 식민지 확보에, 내부적으로는 군사력 증강에 매진했다. 저마다 보불전쟁으로 대규모 병력 확보와 무장이 무엇보다 중요하다는 교훈을 얻었다. 유럽 사회 전반에 조직과 통제를 강화해 효율성 제고를 추구하는 군사 문화가 팽배했다. 군사력 증강을 위해 각국은 특히 출산율 장려와 철도 부설에 최선을 다했다. 대규모 병력을 얻기 위해서는 근본적으로 인구가 많아야 했고, 소집 병력을 접적接敵 장소로 이동시키려면 철도가 필수 불가결했기 때문이다.

각국이 경쟁한 덕에 1870~1914년 유럽 인구는 빠르게 늘었다. 19세기 초반 약 2억 명을 웃돌던 인구는 20세기 초 거의 5억 명에 육박했다. 빠른 인구 증가를 토대로 각국은 징병제를 채택, 수백만 명에 이르는 평시 군 규모를 확대하고 전시를 대비해 인적 동원 수단을 체계화됐다. 프랑스혁명 중 첫선을 보인 국민개병제도는 1833년 프로이센이 공식 도입한 것을 시작으로 유럽 전역으로 퍼졌다. 예컨대 오스트리아는 1867년, 프랑스는 1889년 국민개병제도를 채택하는 식이었다. 제1차 세계대전 직전에는 1916년 1월에야 강제 징집을 한 섬나라 영국을 제외하고 유럽 대부분 국가가 채택했을 정도로 징병제가 보편화됐다. 19세기 후반기 유럽을 휩쓴 민족주의의 영향 아래 유럽인들은 "내 나라는 내가 지켜야 한다"라는 말을 당연한 명제로 받아들였다. 인적 자원 확보책을 마련한 열강들은 조국 수호라는 대의를 앞세워 20세 이상, 심지어는 18세 이상 자국 남성을 소집해 다가오는 '아마겟돈 전쟁'에 투입할 참이었다.

전쟁은 왕조 대 왕조의 힘겨루기가 아니라 민족 대 민족, 즉 구성원 모두가 공동체의 주인으로 행세하는 국민국가 간의 대결로 변했다. 그러니 일단 전쟁이 벌어지면 적당한 타협이란 거의 불가능했다. 휴전이나 패배를 수용하려는 어떤 시도나 제안도 '민족 배반 행위'로 단죄할 것이었다. 한쪽이 완전히 항복하든가 아니면 지도상에서 사라져야만 종결되는 '끝장 충돌'이 현실화되면서 대규모 살육전의 그림자가 어른거렸다.

총력전을 현실화한 또 다른 원흉은 철도였다. 철도망 확대와 운송 체계 구축 덕에 징병제로 엄청나게 늘어난 병력을 짧은 시간에 이동시킬 수 있었다. 산업화 이후 현대전에서는 무엇보다 병력과 물자 이동이 승패를 가르는 중요 변수로 떠올랐다. 화약 무기가 비약적으로 발달하면서 예전처럼 정면 공격으로는 승리하기가 어려워졌기 때문이다. 19세기 후반기에 유럽 각국은 경쟁적으로 전략 철도 부설에 심혈을 기울였다. 특히 적대 관계였던 프랑스와 독일의 경쟁이 치열했다. 양국 모두 평탄하고 넓은 영토를 보유하고 있었기에 철도 부설에 제격이었다.

산업혁명으로 대량생산, 기술 혁신, 철도 발달 등이 국방과 유기적으로 연결되면서 유럽 전체를 전쟁터로 변모시킬 총력전의

괴물을 깨우는 것도 시간문제가 됐다. 아니나 다를까, 1914년 연
말 끝나리라 예상한 전쟁이 점점 더 깊은 수렁으로 빠져들자 각
국은 장기적 소모전에 대비해야만 했다. 예상과 달리 이후 4년
이상 지속된 전쟁으로 무려 1000만 명에 달하는 사람(주로 젊은
이)이 낯선 전장에서 불귀의 객이 되어 사라졌고, 목가적 전원 풍
경을 자랑하던 서유럽의 평원은 을씨년스럽고 황량한 불모지가
되었다. 어이없게도 이 모든 일은 1914년 6월 28일 사라예보 시
내에 울려 퍼진 총성 한 발에서 촉발된 결과였다.

7월

바스티유
감옥 습격 사건

군사 영웅 나폴레옹이
출현하다

#부르봉왕조
#루이16세
#삼부회
#앙시앵레짐
#국민회의
#인권선언
#입헌군주정
#자코뱅파
#로베스피에르
#노트르담대성당

불세출의 군사 천재이자 영웅으로 회자되는 나폴레옹은 1804년 서른다섯 나이에 프랑스 황제로 등극하며 새로운 왕조를 열었다. 이후 그는 1805년 12월 초 아우스터리츠 전투 승리를 시작으로 1812년 러시아 원정에 실패할 때까지 유럽 전역을 휩쓸고 다녔다. 당시 유럽 각국의 지배 세력에게 나폴레옹은 가히 공포의 대상이자 흠모의 아이콘이었다. 불과 15년 전까지만 해도 그는 프랑스 변방의 코르시카섬 출신으로 시골뜨기 초급 포병 장교에 불과했다.

1789년 프랑스혁명이 일어나면서 그로부터 10년 동안 프랑스 사회는 완전히 뒤집어졌다. 혁명에 불씨를 던진 것은 1789년 7월 14일 파리에서 일어난 바스티유 감옥 습격 사건이었다. 분노한 시민들은 정치범 수용소로 부르봉 절대왕정의 상징이나 다름없던 바스티유 감옥에 몰려갔고, 수비병들과 총격전까지 벌인 끝에 이를 점거하는 데 성공했다. 이 소식이 시내에 퍼지면서 곧 거센 소요가 벌어졌고 도시는 아수라장으로 변했다. 혁명의 기세는 빠르게 전국으로 번져나갔다. 바야흐로 프랑스대혁명의 불이 붙은 것이다. 혁명의 불길은 걷잡을 수 없이 뜨겁게 타올라 국내로는 지금껏 섬기던 절대군주 루이Louis16세 부부를 단두대에 올려 처형하고, 대외적으로는 유럽을 전쟁의 불구덩이로 밀어넣어 군사 천재 나폴레옹이 빛을 발하는 무대를 열어주었다.

당시 프랑스인들은 왜 긴 세월 통치해온 부르봉왕조에 도전했을까? 무슨 불만이 얼마나 쌓였기에 그토록 저항이 격렬했을까? 파리에서 일어난 소요를 프랑스 전역의 혁명으로 전환케 한 계기는 1789년 5월 국왕 루이16세가 단행한 삼부회 소집이었다. 삼부회는 말 그대로 세 신분의 대표로 구성된 신분제 의회로, 중세 이래 존속하긴 했으나 마지막으로 소집된 것은 1614년이었다. 루이16세가 170여 년 만에 삼부회를 소집한 것이다. 그런데 국가 안정을 목적으로 소집한 삼부회가 아이러니하게도 혁명을 확대하는 방향으로 흘러갔다. 삼부회가 개회되면서 온갖 차별로 불만에 차 있던 제3신분 대표들이 진정한 국민의 목소리임을 자임하며 국민의회를 구성, 국왕의 주권에 도전했기 때문이다.

루이16세가 서둘러 삼부회를 소집한 가장 절박한 요인은 왕실의 심각한 재정난 때문이었다. 1789년 혁명 직전 부르봉 왕실은 극심한 적자에 시달리고 있었다. 어렵사리 징수한 세금은 대부분 왕실이 남발한 국채 이자를 상환하는 데 지출했다. 불합리한 세금 부과와 징수 체계도 문제였지만, '태양왕'이라 불린 루이 14세 이래 연이어 전쟁을 벌인 탓에 국가 부채도 눈덩이처럼 늘어났다. 이런 상황에서 7년전쟁(1757~1763) 때 영국에 완패한 것을 설욕한다면서 영국과 전쟁을 벌이던 미국 식민지인들을 전폭 지원한 것이 국가 재정을 치유 불능 상태에 빠뜨리고 말았다.

일단 국왕 루이16세는 경제 전문가들을 등용해 재정 적자에 대한 해결책을 찾았다. 중농주의 경제학자인 안 로베르 자크 튀르고Anne Robert Jacques Turgot를 비롯해 은행가 출신의 자크 네케르Jacques Necker 등을 번갈아 재무 장관으로 임명했다. 이들이 궁리 끝에 제시한 해결책은 신분에 무관하게 모두에게 적용하는 토지세 신설이었다. 넓은 토지를 소유하고도 세금을 면제 받던 특권계층(제1신분 성직자, 제2신분 귀족)에 해당하는 조치였다. 주 담세 계층인 농민에게 또 다른 세금을 부과할 수 없기에 제시한 불가피한 개혁안이었다. 절대왕정 아래 농민들은 이미 과중한 세금 부담에 시달려온 데다 설상가상 1780년대에 가뭄과 재해가 겹치면서 거의 한계 상황에 놓여 있었기 때문이다.

문제는 전통적으로 각종 특권과 드넓은 토지를 보유한 채 면세 혜택을 누려온 특권층을 상대로 새로운 세금을 부과하는 것이 현실적으로 결코 녹록지 않다는 점이었다. 토지세 신설을 담은 국왕의 재정 개혁안에 이들은 즉각 반발했다. 개혁안의 법제화를

주도해야 할 파리 고등법원도 개혁안의 법적 정당성 부여를 거부
했다. 이어 일말의 기대를 건 귀족 고위층의 명사회마저 개혁안
을 걷어찼다. 마지막 길은 삼부회에서 개혁안을 통과시키는 것이
었다. 왕실 재정이 고갈 직전인 상황에서 루이16세로서는 달리
묘수가 없었다. 하루빨리 개혁안을 법제화해 왕실의 재정 여건을
안정시키는 것이 급선무였다. 결국 1614년 이래 명칭만 남아 있
던 삼부회를 소집할 수밖에 없었다.

마침내 1789년 1월 초 삼부회 소집 왕명이 하달됐다. 혁명 이
전 프랑스 사회는 '앙시앵레짐ancien régime', 즉 구체제로 우리나
라 조선시대처럼 신분 계층(제1신분 성직자, 제2신분 귀족, 제3신분 그
외 모든 평민)으로 구성된 신분제국가였다. 전국에서 삼부회에 참
석할 신분별 대표를 뽑는 절차가 이뤄졌다. 특권 계급인 제1·2 신
분은 전체 인구의 5퍼센트에 불과했기에 수월하게 대표를 선출했
다. 문제는 인구의 95퍼센트를 차지하는 제3신분의 대표를 뽑는
것이었다. 인구의 대다수인 데다 직종도 다양해 대표 선출에 난항
을 거듭했다. 1789년 5월 5일 삼부회 소집 일자에 베르사유궁전
에 모인 제3신분 대표들은 주로 사업가, 법률가, 학자 등 중산층
출신이 많았다. 일찍부터 당대의 지적 조류인 계몽사상에 물든 이
들은 절대왕정의 불합리하고 불공정한 관행과 제도에 불만을 품
고 이를 개혁할 기회가 오기만을 열망하던 참이었다.

제3신분 대표들의 불만은 삼부회 소집 초반부터 거세게 표출

됐다. 기존의 신분별 표결을 개인별 표결로 변경하라고 요구했
고, 이 과정에서 국왕이 우유부단한 태도를 보이자 긴 세월 억눌
려온 제3신분의 불만이 행동으로 나타났다. 1789년 5월 초 삼부
회가 표결 방식 등의 문제로 진척될 기미를 보이지 않자 제3신분
대표들은 국민의회 성립을 공표하는 혁명적 행동을 단행했고, 이
는 곧 유명한 '테니스코트 선언'으로 이어졌다. "우리야말로 진정

한 국민 대표"라는 선언으로 프랑스대혁명의 불꽃이 타오르기 시작했다. 절대왕정하에서 층층이 쌓여온 민중의 불만이 1789년 7월 14일 제3신분 대표들의 용감한 행동에 고무된 파리 시민들의 바스티유 감옥 습격으로 폭발한 것이다.

바스티유 감옥은 백년전쟁(1337~1453) 당시 파리 동부 외곽과 작은 궁전을 방비할 목적으로 세운 작은 요새였다. 그러다 샤를 Charles5세(재위 1364~1380) 통치 때 성채를 증축해 파리 성벽의 성 안토니 성문 방어 요새로 기능해왔다. 건물은 총 여덟 개의 탑으로 둘러싸인 불완전한 장방형으로, 동쪽으로는 파리 시내로 들어가는 문이, 서쪽으로는 생 앙투안 거리로 이어지는 문이 있었다.

백년전쟁 후 바스티유 북쪽에 새로운 관문이 건설되기도 했으나 도시의 팽창과 더불어 바스티유는 관문 기능을 상실한 채 폐쇄됐다. 그러다 루이13세(재위 1610~1643) 때 감옥으로 활용되기 시작했다. 이때부터 바스티유에는 대략 50여 명이 수감되어 있었는데, 불결한 옥사 상태와 파리 시내라는 위치, 특히 도나시앵 알퐁스 드 사드Donatien Alphonse de Sade 후작이나 볼테르Voltaire 같은 유명인 수감으로 절대왕정의 상징물로 인식됐다. 프랑스혁명 직전에는 주로 왕정에 항거한 정치범이 대거 수감됐다는 소문이 퍼졌으나 실제로 7월 14일 파리 민중이 이곳을 점령했을 때는 평범한 죄수 일곱 명이 감금되어 있었다. 점령 과정에서 수비대와 파리 민중 사이에 총격전이 벌어져 양측에서 사상자가 상당수

1789년 7월 14일, 바스티유 감옥 습격. 절대왕정의 권위를 상징하던 요새가 시민들의 손에 무너짐으로써 앙시앵레짐에 대한 심리적 종말을 그렸다.

발생했다. 충돌의 여파로 곧 파리 시내에서는 왕실 군대와 파리 민중의 시가전이 벌어졌고, 빠르게 전국으로 확산되어 결국 절대 왕정의 구체제를 무너뜨렸다. 이로부터 10년 동안 프랑스는 대 혁명의 소용돌이에 휩싸였다.

혁명적 소요는 갓 출범한 제3신분 주축의 국민의회에 큰 힘을 실어주었다. 국민의회는 시민과 농민의 소망에 상응하는 개혁을 시작했다. 우선 수백 년간 이어진 봉건제의 잔재를 폐지해 십일세, 부역, 그리고 귀족 계층의 면세 혜택 등을 없앴다. 이어서 1789년 9월에는 프랑스혁명을 상징하는 〈인간과 시민의 권리선언Déclaration des droits de l'Homme et du citoyen〉을 선포했다. 흔히 '인권선언'으로 알려진 이 조치로 프랑스인들은 언론, 출판, 종교의 자유는 물론 압제 저항권을 행사할 수 있었다. 이제 국가의 주인은 국왕이 아니라 시민이라 불린 보통 사람들이었다. 당대에 볼테르, 몽테스키외Montesquieu, 장 자크 루소Jean Jacques Rouseau 같은 계몽사상가들이 설파해온 이상이 마침내 실현된 것이다.

1791년 헌법 제정으로 프랑스의 정체는 입헌군주정이 되었다. 그런데 한번 불붙은 혁명의 불꽃은 꺼지지 않고 더욱 거세게 타올랐다. 혁명에 내재된 한계 때문이었다. 당시 혁명 지도자들은 시민을 단순히 법적 권리만 보장받는 '수동적' 시민과 국가에 세금을 납부함으로써 선거권과 관직 보유권을 지닌 '능동적' 시민으로 구별했다. 한마디로 일정 수준 이상 재산을 소유한 성인 남성 유산 계층만 정치에 참여할 수 있었다. 이는 혁명 와중에 앞장서서 절대왕정에 항거한 하층 시민을 배제하는 것이었다. 이들의 울분이 행동으로 옮겨가는 데는 그리 오래 걸리지 않았다. 1791년 6월 루이16세 일가의 국외 탈출 미수 사건이 있었던 데다 오스트리아와 프로이센 등 주변 열강의 개입 움직임이 혁명 급진화의 방아쇠를 당겼다.

프랑스혁명 세력이 먼저 1792년 4월 말 오스트리아와 프로이센을 상대로 선전포고를 했다. 그렇지 않아도 '자유·평등·우애'라는 혁명 이념의 유입을 우려하던 주변 열강은 기다렸다는 듯 프랑스로 쳐들어갔다. 외세의 침략이라는 위기 상황에서 선제적으로 전쟁을 선언하기는 했으나, 아쉽게도 당시 프랑스에는 전쟁을 수행할 만한 군대가 없었다. 혁명이 일어났으니 절대왕정 때의 용병 군대는 동원할 수 없었다. 급하게 편성된 프랑스혁명 군대가 전쟁에 밀리는 것은 당연했다. 연이은 패배로 1792년 8월경 양국 연합군이 국경을 넘어 수도 파리를 향해 진군해오기 시작했다. 이처럼 죽음의 공포가 엄습하는 위기에서는 역사상 어느 시기를 막론하고 과격파가 득세했다.

내우외환 상황에서 혁명은 과격한 방향으로 전개됐다. 그동안 혁명을 이끌어온 국민의회가 해산되고, 9월 선거로 국민공회가 탄생했다. 적군이 파리를 향해 진격하는 와중에 선출된 의회인 만큼 급진 자코뱅Jacobin파가 득세한 것은 당연했다. 1792년 9월 중순 국민공회는 프랑스가 공화국임을 선포하고, 12월에는 국왕을 '시민(국가)의 적'으로 재판에 회부해 치열한 논쟁 끝어 사형을 선고했다. 1793년 1월 혁명광장에 설치된 단두대에서 르이16세는 머리가 잘리고 말았다. 혁명은 '자유와 평등'을 수호한다는 미명 하에 '붉은 피'를 갈구했다.

전쟁의 포성과 단두대의 비명이 메아리치는 가운데서 모두가 불안과 두려움에 떨 때 차근차근 벼락출세의 길을 걸은 인물이 있었으니, 바로 보나파르트 나폴레옹Bonaparte Napoléon이었다. 혁명전쟁이 불붙을 때만 해도 그는 지중해 변방 코르시카섬에서 본토 파리로 유학 온 청년 장교에 불과했다. 이탈리아의 제노아에 속했다가 1768년 프랑스로 매각된 코르시카섬 아작시오의 한미한 귀족 가문에서 태어난 나폴레옹은 어린 나이에 고향을 떠나 브리엔 사관학교를 거쳐 열다섯 살이던 1784년 파리의 왕립사관학교에 입학했다. 이듬해 포병 소위로 임관한 나폴레옹은 1789년 혁명이 발발했을 때도 오손과 발랑스 등 지방 포병 부대를 전전하는 약관의 초급 장교였을 뿐이다.

그러나 혁명전쟁이 벌어지면서 나폴레옹의 인생에 반전이 시작됐다. 무명의 초급 장교 나폴레옹이 명성을 얻은 첫 번째 계기는 프로방스 지방에서 벌어진 툴롱항 포위전(1793. 9.~12.)이었다. 이 전투에서 나폴레옹은 1792년 4월 혁명전쟁 이래 툴롱과 부근 요새를 점령하고 있던 영국·스페인 연합함대를 주특기인 포병 화력으로 격퇴함으로써 전국에서 명성을 얻었다. 특히 1794년 7월 '테르미도르 반동Réaction thermidorienne'으로 자코뱅 지도자 막시밀리앵 드 로베스피에르Maximilien de Robespierre를 비롯한 과격 혁명 세력을 제거하고 실권을 잡은 총재정부의 주목을 받았다. 1795년 10월 초 파리 시내에서 일어난 왕당파 폭동을 무차별 포격으로 진압하는 데 결정적 역할을 했기 때문이다.

고위층 귀족 장교들의 망명과 도주로 장교단에 큰 공백이 생긴 상황에서 1796년 나폴레옹은 27세에 일약 준장으로 진급하면서 이탈리아 원정군 사령관으로 임명됐다. 그에게 출세의 발판을 마련해준 총재정부의 의도는 순수하지만은 않았다. 혁명으로 혼란한 와중에 국민의 사기가 땅에 떨어지고 경제 파탄이 이어지자 대외 정복, 특히 전통적으로 국경 분쟁이 있어온 이탈리아 북부를 정복해 프랑스 국민의 사기를 높이려 한 것이 총재정부의 숨은 의도였기 때문이다.

이에 부응하듯 나폴레옹은 이탈리아 원정에 성공하면서 스타로 떠올랐다. 나폴레옹의 연전연승과 비례해 치솟는 국민적 지지에 부담을 느낀 총재정부는 그를 멀리 떨어진 곳으로 보내려 했다. 1798년 5월 19일 나폴레옹은 대형 함선 300여 척에 병력 3만 명을 싣고 프랑스 남부 툴롱을 출발, 이집트 원정에 올랐다. 이집트에 상륙한 나폴레옹은 상형문자 해독의 열쇠로 알려진 로제타석Rosetta石을 발견하는 쾌거를 거두기도 했으나, 허레이쇼 넬슨Horatio Nelson의 영국 함대와 나일강 하구 아부키르만에서 벌인 해전(1798. 8. 1.~2.)에서 참패해 이집트에 발이 묶이고 말았다.

그렇다고 좌절하고 있을 나폴레옹이 아니었다. 꾸준히 프랑스 국내 정치 동향에 촉각을 세우며 기회를 엿보던 나폴레옹은 드디어 추종자 몇몇과 병력을 이끌고 영국 해군의 포위망을 뚫고서 이집트를 탈출, 1799년 10월 파리로 귀환하는 데 성공했다. 나폴레옹이 파리로 돌아온 날로부터 파리 시민과 장병 들은 그의 일거수일투족에 관심과 성원을 보내면서 하루빨리 프랑스의 영광을 회복해주길 고대했다. 이로부터 채 한 달도 지나지 않아 총재정부 핵심 정치가들의 후원을 지렛대 삼아 1799년 11월 18일 나폴레옹은 '브뤼메르Brumaire 18일 쿠데타'를 주도해 정치적 실권을 장악했다.

이후 얼마간 권력의 배후에서 지지층을 넓힌 나폴레옹은 자크 루이 다비드의 그림 〈나폴레옹의 대관식Le Sacre de Napoléon〉에서 보듯 노트르담대성당에서 화려한 즉위식을 올리면서 프랑스 황제로 즉위했다. 그의 나이 35세 때였다. 이후 그는 1815년 세인트헬레나섬으로 유배될 때까지 약 10년 동안 민법전을 편찬하고 가톨릭과의 관계를 개선하는 등 내치에 힘쓰면서, 특히 1812년 이전까지 단행한 대외 원정에서 당대의 이론가 카를 폰 클라우제비츠Karl von Clausewitz가 평가하듯 가히 '군사적 천재'에 어울리는 빛나는 승리의 발자취를 남겼다.

프랑스혁명으로 구체제는 사라지고 새로운 사회가 왔다. '짐은 곧 국가'라 큰소리치던 절대왕조가 무너졌고, 신분제의 굴레를 벗고 누구나 법 앞에 평등한 근대사회가 도래했다. 그런데 아이러니하게도 혁명에서 분출된 다양한 목소리를 법전에 담아 이

자크 루이 다비드의 〈나폴레옹의 대관식〉. 나폴레옹 대관식은
프랑스혁명으로 탄생한 공화정을 종식시키고 재차 제정을 선포한 중요한
사건이다.

를 프랑스 사회에 정착시키고 이어 유럽에 전파한 인물은 다름
아닌 프랑스 변방 출신의 황제 나폴레옹이었다. 무명 장교로 일
생을 마칠 수도 있었던 나폴레옹을 불과 15년 사이에 황제라는
최고 자리로 밀어 올린 '카오스의 날갯짓'은 1789년 7월 일어난
'바스티유 감옥 습격 사건'이었음을 기억할 필요가 있다.

인류 최초의
핵폭발 실험

잠들었던
프로메테우스를
깨우다

#트리니티실험
#맨해튼프로젝트
#오펜하이머
#오토한
#리제마이트너
#프리츠슈트라스만
#엔리코페르미
#닐스보어
#레온로젠펠트
#레오실라르드
#리틀보이
#팻맨

최근에 화약고나 다름없는 카슈미르에서 작은 총격 사건이 벌어져 오랜 앙숙이던 인도와 파키스탄이 자칫 전면전으로 나가갈 뻔한 일이 있었다. 세계가 이 먼 곳 서남아시아의 충돌에 신경을 곤두세웠다. 여러 이유 가운데 가장 큰 것은 양국이 핵보유국이라는 사실이었다. 모두가 인지하듯이 핵전쟁이 벌어지면 지구상 누구도 안전할 수 없기 때문이다.

이 두려움은 어제오늘의 문제가 아니다. 1945년 7월 16일 새벽, 미국 중서부 뉴멕시코주의 황량한 앨라모고도 인근 사막에서는 금방이라도 큰일이 벌어질 것 같은 적막감이 흘렀다. 며칠 전부터 사막을 바삐 오간 사람들의 얼굴에는 긴장감이 잔뜩 서려 있었다. 400여 명에 달하는 이들은 '트리니티 실험Trinity Test'으로 알려진 인류 최초의 비밀 핵폭발 실험을 관장, 실행하기 위해 한곳에 모인 것이었다. 이들 중에는 당일 폭발 실험을 기획하고 지휘한 케네스 베인브리지Kenneth Bainbridge보다도 핵 개발 계획 '맨해튼 프로젝트Manhattan Project'의 총책임자인 레슬리 그로브스Leslie Groves 준장과 과학기술 책임자인 로버트 오펜하이머 Robert Oppenheimer의 위상이 특히 두드러졌다.

드디어 그토록 고대하던 시간이 다가왔다. 모든 점화와 카운트다운 절차는 자동화된 전기 회로를 통해 기폭 장치로 전달됐다. 폭발 지점에서 약 9킬로미터 떨어진 곳에서 숨죽이며 지켜보던 사람들은 한마음으로 "10··· 3, 2, 1, 0"을 중얼댔다. 기상 악화로 지연된 끝에 새벽 5시 반 즈음 날이 개면서 드디어 실험이 실행됐다. 이 신무기는 플루토늄 기반의 핵폭탄으로 약 20킬로톤 (TNT 2만 톤)의 폭발력을 갖고 있었다.

오늘날의 핵폭탄에 비하면 비교 대상조차 되지 않으나 당시에는 전장의 백전노장들도 처음 경험하는 폭발력이었다. 새벽녘이라 밤처럼 어두웠지만 핵폭탄이 폭발하는 순간 태양보다 밝은 섬광이 사방에 퍼졌다. 곧이어 거대한 버섯구름이 폭발 중심에서 수백 미터 상공으로 솟구쳤다. 근처 사람들은 폭발 충격파가 내뿜은 대지의 진동과 강한 열기를 체감했다. 폭발을 지켜본 오펜하이머는 "나는 이제 죽음이요, 세상의 파괴자가 되었다"라는 힌두교 경전 구절로 두렵고 착잡한 심정을 표현했다.

2023년 여름 극장가를 강타한 영화가 있었다. 크리스토퍼 놀런Christopher Nolan 감독의 〈오펜하이머Oppenheimer〉다. 제2차 세

트리니티 시험 기지. 1945년 9월 11일 트리니티 폭발 현장에 레슬리 그로브스 장군과 로버트 오펜하이머가 나와 있다.

계대전 당시 미국의 핵폭탄 개발을 실질적으로 주도한 핵물리학자 오펜하이머의 일대기를 다룬 영화다. 한 과학자의 이야기가 반향을 불러일으킨 이면에는 우크라이나와 전쟁 중인 러시아의 블라디미르 푸틴Vladimir Putin 대통령이 "핵무기 사용도 불사하겠다"라며 위협하는 실존적 배경이 있었다. 멀리 우크라이나 전장까지 가지 않더라도 늘 북한의 핵무기 위협을 안고 사는 우리에게 이는 가상이 아니라 현실 문제이기도 하다.

가공할 위력으로 인류 종말을 초래할지도 모르는 핵폭탄은 지금으로부터 80년 전, 제2차 세계대전 끝 무렵 탄생했다. 사용 의도에 대해서는 논쟁이 있으나, 빠른 종전을 위해 인류를 대상으로 핵폭탄 위력을 실험했다는 것은 엄청난 문제가 아닐 수 없다. 1945년 8월 6일 히로시마, 그리고 8월 9일 나가사키 핵폭탄 투하 사건은 조속한 종전이라는 당대의 절실한 필요성을 인정하더라도 그 아비규환이 지금도 세계인의 눈앞에 어른거린다는 점에서 돌이킬 수 없는 문제였다.

맨해튼 프로젝트는 1942년부터 1946년까지 진행된 미국의 핵폭탄 개발 계획이다. 제2차 세계대전 중이던 1942년 6월, 미국 정부는 비밀리에 프로젝트 실행을 결정하고 핵 개발에 필요한 대규모 연구와 생산 시설 구축 계획을 수립했다. 나치 독일이 핵무기를 선제 개발할지 모른다는 우려 속에서 승리하기 위한 비책이었다. 암호명 '맨해튼 프로젝트'는 처음 사무실을 연 곳이 뉴욕

맨해튼 브로드웨이 인근이라 붙은 이름이었다. 1945년 7월 중순 이 프로젝트의 결과물인 핵폭탄이 실험에 성공하면서 제2차 세계대전 종전이 앞당겨졌고, 그후 세계는 본격적인 핵무기 시대에 접어들었다. 그 서막이 로스앨러모스사막에서 있었던 최초의 핵폭발 실험이다.

신무기의 가공할 파괴력이나 거창한 수식어와 달리 시작은 의외로 미약했다. 길게 잡아도 20세기 초, 당시 물리학의 중심지인 독일 베를린 소재 카이저빌헬름 연구소에서 맹아가 움텄다. 훗날 원자핵분열을 발견하는 독일 화학자 오토 한Otto Hahn과 오스트리아 출신의 유대계 핵물리학자 리제 마이트너Lise Meitner, 그리고 곧이어 합류한 독일 출신의 젊은 과학자 프리츠 슈트라스만Fritz Strassmann이 이곳에서 연구에 매진하고 있었다.

얼마 후 이들은 의지와 전혀 무관하게 유럽 정세의 격랑에 빠져들었다. 1938년 봄 히틀러 군대가 오스트리아를 합병하는 사건이 벌어졌다. 1933년 1월 나치당이 집권하고 히틀러가 독일 총리가 된 이래 반유대주의가 한층 기승을 부려 상황은 매우 좋지 않았다. 그 여파로 대표적인 유대계 과학자 앨버트 아인슈타인Albert Einstein이 이미 1933년 10월 미국으로 갔고, 그 전철을 따라 유럽에서 활동하던 명망 있는 유대계 학자들이 영국이나 미국의 연구 기관으로 떠났다.

이런 일이 독일에서만 벌어진 게 아니었다. 전 유럽의 지성인들이 몸살을 앓았다. 이탈리아 출신으로 1938년 노벨 물리학상을 수상한 엔리코 페르미Enrico Fermi도 아내가 유대인인 탓에 미국으로 망명했다. 유대계 오스트리아인인 리제 마이트너도 독일을 떠날 수밖에 없었다. 그녀는 어렵사리 열차를 타고 네덜란드와 덴마크를 경유해 스웨덴에 정착했다.

급변하는 정세에 유럽 과학계가 갈팡질팡하는 와중에도 핵 연구는 이어졌다. 머지않아 우라늄 붕괴와 원자핵분열을 발견했다는 엄청난 소식이 알려졌다. 앞선 연구 성과를 기초로 오토 한과 슈트라스만이 큰 업적을 이룬 것이다. 1938년 12월 중순, 두 사람은 중성자로 우라늄 조각에 충격을 가하면 우라늄 원자핵이 분열해 다른 물질이 된다는 사실을 밝혀냈다. 비밀 유지 조치에도 불구하고 소문은 곧 유럽 연구자들에게 퍼져나갔고, 학회 참석차 미국을 방문한 닐스 보어Niels Bohr와 레온 로젠펠트Leon Rosenfeld를 통해 미국 과학자들에게도 전해졌다.

원자핵분열 실험 성공 소식에 모두가 들떠 환호성을 질렀다. 하지만 흥분이 걱정과 우려로 바뀌는 데는 그리 오래 걸리지 않았다. 특히 관심을 사로잡은 것은 원자핵이 분열하면서 엄청난 에너지를 방출한다는 사실이었다. 원자핵분열을 연속시킬 방법을 알아낸다면 어마어마한 위력의 폭탄도 만들 수 있었다.

설상가상으로 마침 제2차 세계대전에 불이 붙었다. 1939년 9월 1일 새벽 독일군이 폴란드를 침공한 것이다. 전쟁은 독일과 폴란드의 충돌에 멈추지 않았다. 전쟁의 불길은 곧 서부전선, 아니 유럽 전체로 번졌다. 누구도 예외 없이 승리의 주역으로 국가를 위해 공헌해야만 했다.

산업혁명 덕에 무기와 군수품 등이 대량생산되면서 대규모 군대 육성과 무장이 가능해지자 전쟁은 총력전으로 변모했다. 승리를 위해 한 나라의 인적·물적 자원이 전부 총동원되니 당연히 대량 살상과 대량 파괴로 이어졌다. 승리에 도움이 될 만한 것이라면 무엇이든 환영하는 분위기였다. 상상 세계에서나 존재할 법한 '절대 무기'의 출현을 모두가 고대하고 있었다.

더 심각한 문제는 독일이 핵 관련 연구를 선도하고 있었다는 점이다. 광기의 지도자 히틀러가 독려할 경우 나치 독일에서 먼저 핵폭탄을 만들 수도 있었다. 미국으로 망명한 유대계 핵물리학자들 입장에서는 이런 상황을 방관하고 있을 수만은 없었다. 역시 헝가리에서 피란 온 유대계 물리학자인 레오 실라르드Leo Szilard가 구체적으로 움직이기 시작했다. 우라늄을 이용한 핵 연쇄반응으로 상상을 초월하는 에너지를 얻을 수 있고, 이를 전환하면 어마어마한 핵폭탄도 만들 수 있다는 사실을 예측했기 때문이다. 문제는 이론 단계인 핵폭탄 제조를 신속하게 현실화하려면 엄청난 규모의 자원을 쏟아부어야 한다는 점이었다.

다각도로 방법을 찾던 중 유일한 해결책으로 최강대국 미국의 역할론이 부상했다. 미국 연방 정부 차원에서 핵 개발을 지원하는 것이었다. 하지만 연구에 소요되는 예산이 엄청날 것이기에 모두가 필요성은 인정하나 누구도 뛰어들 엄두를 내지 못하는 상황이었다. 현실성 있는 방법은 대통령 루스벨트에게 사안의 심각성을 각인시켜 그의 마음을 움직이는 것뿐이었다.

그렇다면 누가 어떻게 대통령을 설득했을까? 실라르드는 대통령에게 핵 개발의 당위성을 호소하며 이를 촉구하는 편지를 쓰고, 끝에 당대 최고의 과학자로 미국인들의 존경을 받던 아인슈타인의 동의 서명을 받았다. 그의 명성을 빌려 권위와 무게를 더하려는 의도였다. 주변 인맥을 통해 아인슈타인의 서명이 담긴 편지가 루스벨트 대통령에게 전달됐고, 실라르드의 필사적인 노력에 감동했는지 루스벨트 대통령은 핵 개발의 결단을 내렸다. 마침내 핵 개발을 추진할 정부 측 위원회 인사들과 핵물리학자들이 1939년 10월 중순 워싱턴 DC의 한 회의실에서 만났다.

대통령이 승인하고 실무자들이 만났다 해서 과업이 일사천리로 진행된 것은 아니다. 복잡한 행정적·법적 절차가 기다리고 있었다. 무엇보다 첨예한 사안은 예산 확보였다. 예상과 달리 눈덩이처럼 불어난 비용이 가장 심각한 걸림돌이었다. 난항을 거듭하던 중에 의외의 방향에서 돌파구가 마련됐다. 독일의 빠른 핵 개발 실태를 담은 군의 최신 정보와 특히 영국 과학계의 전폭적인 협력이 망설이는 미 정부 당국을 움직이는 데 큰 영향을 미쳤다.

대전 발발 초기 서방에서 핵 연구에 가장 앞선 나라는 영국이었다. 영국 핵물리학자들은 우라늄으로 핵폭탄을 제조할 수 있다는 결론을 이미 검증한 터였다. 하지만 실제 핵 개발 단계로 나아갈 경우 예산 마련과 안전성이 문제였다. 개전 초 프랑스가 6주 만에 독일에 항복하는 바람에 당시 영국은 강력한 독일군에 맞서 홀로 사투를 벌이고 있었다. 재정 지원은 고사하고 국가 생존마저 위태로운 상황이었다. 독일 공군기가 수시로 날아와 런던을 비롯한 대도시에 무차별 폭격을 가하는 통에 안전을 전혀 보장할 수 없었다.

이런 상황에서 자체 핵 개발의 한계를 절감한 영국 정부가 1941년 7월 그동안 자국 과학자들이 연구한 핵 관련 보고서 초안을 미국 정부에 제공했다. 여기에는 핵폭탄을 개발할 수 있으며, 이를 위해 영국이 축적한 모든 인적·물적 자원을 미국으로 이양하겠다는 파격적인 내용이 포함되어 있었다. 드디어 그해 10월 초 영국에서 작성한 최종 보고서가 루스벨트 대통령에게 직접 전달됐다. 그리고 전문가들은 우라늄235를 원 모양으로 빠르게 분열시킬 경우 3년 이내에 엄청난 위력의 폭탄을 제조할 수 있다고 검증했다. 극비 내용은 대통령에게 보고됐고, 즉시 핵 개발에 착수하라는 루스벨트 대통령의 승인이 떨어졌다.

이렇게 맨해튼 프로젝트가 모습을 드러내기 시작했다. 미 육군 공병단 소속으로 핵 과학자들이 맨해튼의 컬럼비아대학 교정에 모여들었다. 이들은 원자핵이 분열할 때 발생하는 막대한 에

너지를 무기로 전용할 묘수를 찾아 위험한 모험 길에 올랐다. 오펜하이머와 페르미, 그리고 헝가리 출신 과학자 4인방인 레오 실라르드, 에드워드 텔러Edward Teller, 유진 위그너Eugene Wigner, 요한 폰 노이만John von Neumann 등 당대를 주름잡은 인물 거의 모두가 합류했다. 여기에 영국과 캐나다에서 파견된 과학자 수십 명이 가세했다.

엄밀하게 보면 1941년 당시에는 적국 독일의 핵 관련 연구가 한발 앞서 있었다. 그런데 맨해튼 프로젝트가 시동을 거는 즈음 가속도가 붙는 사건이 일어났다. 1941년 12월 7일 일본이 진주만을 공습하면서 미국도 공식 참전하게 된 것이다. 이제 승리를 위해서는 핵폭탄 개발을 망설일 이유가 없었다. 숙고 끝에 맨해튼 프로젝트의 총책이자 행정 책임자로 육군 공병대 소속 그로브스 장군이, 과학 분야 총책임자로 오펜하이머가 임명됐다.

마침내 맨해튼 프로젝트에 시동이 걸렸다. 하지만 곧 현실적인 문제에 부닥쳤다. 원료를 확보하는 것부터 난제였다. 지상에서 얻을 수 있는 핵분열 물질은 우라늄235와 플루토늄239가 전부였다. 일단 이 두 가지를 일정량 확보해야만 폭탄 제조 단계로 나아갈 수 있었다. 부단한 시행착오 끝에 고대하던 두 물질을 추출하는 데 성공했다. 지성이면 감천이라는 속담처럼 낭보가 이어졌다. 1942년 말 세계 최초로 페르미가 핵분열로 인한 연쇄반응을 제어할 수 있는 '시카고 파일 1호' 실험용 원자로를 만든 것이다.

하지만 문제가 완전히 해결된 것은 아니었다. 매 단계가 역사상 처음 시도하는 일이었기에 여전히 갈 길이 멀었다. 핵폭탄을 만들려면 다량의 농축 우라늄과 플루토늄은 물론이고 연속적으로 핵분열을 일으키고 이를 제어할 수 있는 대형 원자로가 필수였다. 이때부터 핵폭탄 개발은 엄청난 돈을 쏟아붓는 '돈 먹는 하마'가 될 수밖에 없었다. 그동안 어렵사리 달성한 성공은 여전히 실험 수준의 성과였다.

다행히 이때부터 세계 최대의 경제력을 갖춘 미국의 저력이 발휘되기 시작했다. 프로젝트는 비밀 유지를 위해 미국 여러 지역에 흩어져 수행됐다. 우선 핵심 연구소가 들어설 자리로 뉴멕시코의 로스앨러모스가 선택됐다. 무엇보다 비밀 유지가 중요했기 때문이다. 이어서 핵폭탄 주원료인 우라늄235 농축 공장 부지로 동부 테네시주의 오크리지가, 플루토늄239 농축 생산 연구 단지로 서부 워싱턴주 리치랜드에 있는 핸포드가 1942년 말 최종 선정됐다. 우라늄과 플루토늄을 충분히 얻기 위해서는 엄청난 공사비가 투입되는 대규모 공장과 최신형 원자로를 건설하는 것이 우선이었다.

당대 최고의 두뇌 집단과 막대한 자금력이 결합하면서 핵무기 개발을 향한 노정에 탄력이 붙었다. 핵폭탄을 만들려면 엄청난 규모의 공장을 지어야 한다며 불가능한 과업이라 단정한 닐스 보어의 예견이 빗나가기 시작했다. 상상을 초월하는 자본력과 전쟁 상황이 한계를 뛰어넘게 만들었다. 이후 2년여 동안 총 22억 달러(현재 기준 약 420억 달러)에 달하는 예산을 투입해 공장 37개를 신설하고, 총 3만 7800여 명이 동원됐다. 핵 원료인 우라늄과 플루토늄 생산을 위해 오크리지와 핸포드에 세운 공장과 실험실만 해도 당시 미국에 있던 자동차 공장을 전부 합한 것보다 컸다. 생산 인프라를 구축하면서 프로젝트는 숨 가쁘게 진행됐다. 그 결과 1945년 초 우라늄과 플루토늄을 충분히 농축할 수 있었다.

그런데 거의 막바지에 이르러 예기치 않은 변수가 발생했다. 프로젝트를 결정하고 적극 후원한 명실상부 산파역인 루스벨트 대통령이 1945년 4월 12일 갑자기 서거했다. 법과 규정에 따라 부통령 해리 트루먼이 대통령직을 승계했는데, 다행스럽게도 맨해튼 프로젝트에 대해 사실상 처음 보고받은 트루먼은 매우 긍정적이었다.

어느새 제2차 세계대전도 거의 막바지에 이르고 있었다. 전쟁의 원흉인 히틀러가 베를린 지하 벙커에서 자살하고 얼마 뒤인 1945년 5월 7일 나치 독일은 무조건항복했다. 드디어 유럽 전선의 총성이 멎은 것이다. 마지막 남은 추축국은 일본뿐이었다. 일본은 연합국이 1945년 7월 포츠담회담에서 제시한 항복 권유를 거부하고는 자국민의 희생에도 아랑곳없이 천황을 위한 '1억 명 옥쇄'를 외치며 결사 항전을 천명했다.

미국을 중심으로 한 연합군은 인명 살상을 최소화하면서 전쟁을 끝낼 묘수를 찾아야만 했다. 그 답은 1945년 7월 16일 폭발 실험에서 파괴력을 과시한 핵폭탄이었다. 과학자들은 1945년 여름 '리틀 보이Little Boy'로 불린 우라늄235 기반의 핵폭탄과 '팻 맨Fat Man'으로 별칭된 플루토늄239 기반의 핵폭탄 제조에 성공했다. 찬반이 나뉘어 격론을 거듭한 끝에 핵폭탄을 사용하기로 의견이 모였다. 대상은 일본 서부의 군수산업도시 히로시마와 그 인근의 나가사키였다.

1945년 8월 6일 인류 역사 최초로 히로시마에 핵폭탄이 투하됐다. 한순간 번쩍하는 강렬한 섬광이 뻗어나간 후 히로시마는 순식간에 '죽음의 신'이 지배하는 유령도시가 됐다. 극심한 열기와 시속 800킬로미터가 넘는 폭발풍에 사람과 건물 등 모든 것이 바스러지고 허공으로 날아갔다. 이날의 충격과 전율이 채 가시기도 전, 3일 후 또 다른 핵폭탄이 항구도시 나가사키에 떨어졌다. 불과 사흘 만에 20만 명에 달하는 사람이 그 자리에서 즉사했다. 세상에 나온 지 채 한 달도 안 된 핵폭탄은 일본의 두 도시를 희생양 삼아 만천하에 전율할 위력을 과시했다.

가공할 신무기는 조속한 종전과 전쟁 승리를 가져온 동시에 인류의 미래에 공포를 드리웠다. 제우스의 경고에도 인간에게 몰래 불을 전한 대가로 프로메테우스가 독수리에게 영원히 간을 쪼이는 형벌을 받은 이유를 비로소 이해할 만했다. 핵폭탄의 파괴

히로시마에 투하된 원자폭탄 리틀 보이. 원폭으로 5500도에 육박하는 열이 발생해 도시를 불태웠고 1945년 8월 6일 폭발 당일부터 연말까지 14만 명이 죽었다.

력은 자칫 이 세상을 파멸로 이끌 수 있기 때문이다. 이저 인류는 공포의 '절대 무기'와 더불어 살아야만 했다.

핵폭탄 개발은 문명 전환의 사건이었다. 등장 이래 핵무기는 국제정치와 국가 안보에 지대한 영향을 미쳤다. 1949년 8월 소련도 핵폭탄 개발에 성공하면서 미국과 소련의 핵무기 경쟁은 냉전 시대 안보 지형의 핵심이 됐다. 강대국들에만 해당하는 먼 나라 얘기도 아니었다. 1950년대 이래 장거리 핵 투발 수단이 개발되면서 지구상 어느 누구도 핵무기의 위협에서 안전할 수 없게 됐다.

2000년 이래 대한민국은 북한 핵무기의 위협 아래서 살고 있다. 그러다 보니 자체 '핵무장론'이 심심치 않게 흘러나온다. 북한 핵에 대응하는 동맹국 미국의 '확장 억제'에 확신하지 못하는 가운데 나온 대안적 주장이다. 북한이 핵무기를 탑재한 대륙간탄도미사일ICBM, Intercontinental Ballistic Missile로 미국 본토를 직접 타격하겠다고 위협할 경우에도 과연 미국이 우리에게 핵우산을 제공할 것인지에 다한 의구심이 있기 때문이다. 그래서 온건한 핵 전문가들조차 확장 억제보다 강도 높은 'NATO 방식 핵 공유'나 '전술핵 재배치'로 격상해야 한다고 말한다. 우리가 자체 핵무기를 개발하는 것이 방안일 수 있지만, 이는 국내외적으로 합의해야 할 현안이 너무 많고 첩첩이 넘어야 할 산이 높다는 문제가 있다.

8월

칸나에전투

군사 영웅
한니발의 탄생

\#포에니전쟁
\#카르타고
\#하밀카르바르카
\#팔랑크스
\#청야전술
\#스키피오
\#자마전투

서양 전쟁사에서 알렉산드로스Alexandros 대왕에 이어 빠짐없이 언급되는 영웅은 카르타고 바르카 가문의 한니발Hannibal 장군이다. 로마와 카르타고가 지중해 제해권을 놓고 건곤일척의 대결을 벌인 제2차 포에니전쟁에서 한니발은 탁월한 리더십과 전략전술 운용 능력을 한껏 발휘했다.

그가 이룬 업적 가운데 '망치와 모루' 전술의 대명사로 알려진 칸나에전투 대승이 첫손에 꼽힌다. 마치 대장장이가 쇠붙이를 모루에 올려 망치로 사정없이 때리는 것처럼 보병으로 적군의 주력을 고착한 후 기병 등 기동부대를 활용해 배후에서 계속 공격하는 것을 의미한다. 아군 본진(모루)이 적을 잡아둔 상황에서 또 다른 아군 전력(망치)이 적의 후위를 타격하는 전술이다.

칸나에전투는 기원전 216년 이탈리아반도 동남부 칸나에 마을 근처에서 한니발의 다국적 카르타고군이 로마 집정관 루키우스 파울루스Lucius Paullus와 가이우스 바로Gaius Varro가 지휘한 로마군과 격돌한 사건을 말한다. 8만여 명에 달한 홈그라운드의 로마군에 비해 한니발의 카르타고군은 아무리 많이 잡아도 5만 명이 채 되지 않았다. 하지만 결과는 뜻밖이었다. 불과 몇 시간에 걸친 접전에서 로마는 군사 5만 명이 사라져버리는 괴멸 수준의 패배를 당했다. 이로써 풍전등화 직전이던 로마는 수년간 수세적 전략을 유지하다 기사회생해 결국 전쟁을 승리로 마무리했다.

칸나에전투와 그 영향에 관해 몇 가지 질문을 해보자. 어떻게 한니발의 카르타고 군대가 로마 심장부까지 왔을까? 한니발은 어떻게 적지 한복판에서 원정군의 불리함을 극복하고 대승을 거두었을까? 반대로 홈그라운드의 이점을 지닌 로마군은 왜 괴멸했을까? 살아남은 로마는 어떻게 최종 승자가 될 수 있었을까?

포에니전쟁은 기원전 264~기원전 146년에 이탈리아반도를 통일한 공화정 로마와 당시 지중해 해상권을 장악했던 북아프리카 페니키아인들의 도시국가 카르타고 사이에 벌어진 전쟁이다. 모두 세 차례에 걸쳐 무려 100년 이상 이어진 이 전쟁에서 로마는 칸나에전투에 패하면서 망하는 지경에 이르렀으나 결국 이를 극복하고 최종 승리해 지중해의 패권을 차지했다.

전쟁은 왜 일어났을까? 지중해를 남북으로 가르는 이탈리아반도 중앙의 티베르 강가에서 주변 민족에 시달리며 작은 도시국가로 출발한 로마는 초반부터 살아남기 위해 끊임없이 전쟁을 벌여야만 했다. 마침내 기원전 300년경 이탈리아반도를 통일한 로마는 외부로 눈을 돌린다. 이탈리아반도에서 다른 지역으로 나가려면 배를 타고 지중해를 항해해야만 했다. 지정학상 로마가 지중해의 제해권을 장악하는 것은 피할 수 없는 운명이었다. 당시 상황에서 국가의 생존이 남동쪽에 있는 지중해의 무역 루트를 확보하는 데 달려 있었기 때문이다. 반도 북쪽은 거대한 알프스산맥이 가로막고 산맥 너머 골(갈리아) 지방에는 거칠고 사나운 켈트족이 버티고 있어 진출하기가 거의 불가능했다.

당시 지중해 해상권을 장악한 세력은 이탈리아 건너편 북아프리카(현재 튀니지 지역)에 있던 도시국가 카르타고였다. 카르타고는 기원전 7세기경 오늘날 레바논 지역에 살던 페니키아인들이 북아프리카로 이주해 세운 도시국가다. 그래서 페니키아인을 가리키는 라틴어 '포에니쿠스Poenicus'에서 포에니전쟁이란 명칭이 유래했다. 원래 거주하던 레바논 지역이 소아시아 강국 아시리아에 점령당하면서 중심지를 카르타고로 옮긴 것이었다. 북아프리카에 정착한 페니키아인들은 해상 교역에 능한 강점을 살려 빠르게 성장했고, 자연스럽게 지중해 무역을 주도하게 됐다.

카르타고는 아프리카 북부를 거점으로 이베리아반도 해안과 지중해의 큰 섬(코르시카, 사르데냐, 시칠리아)을 아우르는 광대한 영역을 지배하기에 이르렀다. 선박의 상업 활동과 지중해에 산재한 영토를 방위할 목적으로 특히 해군력 강화에 주력했는데,

주민 대다수는 상업에 종사하면서 재산 축적에 집착했기에 불가피하게 군대는 외국인 용병과 노예가 주축이었다. 3단 노선을 넘어 5단 노선, 심지어 16단 노선까지 보유할 정도로 강력한 해상 군사력을 자랑하는 카르타고의 거대한 함선에는 대형 화살을 발사하는 원거리 공격 무기 발리스타ballista나 투석기가 탑재되어 있었다.

신흥 강국 로마가 적극적으로 지중해 진출을 시도하면서 카르타고와의 충돌은 피할 수 없게 됐다. 이탈리아반도 남부의 가장 큰 섬 시칠리아 지배권을 둘러싸고 마침내 로마와 카르타고는 제1차 포에니전쟁(기원전 264~기원전 241)을 벌였다. 해군력이 약한 로마군이 '코르부스Corvus'라 불린 함선 가교를 활용해 창의적인 전술을 발휘한 덕에 승리하고 시칠리아를 차지했다. 이후 절치부심한 카르타고는 명장 한니발의 영도 아래 설욕을 목적으로 두 번째 포에니전쟁(기원전 218~기원전 202)을 일으켰다.

한니발이 이끈 카르타고 군대가 이탈리아반도를 쳐들어갔다. 기원전 218년 봄, 스물여섯 살의 한니발 장군은 대군(보병 5만 명, 기병 9000명, 북아프리카에서 고용한 베르베르족 용병들이 가져온 코끼리 40~50마리)을 이끌고 속주 스페인에서 출발했다. 그는 최대한 신속하게 골 지방으로 진군한 후 이어서 알프스산맥을 횡단해 이탈리아 북부를 급습한다는 작전을 세우고 있었다. 우선 그는 로마와 적대적인 켈트계 골 부족들과 동맹을 맺고자 했다. 동시에 로마의

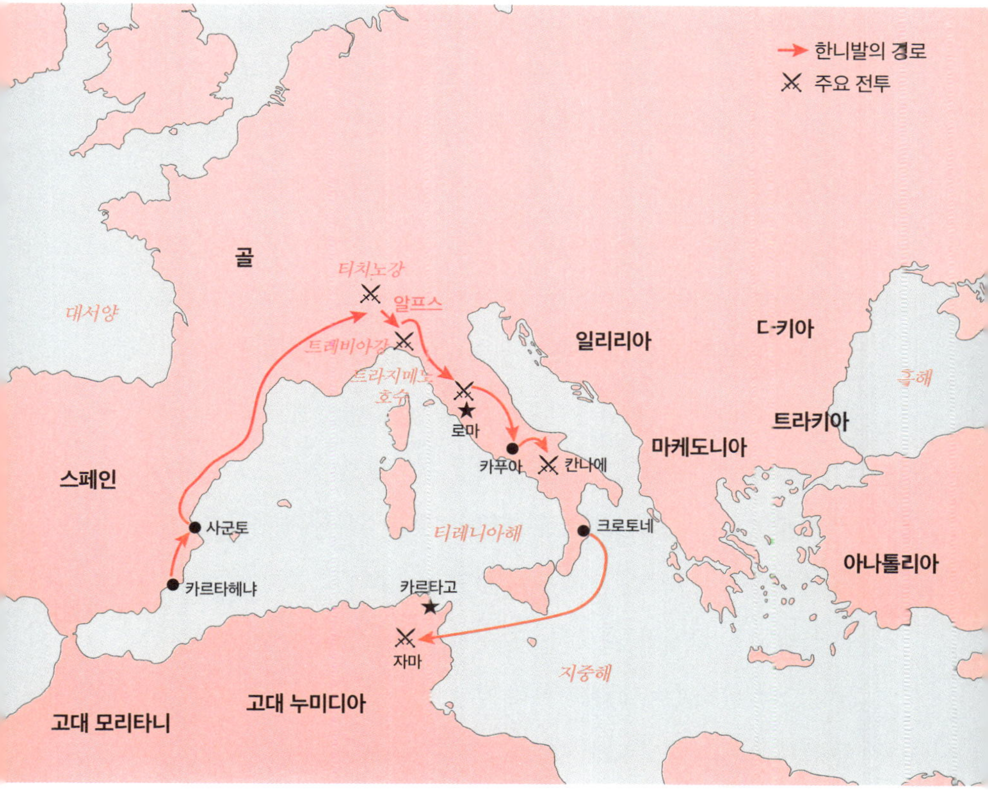

알프스산맥을 넘은 한니발의 이동 경로. 한니발은 기원전 218년 봄 카르타고의 거점 카르타헤냐를 출발해 피레네산맥을 넘었고, 알프스산맥을 가로질러 이탈리아에 진입했다.

지배를 받던 이탈리아 부족들을 해방한다는 전략으로 르마 연합 군을 와해하고 동맹 세력을 확보할 심산이었다. 성공하던 로마는 패할 것이고 역으로 카르타고는 강해질 것이라 기대했다. 무엇보다 25년 전 당한 패배의 불명예를 말끔히 씻게 될 것이었다.

한니발 군대는 왜 카르타고 본토인 아프리카 북부가 아니라 스페인 남부에서 출발했을까? 이는 아버지 하밀카르 바르카Hamilcar Barca와 관련 있다. 제1차 포에니전쟁 때 카르타고군 사령관으로 시칠리아 원정에서 명성을 떨친 하밀카르를 카르타고 본국 권력자들은 우군이 아니라 정치적 위협 세력으로 간주했다. 그래서 시칠리아 원정에 그가 처음 데리고 간 병력 이외에는 추가 병력과 자금을 지원하지 않았고 결국 로마군에 패하고 말았다. 분노한 하밀카르는 종전 후 어린 한니발과 추종자들을 이끌고 스페인으로 건너가 그곳 원주민의 땅을 정복해 속주를 건설한 뒤 자신의 방식으로 군대를 양성했다.

용병들은 군기와 정신력, 명예와 자존감으로 무장한 진정한 군인으로 거듭났다. 하밀카르의 장남 한니발은 어린 시절부터 이런 군대에서 로마에 대한 복수심을 가슴에 새기면서 다양한 경험을 쌓고 군사 지휘관에게 필요한 덕목을 다졌다. 따라서 한니발의 최고 강점은 일찍이 최일선에서 병사들과 동고동락하며 익힌 탁월한 실전 감각에 뿌리를 두고 있었다.

알프스산맥을 횡단하는 모험을 결행하면서 이탈리아 북부에 도착했을 때 한니발의 전력은 대폭 줄어 있었다(보병 3만~4만 명, 기병 6000명, 코끼리 37마리). 홈그라운드의 로마군과 비교하면 너무 기울었다. 하지만 그는 이 군대를 이끌고 세 차례나 대승을 거됐다.

한니발이 뱃길이나 해안의 편한 길을 마다하고 알프스 횡단이라는 모험을 택한 데는 이유가 있다. 제1차 포에니전쟁에 패하면서 로마가 지중해 제해권을 장악한 터였고, 설상가상 로마 군대가 한니발군을 막기 위해 요충지인 마실리아(마르세유)에 미리 진을 치고 있었기 때문이다. 알프스 방향으로 우회하는 것 말고는 달리 선택지가 없었다. 실행으로 옮기기에는 엄청난 결단력을 요하는 사안이었다. 한니발 자신과 수많은 부하의 생명, 특히 조국 카르타고의 운명이 달려 있었기 때문이다. 전쟁이 재발하면 카르타고 해군이 이탈리아 본토로 상륙하리라는 것은 로마도 충분히 예상하고 있었기에 육로인 알프스를 넘어 이탈리아 북부에서 밀고 내려가 허를 찌르는 기상천외의 작전을 그린 것이다.

천신만고 끝에 알프스산맥을 넘은 한니발은 곧 보상을 받았다. 난데없이 북쪽에서 나타난 카르타고 대군에 깜짝 놀라 황급히 북상한 로마군과 두 차례 전투(트레비아강 전투, 트라시메노호수 전투)를 치러 한니발은 열세에도 굴하지 않고 승리했다. 계속 남쪽으로 진군한 한니발은 마침내 기원전 218년 여름 칸나에 평원에 다다라 포진하기에 이르렀다.

한니발은 정치적으로는 로마 지도부와 시민들에게 불안감을 조성해 분열을 꾀하고, 전략적으로는 주로 반도 남쪽에 많던 로마 동맹 세력을 이탈시키기 위해 로마에서 멀리 떨어진 곳을 택해 칸나에까지 내려갔다. 이들 배반 동맹 세력과 연합해 로마를 공격하면 더 큰 성과를 얻으리라는 기대도 있었다. 칸나에에는 로마의 군량 창고가 있었고, 그곳을 장악할 경우 아우피두스강(오판토강)을 연해 드넓게 펼쳐진 비옥한 풀리아 지방을 통제할 수 있었다. 이에 더해 지리상으로 본국 카르타고와 가까운 이탈리아 남부에 친카르타고 세력을 형성할 수 있었고, 카르타고와 동맹 관계인 마케도니아의 필리포스Philippos5세 군대와 합류하기에도 유리했다.

결전의 날 새벽, 무려 8개 군단의 로마군 8만여 명은 얕은 아우피두스강을 건너와 포진했다. 전방에 경무장 보병을 배치하고 그 후미에 중무장 보병, 그리고 양쪽 날개에 기병을 배치한 전형적인 로마군 대형이었다. 그러나 로마군은 이때 표준에서 벗어나 중무장 보병을 횡대(가로)보다 종대(세로)로 깊게 배치했다. 이렇게 포진한 데는 두 가지 이유를 추정할 수 있다. 먼저 긴 밀집종대는 그 무게에서 발산되는 충격력으로 적진 중앙 돌파가 가능했을 것이고, 또 다른 이유로 로마군 신병들이 훈련 부족으로 횡대 대형을 제대로 유지할 수 없으리라 우려했기 때문이다. 8개 군단 가운데 고참병 위주로 편성된 4개 군단을 중앙에 배치하고, 신규 병력 4개 군단을 바깥쪽에 배치한 것은 카르타고 진영을 정면 돌파하려는 의도로 짐작할 수 있다.

이에 맞선 카르타고군은 수적으로 로마군의 절반을 조금 웃도는 5만 명(중무장 보병 3만 2000명, 경무장 보병 8000명, 기병 1만 명) 규모의 다국적군(에스파냐인, 갈리아인, 누미디아인 등)이었다 한니발은 접적전에 가운데가 볼록한 초승달 모양으로 병력을 배치했다. 포진한 카르타고군 역시 경무장 보병을 전면에, 중무장 보병을 중앙에, 양 날개에는 기병을 배치했다.

전체 병력은 로마군이 곱절로 많았으나 기병은 한니발군이 거의 두 배(로마군 기병 5000~6000명, 한니발군 기병 1만 명)였다. 이들을 좌우 양측에 배치해 로마군의 배후를 집중 공격하려 한 것인데 이것이 주효했다. 좌익에 스페인과 갈리아 출신 중기병 6000명을, 우익에 누미디아 경기병 4000명을 배치했다. 왼쪽이 하천으로 막힌 좌익과 달리 우익은 공간이 충분해 노련한 누미디아 경기병이 공격과 후퇴를 반복하며 기선을 잡는 전술을 구사할 수 있었다. 누미디아 경기병은 갑옷 없이 작고 민첩한 말을 탔고 투창 여러 개를 지닌 채 정면 충돌보다는 소규모 접전에 최적화되어 있었기 때문이다. 이런 배치 덕에 카르타고 기병대는 접전이 벌어지자 초반에 로마군 기병대를 멀리 쫓아버리고 배후에서 로마군 보병대를 타격하는 '망치' 역할을 성공적으로 수행할 수 있었다.

모루 역할은 누가 했을까? 한니발은 이베리아와 켈트족으로 구성된 경무장 보병대를 돌출된 초승달 모양으로 좁고 길게 배치하고, 정예병인 아프리카 중무장 보병을 전열 양쪽 끝어 둬 최적의 순간이 다가올 때까지 전투력을 비축했다. 의도적으로 대형 중앙부를 약화시켜 로마군이 돌출한 초승달의 중앙부를 겨냥하도록 유도했다. 이들이 바로 한니발이 의도한 '모루'였다. 모루로 받치고 망치로 두들기는 통에 그렇지 않아도 열기에 달아오른 8월의 칸나에 평원은 로마군이 흘린 피로 붉게 물들었다. 이날 전투에서 로마군은 5만 명 넘게 죽고 1만 명이 포로로 잡혔다. 이에 비해 카르타고군은 전사자가 6000명에 불과했다. 전쟁사에 길이 남을 로마군의 참패이자 카르타고군의 완승이었다.

이탈리아반도 통일 전쟁이나 이후 벌인 제1차 포에니전쟁 등에서 무적을 자랑하던 로마군은 완패했다. 전투만 보자면 카르타고 승리의 열쇠는 한니발이 취한 초승달 대형에 있었다. 한니발은 로마군이 카르타고 전열의 중앙으로 모이도록 유도한 후 우세한 기병의 기동성을 활용해 로마군의 후방을 치는 '초승달' 전술을 썼고, 사방을 에워싸인 로마군은 옴짝달싹 못 한 채 카르타고군의 포위 공격에 속수무책으로 당하고 말았다. 칸나에전투는 오늘날까지 섬멸전의 표본으로 평가받으며 로마군의 참패를 곱씹게 해준다.

한니발의 초승달 대형은 로마군의 강점을 역이용했다는 면에서 높이 평가할 만하다. 로마군은 보병 중심의 대소 팔랑크스Phalanx 대형을 유지하면서 병사들은 왼손에 대형 방패 스큐툼Scutum을, 오른손에는 글라디우스Gladius(약 70센티미터) 검을 들고 돌진해 백병전을 벌이는 방식으로 싸웠다. 따라서 각자 원활

아버지 하밀카르
바르카에게 로마에 대한
영원한 적의를 맹세하는
한니발. 1704년 서바스티앙
슬로츠 작품으로
루브르박물관에 있다.

하게 검을 휘두르기 위해서는 팔랑크스 대형 속에서 병사들이 적어도 1미터 이상 간격을 유지해야 했다. 그런데 로마군은 중앙부가 튀어나온 초승달 대형의 카르타고군을 쫓느라 공격 부대 전체가 좁다란 가운데 공간으로 몰리는 바람에 글라디우스를 제대로 쓰기 어려웠다. 게다가 카르타고 기병대에 뒤까지 막히면서 독 안에 든 생쥐 꼴로 살육에 가까운 피해를 입었다. 초승달 대형은 무적 로마군을 일거에 작동 불능으로 만든 '신의 한 수'였던 셈이다.

칸나에에서 대승한 한니발은 왜 그 여세를 몰아 수도 로마로

칸나에 전장의 한니발과 그의 군대. 패배한 로마 병사들에게서 전리품을 거두고 있다. 한니발의 압도적인 승리로 로마군이 겪은 굴욕과 막대한 손실을 극적으로 보여주는 장면이다.

직공直攻해 전쟁을 끝내지 않았을까? 역사가들은 한니발이 로마 공격을 자제함으로써 거의 손아귀에 들어온 승리를 놓쳤다고 비판하곤 한다. 심지어는 군사적으로 유능한 장군이었을지 모르나 정치적 안목이 부족해 패배자가 됐다는 평이다.

하지만 사실에 입각해 평가하자면 한니발이 칸나에에서 이긴 것은 사실이나 격한 전투로 카르타고군도 상당한 전력 손실을 입은 상황인지라 평소처럼 공격적인 전투를 지속할 수 없었다. 칸나에전투 승리 후 한니발이 진격하기보다 정치적 해결을 모색한 것은 정치가로서 미숙해서가 아니라 오히려 반대라는 것이다. 이탈리아 남부에서 동맹 세력을 얻으려면 시간을 벌어야 했다.

하지만 의도한 대로 동맹 세력을 확보하지는 못했다. 칸나에에서 참패한 후 로마인들은 한니발의 로마 동맹 세력 분리 시도에 대응해 '시민권 부여'라는 파격적 포용책으로 동맹국을 재차 규합하는 데 성공했다. 로마인이 아닌 시민도 동등하게 대우하는 '시민권 정치'로 인적 자원을 계속 보충할 수 있었던 것이다. 한니발은 17년이라는 긴 세월 동안 카르타고 본국의 도움은커녕 오히려 훼방만 당하면서 이탈리아반도 남쪽에서 소규모 작전을 펼치는 수밖에 없었다. 로마는 청야전술淸野戰術(적군이 쓸 만한 물자와 식량을 없애는 전술)에 입각한 지연술로 대응하며 꾸준히 전력을 보강한 데 반해 카르타고군은 지원도 없이 적지에서 장기간 머문 탓에 전력이 쇠했고 병사들은 지치고 말았다.

전세가 뒤집혔음을 간파한 로마는 본격적으로 설욕에 나섰다. 이것이 기원전 202년 북아프리카 자마 평원에서 귀환한 한니발의 카르타고군과 젊은 명장 스키피오 아프리카누스Scipio Africanus의 로마군이 국운을 걸고 벌인 '자마전투'다. 이번에는 긴 세월 꾸준히 한니발의 전략과 전술을 연구해온 스키피오 장군에게 한니발이 당하면서 결국 100년 넘게 이어진 포에니전쟁은 로마의 승리로 귀결됐다. 패장이 된 한니발의 운명도 급전직하했다. 자마전투 패배 후 한니발은 조국 카르타고에서 추방되어 도망자 신세로 지중해 주변을 떠돌다 기원전 183년 망명지인 소아시아에서 독배를 들이켜는 것으로 생을 마감했다. 이때 나이가 64세였다.

마지막 자마전투에서 스키피오에 패해 결국 카르타고도 망하고 한니발도 자결하기에 이르렀지만, 군사령관 한니발은 '영웅'이라 불러도 손색없는 위대한 군인이었다. 우선 미지의 상황에 끊임없이 부딪쳐야 하는 원정에서 창의적인 전술을 구사해 연승했다. 구성마저 잡다한 오합지졸 군대를 이끌었으나 이들을 일치단결시키고 특히 각자가 지닌 무기 체계의 장점을 극대화해 칸나에전투에서 대승을 거둠으로써 강대국 로마를 멸망 일보 직전까지 몰고 갔다. 더 놀라운 점은 인종도 이해관계도 다양한 다국적군을 이끌고 이탈리아반도 적지에서 본국의 지원 없이 장장 15년 이상을 버틴 사실이다.

전쟁사에 잘 드러나지는 않으나 역사를 관통해 전쟁에서 가장 중요한 요소는 보급, 군수임을 부인할 수 없다. 이를 고려하면 언제나 부하와 함께 호흡한 한니발의 솔선수범 리더십은 참으로 놀랍다. '명장 밑에 약졸 없다'는 경구를 되새기게 만드는 지도자임이 분명하다. 먼 옛날 이탈리아 남부 자마 벌판에서 작

열하는 8월의 태양 빛이 무색하게 조국의 안위와 각자의 생사를
걸고 혈전을 벌인 카르타고와 로마 장병들의 희생이 숙연하기
까지 하다.

8월

#관동군

#알렉산드르바실렙스키

소련의 대일전 참전

동아시아 공산화의 단초가 되다

#얄타회담
#태평양전쟁
#스탈린
#루스벨트
#독소전쟁
#할힌골전투
#관동군
#알렉산드르바실렙스키

1945년 8월 9일 0시, 대싱안링산맥 이북과 연해주 지역에서 숨 죽이고 대기하던 소련군 150만 명이 때를 기다렸다는 듯 서·북· 동 세 방향에서 물밀듯 남쪽을 향해 내려오기 시작했다. 지상에 서는 5500대에 달하는 T-34 탱크와 자주포가, 공중에서는 항공 기 3700여 대가 지상 병력과 함께 기동하며 굉음을 뿜었다. 기어 코 소련이 대일전에 참전해 불꽃이 타오른 것이다. 최대 3주가 소 요되리라는 예상과 달리 극경을 돌파한 소련군은 불과 1주 만인 8월 16일 일본 관동군을 격파하고 만주 일대는 물론 한반도 북부 까지 장악했다.

우리는 흔히 80년 전 일어난 이 사건이 남북 분단을 초래한 요 인이라 여긴다. 만일 이때 이 일이 터지지 않았더라면 한민족은 한반도에서 한 나라로 사이 좋게 잘살았을 거라며 아쉬움을 토로 하는 이들도 있다. 과연 그랬을까? 일본에 우호적이던 소련은 어째서 느닷없이 일본에 총부리를 겨누게 됐을까?

1939년 여름의 할힌골(노몬한) 전투를 제외하고 소련군은 1945년 8월 9일 이전에 일본군과 직접 교전한 적이 없었다. 일본과 소련은 1941년 4월 상호 불가침조약을 체결한 상태였다. 일본은 남방 지역 즉 동남아시아 쪽으로 진출하기 위해서, 그리고 소련은 유럽 지역에서 독일군에 대항하는 데 전념하기 위해서였다. 실제로 소련은 1945년 8월 9일부터 일본이 항복한 8월 15일까지(관동군은 8월 19일 항복) 동북아시아에서 단지 7일간 일본과 싸운 셈이다. 그런데 이 짧은 기간에 소련은 만주와 더불어 한반도의 38도선 이북까지 수중에 넣었다. 스탈린은 동북아시아의 드넓은 전략적 요충 지대를 별다른 저항 없이 거저 삼킨 것이나 진배없었다.

제2차 세계대전 말기 루스벨트 대통령은 무슨 생각으로 스탈린에게 이런 파격적인 선물을 안겨준 것일까? 1945년 8월 9일 새벽, 소련은 일본에 선전포고한 직후 만주 북동쪽에서 남쪽으로 거세게 밀고 내려왔다. 역사가 데이비드 글란츠David Glantz의 표현을 빌리자면 흡사 '8월의 폭풍'과도 같았다. 이는 곧 태평양전쟁을 종식하는 '끝내기 펀치'로 작용했다. 소련군의 대일전 참전은 단순한 군사작전 차원을 넘어 동아시아와 세계 정치에 지대한 영향을 미쳤다. 일본의 항복을 앞당기고 전후 동아시아 냉전 체제를 형성하는 기점이 됐기 때문이다.

소련은 1941년 이래 유지해온 일본과의 상호 불가침조약을 깨고 개전을 결정했다. 이유를 찾으려면 1945년 2월 얄타회담으로 거슬러 올라가야 한다. 유럽에서 세계대전이 거의 끝나가던 1945년 초, 연합국 수뇌인 루스벨트, 처칠, 스탈린은 태평양전쟁도 끝낼 묘책을 찾아 소련 남부 크림반도의 소도시 얄타에서 회동했다. 이 자리에서 스탈린은 유럽 전쟁 종결 후 3개월 이내에 일본에 선전포고하고 동아시아 전쟁에 참전하기로 약속했다. 태평양 전선에서 일본의 저항이 예상보다 거세고 인명 피해가 눈덩이처럼 불어나자 루스벨트 대통령은 소련을 참전시켜 일본의 항복을 앞당기려 했다. 당연히 소련을 유인할 먹잇감도 제시됐다. 만주 일부와 한반도 북부, 사할린, 쿠릴열도 등 당시 일본이 점령했던 영토가 참전 대가였다. 동아시아에서 공산주의의 영향력을 확대하려 한 스탈린의 노림수가 달성된 셈이었다.

루스벨트는 왜 굳이 망설이는 스탈린을 대일전에 끌어 들였을까? 여기에는 전략적 필요성이 있었다. 우선 일본군의 강력한 저항이 이어지고 전쟁이 장기화한다는 우려가 컸다. 이오지가 전투(1945. 2.~3.)와 오키나와 전투(1945. 4.~6.)에서 보듯 일본군은 태평양 전선에서 여전히 격렬하게 항전했다. 드넓은 남태평양의 작은 섬 하나를 점령하는 데도 전사자가 상당했던 선례로 볼 때, 일본 본토 침공 시 최대 100만 명에 달하는 인명 피해가 발생할 것으로 예측됐다. 유럽에 투입한 전력을 당장 태평양으로 돌릴 여

1945년 2월, 얄타에 모인 처칠과 루스벨트, 스탈린. 루스벨트는
태평양전쟁을 끝내기 위해 소련의 대일본 참전을 강력히 요청했고 스탈린은
독일과의 전쟁이 끝난 후 3개월 이내에 참전하기로 약속했다.

력이 없던 미국으로서는 어떻게든 소련을 끌어들여 일본의 항복
을 받아내려 한 것이다. 과거 러시아제국 시절의 이권 회복을 노
린 스탈린의 요구를 수용한 것은 이런 맥락이었다.

얄타회담이 열린 1945년 2월 미국은 달리 꺼낼 카드가 없었
다. 맨해튼 프로젝트는 아직 한창 진행 중이라 루스벨트로서는
전쟁을 빨리 끝낼 방법을 찾아야만 했다. 현실주의적 외교관이

자 전략가였던 루스벨트는 소련과의 협력이 불가피하다고 판단했다. 전후 소련과 마찰할 가능성을 예상하기도 했으나 당시에는 신속한 전쟁 종결이 최우선 과제였다.

소련에 대한 양보는 그동안 루스벨트가 펼쳐온 대소 외교에 이미 담겨 있었다. 실용주의(현실주의), 협력 그리고 전후 국제 질서에 소련을 포용하는 것이 그의 외교 기조였다. 루스벨트는 이상주의적 성향도 강했으나 전략적 필요에 따라 소련과 적극적으로 협력했다. 그는 소련의 공산주의 체제를 비판하면서도 국제사회에서 소련이 지니는 영향력까지 무시할 수 없다는 유연성을 보였다. 그렇다면 소련을 고립시키기보다는 포용, 협력하는 방향이 현실적 접근이라고 판단했다. 이에 따라 미국은 제2차 세계대전 내내 영국, 소련과 이른바 '빅 3' 체제를 유지하며 전쟁에 임했다. 심지어 전후에도 세 나라가 구축할 집단 안보 체제를 중심으로 국제 질서가 유지되길 기대했다.

엄정한 의미에서 제2차 세계대전 발발 이전 미국과 소련은 결코 원만한 관계가 아니었다. 미국은 1917년 10월 러시아혁명 이후 장기간 소련과 외교 관계를 단절했다. 그러다 민주당 출신 루스벨트가 대통령으로 취임한 1933년에 이르러서야 정식 외교 관계를 맺었다. 당시 루스벨트는 국내로는 대공황을 극복하고, 대외로는 국제 질서를 재편할 의도로 의회 보수 세력의 반대를 무릅쓰고 소련과의 관계 개선을 시도했다.

이후에도 현상 유지 정도로 일관하던 소련과의 관계가 달라진 계기는 제2차 세계대전 발발, 특히 1941년 6월 독일군의 소련 침공이었다. 독소獨蘇전쟁 발발 후 루스벨트는 소련에도 무기대여법을 적용해 군수물자를 대거 지원했다. 그는 소련을 나치 독일 격파라는 대의를 위해 협력할 연합국의 중요 일원으로 인식했다. 심지어 루스벨트는 테헤란회담(1943. 12.)과 얄타회담(1945. 2.) 등 세 거두가 회동한 자리에서도 처칠보다 스탈린과 더 친분을 과시했다.

루스벨트 대통령의 친소 경향은 얄타회담에서 성과와 한계를 동시에 드러냈다. 얄타회담에서 루스벨트는 전후 폴란드를 비롯한 동유럽 문제 처리, 유엔 창설, 그리고 무엇보다 대일전 참전 같은 주요 의제에서 스탈린의 협조를 얻어낼 수 있었다. 전후 평화 유지를 위해 공산국가 소련을 국제기구와 다자 외교에 참여시키는 포용 전략을 견지한 셈이다. 전후 미국과 소련을 중심으로 냉전 구도가 형성되면서 루스벨트가 스탈린의 팽창주의 성향을 과소평가해 소련에 너무 많이 양보했다는 비판도 있었지만, 회담 당시에는 무슨 수를 써서라도 소련을 대일전에 끌어들이는 과제가 초미의 관심사였음을 부인하기 어렵다.

그렇다면 얄타회담 당시 음흉한 책략가로 알려진 강철 독재자 스탈린은 어떤 생각을 품고 있었을까? 그가 대일전 참전을 받아들인 이면에는 동맹간 협조 수준을 넘어 철저한 전략적 이해관계가 깔려 있었다. 우선 그는 임박한 종전과 전후 상황에서 영토 획득과 세력권 확보를 계산하고 있었다. 민족주의 성향이 강한 스탈린은 1905년 러일전쟁 패배로 제정러시아가 잃어버린 영토를 되찾고자 했다. 루스벨트는 대일전 참전 대가로 이 지역의 소련 영유권을 인정했다. 이를 합당한 보상이라고 인식한 것이었다.

이렇게 현실적이고 직접적인 이유와 더불어 스탈린은 장기적으로 미국과 영극이 주도할 전후 세계 질서 형성 과정에서 소련 역시 동등한 주체로 참여하길 원했다. 때마침 참전을 요청한 루스벨트의 제안은 소련의 국익 달성은 물론 국제정치적 입지를 한껏 고양할 호기였던 것이다.

실제로 얄타회담에서 스탈린은 소기의 목적을 달성했다. 영토 획득과 더불어 유엔 창설 때 안전보장이사회 상임이사국이 되었고, 전후 폴란드와 동유럽 지역에 소련이 영향력을 행사하는 데 일정 부분 묵인받았다. 이로써 스탈린은 동유럽의 자유선거 약속을 형식적으로 수용하면서 실질적 지배력을 확보할 수 있었다. 전후 동유럽 위성국화로 이어지는 탄탄대로를 닦은 셈이다. 결론적으로 루스벨트는 독일 패전 후 3개월 안에 소련의 대일전 참전으로 태평양전쟁을 조기 종결하고, 이 기회를 포착한 스탈린은 이후 전개될 국제 질서에서 소련의 영향력 확대를 도모했다고 볼 수 있다.

불시에 닥친 소련의 선전포고에 일본은 큰 충격을 받았고, 결국 항복 결정을 내릴 수밖에 없었다. 전시에도 소련과 그런대로 원만한 관계를 이어왔기에 허를 찔린 셈이었다. 양국은 1939년 할힌골 전투에서 일전을 치른 후 1941년 4월에 5년간 유효한 일종의 상호 불가침 '소련·일본 중립 조약'을 체결한 상태였다. 이 조약 덕에 일본은 남방에 집중해 태평양전쟁에 전념할 수 있었고, 소련 역시 나치에 대응하는 데 군사력을 집중할 수 있었다. 그래서 패배가 거의 확실해진 1945년 중반 이후에도 일본은 연합군의 무조건항복 요구에 반대하면서 소련을 중재자로 내세워 연합국과 평화 협상을 추진하려 했다. 그러나 기대와 반대로 1945년 8월 9일 새벽, 만주에서 대규모 소련군이 일본을 공격한 것이었다.

소련군은 천하무적으로 알려진 일본 관동군을 단기간에 격파했다. 1945년 8월 8일 자정을 기해 일본에 전쟁을 선포한 소련군은 9일 0시부터 관동군을 향해 '만주 전략 공세 작전'으로 알려진 전면 공격을 시작했다. 소련군은 독일과의 전투로 단련된 정예 보병과 포병, 공군의 지원을 받는 강력한 기갑부대 중심의 기계화 전력으로 세 방향에서 공세를 펼쳤다. 지도부는 독일과의 전쟁에 투입된 최정예 사단 90여 개를 1945년 늦은 봄부터 시베리아 횡단철도를 이용해 은밀하게 동북아시아로 옮겨 개전을 준비했다.

하바롭스크에 둥지를 튼 소련 극동군 총사령부는 전장을 크게 세 전선으로 나눠 부대별 작전 지대를 설정했다. 제1극동전선군(키릴 메레츠코프Kirill Meretskov 장군 지휘)은 동쪽 연해주, 즉 블라디보스토크에서 한반도 흥남·함흥 방향으로, 제2극동전선군(막심 푸르카예프Maxim Purkayev 장군 지휘)은 시베리아 북부에서 아무르강을 건너 북만주 지역으로, 그리고 전차 기동군 중심의 트랜스바이칼 전선군(로디온 말리노프스키Rodion Malinovsky 장군 지휘)은 서쪽 몽골 국경에서 출발해 고비사막과 대싱안링산맥을 넘어 일본 관동군의 중심부로 진격한다는 계획이었다. 이는 전형적인 광廣정면 삼면 공격으로 전차와 기계화 부대를 대규모 동원한 기동전을 전제로 하고 있었다.

속도전을 지향한 소련군에게 관동군 70만 명보다 큰 장애물은 만주의 광대한 면적과 특이한 지형이었다. 대충 봐도 만주는 삼면이 산과 산림으로 에워싸여 사람은 물론 기계화 장치의 통행을 가로막을 것이 분명했다. 특히 서쪽 대싱안링산맥은 해발 1900미터 고지대였고, 산 너머 내몽골은 광활한 반사막지대였다. 그나마 기계화 부대가 횡단할 수 있는 통로 몇 곳도 늪지대인데다 장마철에는 진흙탕이 되는 통에 작전 수행을 심각하게 저해할 것으로 예상됐다. 옛날부터 만주는 어떤 유형으로 쳐들어오든지 침략자의 기세를 꺾기 충분했다.

이를 잘 아는 창춘 소재 관동군 총사령부는 험한 자연 조건을 이용해 소련군에 대응할 요량이었다. 소련군이 대싱안링산맥을 넘기 힘들다고 판단한 일본군은 보유 병력 대부분을 동쪽, 북쪽,

북서쪽으로 놓인 철도와 연계해서 집중 배치했다. 소련 국경 지대에는 요새를 구축했다. 하지만 당시 하얼빈에 있던 관동군 일선 사령부에서는 제1방면군을 소련군의 공격에 종심방어할 의도로 부대를 후방 깊숙이 수직선으로 배치했다. 만주 서쪽을 맡은 제3방면군은 병력을 드넓은 만주 평원 안쪽에 흩어 포진시켰다.

일본 관동군을 신속하게 격멸해 만주와 중국 동북 지역을 장악한다는 목표 아래 마침내 1945년 8월 9일 소련군 155만 명이 극동군 총사령관 알렉산드르 바실렙스키Aleksandr Vasilevsky의 지휘 아래 남쪽으로 쇄도했다. 소련군은 세 전선에서 공세를 전개했다. 이 가운데 주공인 만주·한반도 방면 공세는 소련의 대일 선전포고에 맞춰 즉각 개시됐고, 조공이던 남사할린과 쿠릴열도 공격은 만주 전선의 전황을 고려해 약간 늦게 실행됐다.

소문과 달리 '이빨 빠진 호랑이'로 전락한 일본군은 소련군의 속도전에 저항하지 못하고 6일 만에 항복하고 말았다. 하얼빈, 창춘, 무단장 등지에서 격전을 치르기도 했으나 관동군은 기계화된 소련군의 적수가 되지 못했다. 열세한 병력에 낙후한 무기, 게다가 광대한 지역에 산재한 부대 사이에 통신도 미비해 오직 정신력만 외치던 관동군은 힘이 빠지고 말았다. 소련군은 병력, 무장, 전술, 심지어 사기 등 모든 면에서 일본군을 압도했다.

한동안 천하무적으로 이름을 날리던 관동군은 왜 그토록 지리멸렬했을까? 소련군이 내려올 당시 관동군 병력은 약 70만 명이었다. 막강하다는 소문과 달리 1941년 12월 태평양전쟁이 본격화하면서 정예 병력 상당수가 남방 전선으로 전보됐다. 전쟁 말기로 갈수록 패배가 짙어지면서 특히 최전방 전선에 속하지 않던 관동군은 인적 구성도 소년병이나 노병이 주가 됐고 사기도 낮았다. 유럽에서 실전으로 연마한 소련군 전투병의 상대가 될 수 없었다. 새로 충원된 신병들의 훈련 부족은 물론이고 무려 10만 명 이상이 소총 지급조차 받지 못하는 심각한 군수물자 부족까지 겹쳐 있었다.

무엇보다 양측은 무장 측면에서 현저한 격차를 드러냈다. 태평양전쟁 때 상대적으로 후방이던 관동군은 보급망에서도 후순위였다. 그러다 보니 대부분 무기와 장비가 노후화해 소련군을 상대할 만한 전력이 전혀 아니었다. 소련군이 최신예 T-34 전차(5500대), 대포(2만 6000문), 항공기(3700기) 등 현대화한 무기로 무장한 데 비해 일본 관동군은 구식 전차(200대), 소구경 대포(1만 3000문), 낡은 항공기(1800대) 등을 갖고 있었다. 약 4년 동안 유럽 동부전선에서 독일군과 전투를 벌이면서 기량을 닦은 소련군이 압도적 전투력으로 공격하자 관동군은 두 손 들 수밖에 없었다. 현대화된 군대와 1930년대 군대의 충돌로 봐도 될 정도였다.

믿었던 관동군마저 궤멸하자 그렇지 않아도 원자폭탄 투하로 기진맥진한 일본 정부는 더 이상 버틸 수 없었다. 1945년 3월 15일 마침내 일왕이 무조건항복을 선언함으로써 약 4년에 걸친 태평양

1945년 9월 2일, 도쿄만에 정박한 미국 전함 미주리호에서 일본은 연합국에 무조건항복하는 데 조인했다. 이 조인으로 제2차 세계대전이 끝났고 한국은 광복을 맞았다.

전쟁은 끝이 났다. 승자 소련은 동북아시아에서 드넓은 땅을 차지했다. 약속대로 만주 일부와 한반도 북부, 사할린 남부, 쿠릴열도 등 전략적 요충지를 점령해 입지를 강화할 수 있었다. 항복 후 관동군 병력은 대부분 소련군 포로 신세가 되어 최대 60만 명에 육박하는 인원이 소련 내지로 압송됐다.

특히 소련군의 만주 점령은 당시 힘겹게 국공 내전을 벌이던 마오쩌둥의 공산당에 기사회생의 기회를 제공했다. 만주는 천연자원이 풍부하고 산업 기반까지 구비해 중원에서 국민당과 경쟁하던 공산당의 거점이 될 수 있었다. 소련군은 일본 관동군을 무장해제 한 후 압수한 무기는 물론 만주 땅까지 중국공산당에 넘겼다. 이를 넘겨받은 공산당 군대가 결국 중원 대륙의 주인이 된 것이다.

후일 심각한 문제를 초래한 것은 소련군의 한반도 38도선 이북 지역 점령이었다. 대전 직후 냉전 구도가 형성되면서 38도선을 경계로 미군과 소련군이 분할 점령하던 한반도는 동서 냉전의 최전선이 되었고, 한국전쟁의 불씨가 달아오르고 있었다. 스탈린, 마오쩌둥, 그리고 소련군을 따라 들어온 김일성 등 공산 진영 독재자 세 사람이 지금까지 이어지는 분단의 음모를 꾸미고 있었다.

1939. 9. 1.

독일군의
폴란드 침공

제2차 세계대전의
불길이 솟다

#히틀러
#파시즘
#국가사회주의독일노동당
#무솔리니
#스페인내란
#프랑코장군
#독소전쟁
#처칠

가을의 문턱에 막 들어선 1939년 9월 1일 새벽 4시, 정예 독일군은 국경에 드리운 차단막을 제거한 후 탱크를 앞세워 폴란드의 수도 바르샤바를 향해 쳐들어갔다. 이로부터 5년 넘게 세계를 전쟁통으로 몰아넣고야 마는 제2차 세계대전이 발발한 것이다. '모든 전쟁을 끝내기 위한 전쟁'이라 불릴 정도로 대량 살상과 대규모 파괴가 이어진 제1차 세계대전의 기억이 채 잊히기도 전에 유럽 열강은 재차 충돌했다. 앞선 대전의 주범으로 낙인 찍힌 독일은 왜 또다시 세계대전의 방아쇠를 당겼을까?

불씨를 당긴 것은 독일의 폴란드 기습 침공이지만, 근본적으로 제2차 세계대전은 독일과 이탈리아 등 호전성을 노골적으로 드러내던 파시스트 국가들의 침략 정책에서 기인했다. 1930년대 세계 대공황의 여파가 여전한 가운데 은인자중하던 이들이 야수의 얼굴을 드러내기 시작했다. 세계 평화를 깨는 첫 파열음은 저

멀리 동아시아에서 들려왔다.

1931년 일본은 만주사변을 일으켜 중국 화베이 땅을 불법 점령했다. 리턴Lytton 조사단을 보내 진상을 조사한 국제연맹이 이를 '침략'으로 규정하고 군대 철수를 결의하자 일본은 1933년 국제연맹을 탈퇴해버렸다. 명색이 세계 평화 유지 기관인 국제연맹은 이런 일본에 별다른 강제력을 발휘하지 못하고 오히려 무기력한 모습만 노출하면서 결과적으로 다른 독재자들의 영토 팽창 야욕을 자극했다.

누구보다 호시탐탐 기회를 엿보던 독일의 히틀러가 움직이기 시작했다. 대공황 덕에 기사회생한 국가사회주의독일노동당NSDAP, Nationalsozialistische Deutsche Arbeiterpartei(Nazi)을 등에 업고 그는 1933년 1월 총리로 등극했다. 민족 재건을 내세운 히틀러는 군비 증강을 막고 있던 베르사유조약을 위반했고, 국제연맹이 이를 지적하자 기다렸다는 듯 연맹을 탈퇴한 뒤 1935년 본격적으로 재무장에 착수했다. 히틀러는 노골적으로 베르사유조약을 무시하고 거리낌 없이 침략 본성을 드러냈다. 일단 고삐가 풀리자 그는 더욱더 대담해져 제1차 세계대전 패배로 상실한 유럽 영토를 야금야금 차지하기 시작했다. 1938년 봄에는 시선을 남쪽으로 돌려 자신의 모국이자 게르만족 형제 국가인 오스트리아를 합병했고 여름에는 체코 국경에서 긴장 상태를 조성해 주데텐란트 지역을 얻어냈다. 이듬해 봄에는 체코의 나머지 영토마저 집어삼키고 말았다.

히틀러와 경쟁의식을 숨기지 않던 이탈리아 파시스트 독재자 베니토 무솔리니도 뒷짐만 지고 있지는 않았다. 국제 평화를 위협하는 히틀러의 행보와 그 성공에 고무된 무솔리니는 과거 로마 제국의 영광을 재현한다는 슬로건을 내걸고 영토 팽창을 시도했다. 우선 1935년에는 1896년 제국주의 진출을 꾀한 이탈리아군에게 패전의 치욕을 안겨준 아프리카 동부의 에티오피아를 침공해 점령했다. 이에 대해 국제연맹이 성토하고 석유 금수 조치 등 경제 제재 조치를 강제하자 기다렸다는 듯 국제연맹을 탈퇴하고는 리비아와 알바니아 등 주변국을 연이어 침략했다.

라이벌이던 히틀러와 무솔리니, 두 독재자를 묶는 사건이 곧 벌어졌다. 유럽 대륙 서남쪽 이베리아반도를 들끓게 만든 스페인 내란이었다. 스페인 전체가 공화파와 왕당파로 나뉘어 1936년부터 3년여 동안 격렬한 싸움을 이어갔다. 스페인 군부 프란시스코 프랑코Francisco Franco 장군이 이끈 왕당파 파시스트 정권을 함께 지원하면서 동질감을 느낀 독일과 이탈리아는 1936년 로마·베를린 추축으로 알려진 동맹을 체결했다. 여기에 군국주의 일본이 가세하면서 방공협정이 등장했다. 대공황 이후 세계 평화를 위협하면서 국제 정세를 주도해온 세 나라가 결속한 것이다. 동상이몽의 독재자들을 묶어준 유일한 끈은 침략 정책을 지속해 자국 이익을 최대화하는 것이었다. 또 다른 대충돌로 이어지는 '파멸

1936년 9월 10일, 스페인내란 중 프랑코에 항복한 공화파 병사들. 내란은 1939년 4월 1일 프랑코의 승리로 끝났으며, 그는 1975년 사망할 때까지 스페인을 통치했다.

의 지옥문'이 열리기 시작했음을 의미했다.

전승국을 자칭하던 영국이나 프랑스는 점차 가시화되는 파시스트 국가들을 제대로 견제하지 못했다. 전후 서구 열강은 각자도생의 길로 나아갔다. 협력해도 모자랄 판에 자국 문제에 집중하느라 국제 문제에는 소홀했고, 그 결과 자연스럽게 파시스트 국가의 침략 행동에 강력하게 대응하지 못한 채 묵인하는 태도를 유지했다. 국제정치적으로는 일종의 고립주의를 지향하면서, 파시스트 국가들의 침략에 대해서는 적당히 눈감는 유화정책을 취했다.

제1차 세계대전이 끝난 뒤 전승국들은 자국 문제를 해결하는 데 급급해 공동 대처가 절실한 국제 문제에 무관심했다. 여전히 세계에서 식민지를 가장 많이 갖고 있던 영국은 전후 영연방 결속과 식민지 중심의 경제블록 형성에 집중했다. 당연히 유럽 대륙 문제에 소홀할 수밖에 없었기에 결국 1924년 프랑스가 제안한 제네바의정서 서명을 거부했다.

대전 후 세계 최강국으로 자리매김한 미국도 유럽 문제에서 벗어나는 고립주의 쪽으로 선회했다. 우드로 윌슨 대통령의 고군분투에도 결국 국제연맹 가입을 거부한 채 관세 장벽마저 높여 전후 국제 교역 회복을 어렵게 만들었다. '광란의 1920년대'를 거친 후 1929년 대공황까지 겪고 나서는 더욱더 국내 경제 회복에만 집중했다. 1930년대 중반 이래 국제적으로 침략 행동이 빈번해지는 상황에서도 이를 해결하는 데 힘쓰기는 고사하고 1937년에는 중립법마저 제정했다.

이런 전개에 불안해진 것은 또 다른 전승국 프랑스였다. 특히 국경을 맞댄 독일이 종전 후 빠르게 국력을 회복하면서 프랑스는 자국 안보를 걱정할 수밖에 없었다. 1920년대 중반 영국과 협력해 국제 문제에 대응하려던 시도가 실패하자 조바심은 더욱 커졌다. 1925년 독일과 로카르노조약을 맺어 베르사유체제를 정착시키고, 그 여세로 1928년에는 프랑스 외무 장관 아리스티드 브리앙Aristide Briand과 미국 국무 장관 프랭크 켈로그Frank Kellogg 주도로 부전조약까지 체결했으나 실효성은 미지수였다. 1930년대 중반부터 히틀러의 주도로 독일이 빠르게 군사력을 증강하니 영국이나 미국과 결속하는 데 실패한 프랑스는 차선책을 모색해야 했는데, 체코·루마니아를 비롯한 동유럽 국가들과 '소협상' 체제를 구축해 독일을 견제하려 했으나 이것도 별다른 억제력을 발휘하지 못했다.

자국 이익을 우선하는 분위기에서 취할 수 있는 선택지는 제한될 수밖에 없었다. 평화 유지라는 대의명분을 전제로 파시즘에 강력하게 대응하기보다는 이들의 요구를 적당히 묵인하고 인정하는 방향으로 흘러갔다. 유화정책으로 불린 이러한 입장이 가장 극명하게 나타난 사건이 1938년 9월 뮌헨에서 열린 네 거두(히틀러, 무솔리니, 영국 총리 네빌 체임벌린, 프랑스 총리 에두아르 달라디에Edouard Daladier)의 회담이었다.

3일에 걸친 회담 끝에 1938년 9월 30일 체결된 뮌헨 협정으로 히틀러의 요구 사항이 관철됐다. 회담의 빌미도 히틀러가 만든 것이었다. 1938년 봄 오스트리아를 합병한 히틀러는 이에 만족하지 않고 독일인 거주지를 이유로 내세우며 동남부 국경인 주데텐 지역을 내놓으라고 체코를 위협했다. 제1차 세계대전 종전 후 어렵사리 유지해온 평화 상태에 금이 갈지도 모른다는 위기감에 체임벌린과 달라디에가 뮌헨으로 날아간 것이다.

뮌헨 협정으로 히틀러는 피 한 방울 흘리지 않고 체코의 주데텐 지방을 차지했다. 국경의 방어 진지 대부분이 독일 영토로 편입되면서 체코는 무방비 상태나 다름없는 처지가 됐다. 회담 당시 히틀러는 체코의 나머지 영토에 대해서는 아무 요구도 하지 않겠노라 호언하며 체임벌린과 달라디에를 안심시켰다.

이 약속이 거짓이었음이 드러나는 데는 몇 개월이 걸리지 않았다. 1939년 봄 독일군이 체코를 침공해 점령했기 때문이다. 결과적으로 뮌헨회담은 유럽 내 평화 유지는 고사하고 독재자들의 침략 야욕을 부추겼으며, 무엇보다 서방과 소련 사이에 불신의 골을 깊게 만들었다. 역사적으로 동유럽과 이해관계가 깊은 소련이 뮌헨회담에 배제된 탓에 스탈린은 이 회담이 서방 자본주의 국가들의 방공망 결속이 아닌가 의심했다.

평화의 끈을 놓지 않으려는 소망은 전혀 예기치 못한 사태로 무산되고 말았다. 이듬해 3월 체코의 나머지 영토마저 병합한 히틀러가 동프로이센 영토와 연결한다는 이유로 폴란드 회랑지대와 국제연맹이 관할하던 자유도시 단치히를 요구했다. 약속을 파기한 히틀러의 행동에 결국 영국과 프랑스는 유화의 꿈에서 깨어나 강경 대응책으로 돌아섰다.

일촉즉발의 위기감이 감돌던 무렵 서방 진영을 깜짝 놀라게 만든 불길한 소식이 전해졌다. 모스크바에서 히틀러의 외무 장관

요아힘 폰 리벤트로프Joachim von Ribbentrop와 스탈린이 맺은 독소불가침조약(1939. 8. 23.)이었다. 긴 세월 철천지원수로 비방하며 대립해온 나치즘과 볼셰비즘이 친구가 된 것이다. 이념 차이는 현실적 이해관계 앞에서 무너지고 말았다. 이제 동서 두 전선에서 적군에 대응해야 한다는 고질적인 '방위 트라우마'에서 벗어난 히틀러가 폴란드를 치는 것은 시간문제였다. 그리고 벼락같이 그날이 오고야 말았다.

1939년 9월 1일 새벽 독일군 기갑부대가 폴란드를 침공하면서 제2차 세계대전의 막이 올랐다. 국경을 넘은 독일군은 빠른 속도로 진격했다. 애국심으로 무장한 폴란드군은 저항했으나 무기 체계 차이를 극복하지 못했다. 전쟁 초반 독일군의 트레이드마크가 된 전격전 앞에서 후퇴를 거듭할 수밖에 없었다. 설상가상 독소불가침조약 비밀 협약에 따라 동쪽에서 소련 적군赤軍마저 들어오면서 불과 한 달여 만에 폴란드는 두 손을 들 수밖에 없었다. 불행히도 약소국 폴란드는 독일과 소련이라는 두 강대국의 침략으로 양분되고 말았다.

폴란드 점령 후 7개월여 재정비를 마친 독일군은 서쪽으로 총부리를 돌렸다. 1940년 4월 덴마크와 노르웨이 공격을 시작으로 서부전선 공세를 퍼부었다. 제1차 세계대전 종전 후 독일과 국경을 연해 축조한 진지(이른바 마지노선)를 믿고 있던 프랑스군 수뇌부의 기대는 여지없이 빗나갔다.

1939년 9월 21일, 폴란드 그단스크의 베스테르플라테 전장을 방문한
히틀러(가운데). 제2차 세계대전이 시작된 곳이다.

탱크를 앞세운 독일군은 초반부터 파죽지세로 프랑스 영토를
양분하며 프랑스군과 영국군 파병 부대를 궁지로 몰아넣었다. 하
인츠 구데리안Heinz Guderian 장군과 에르빈 롬멜Erwin Rommel 장
군이 지휘하는 독일 기갑부대의 진격으로 벨기에 땅에 포위된 연
합군 병력 33만여 명은 도버해협의 항구로 내몰리는 신세가 되

고 말았다. 다행히도 독일군의 미스터리한 일시 중지 덕에 이른 바 '덩케르크 철수'에는 성공했으나, 기댈 만한 언덕이 사라진 프랑스는 불과 6주 만인 1940년 6월 22일 항복하고 말았다. 유럽 강국이자 제1차 세계대전의 전승국인 프랑스가 어이없게 무너진 것이다.

이제 남은 것은 영국뿐이었다. 결국 영국도 버티지 못하고 곧 독일이 제안하는 평화협상에 응하리라 예상했다. 하지만 히틀러의 복안은 보기 좋게 빗나갔다. 체임벌린을 이어 1940년 5월 영국의 대표 강경론자인 윈스턴 처칠이 신임 총리로 선출됐다. 아니나 다를까, 처칠은 취임 초부터 애국심과 결사 항전을 부르짖었다. 국민 단결의 모토가 된 '피와 땀과 눈물'이라는 의회 연설 속에 그 결기가 담겨 있었다.

막강한 영국 해군이 버티는 상황에서 상륙작전이 불가능하다고 인지한 히틀러는 공군력을 이용하는 방향으로 나아갔다. 공군장관 괴링의 호언장담이 결심을 재촉했다. 이후 4개월 동안 영국과 독일의 필사적인 공중 전투가 벌어졌다. 역사는 이를 '영국 전투'라 적었다. 초반에 우세를 점한 독일 공군이 런던 무차별 폭격으로 목표를 전환하면서 영국인들의 결속력과 저항은 더욱 거세졌다. 애국심이라는 무형 전력과 곧 우위를 점한 공군력에 힘입어 영국은 독일의 침공을 막아낼 수 있었다.

침공에 실패한 히틀러는 잠깐 주춤했을 뿐 한층 거창한 야욕

나치 독일이 동맹군과 함께 소련을 침공한 바르바로사 작전.
독소불가침조약을 깨고 소련군을 단기간에 괴멸시키려 했으나 패착이었다.
파괴된 소련 전투기와 독일 항공기들이 보인다.

을 드러냈다. 대서양 쪽에서 현상을 유지한 채 오랜 꿈인 소련 땅
정복에 나선 것이다. 게르만족의 공간을 확보한다는 인종주의적
미명으로 동쪽으로 방향을 돌린 것이었다. 1941년 6월 22일 암
호명 '바르바로사 작전'에 입각해 무려 300만 명이 넘는 독일군
이 탱크를 앞세우고 소련 국경선 안으로 밀고 들어갔다. 약 2년

전 체결한 불가침조약에도 불구하고 독소전쟁이 벌어진 것이다.

동부전선 전역에 걸쳐 엄청난 규모의 독일군이 빠른 속도로 소련 영토 깊숙이 진격했다. 독일군의 공격 징후 정보를 믿지 않은 스탈린의 오판 탓에 소련군은 후퇴를 거듭해야만 했다. 초반에 대승을 거둔 독일군은 그해 연말 북쪽으로는 레닌그라드, 중앙으로는 모스크바 근처, 남쪽으로는 우크라이나 곡창지대까지 진출했다. 하지만 소련군의 결사 항전과 더불어 광대한 땅과 기후가 발목을 잡았다. 150년 전 나폴레옹의 악몽이 재현될 조짐이 나타났다. 겨울이 다가오면서 독일군이 자랑한 전격전의 무기 체계가 혹한에 제 기능을 발휘하지 못했다. 전진은 고사하고 소련군의 반격에 대응하느라 전전긍긍해야만 했다.

두 독재자의 명암이 갈린 곳은 소련 남쪽 깊숙이 볼가강에 연한 스탈린그라드였다. 6개월여(1942. 8.~1943. 2.) 치열한 시가전 끝에 엄청난 희생을 감수하면서 마침내 소련군이 승리했다. 그해 여름 태평양에서 미군이 일본군을 상대로 벌인 미드웨이해전(1942. 6.)에서 승리한 것과 더불어 전쟁 국면이 연합국에 유리해지는 계기였다. 일본군의 진주만 기습(1941. 12. 7.)으로 제해권을 상실한 미군이 이를 되찾는 결정적 승리였기 때문이다.

서부전선에서도 연합군 대반격이 시작됐다. 북아프리카에서 서막을 연 연합군의 반격은 1944년 6월 노르망디상륙작전으로 표출됐다. 양 전선에서 강력한 공격에 직면한 독일군은 빠르게 무너졌다. 마침내 이탈리아에 이어서 이듬해에 나치 독일마저 무조건항복(1945. 5. 7.)함으로써 전쟁은 연합군의 승리로 가무리됐다. 가미카제 특공대를 조직해 저항하던 일본도 히로시다와 나가사키에 원자폭탄이 투하되고 소련군이 내려오자 1945년 8월 무조건항복하고 말았다. 이로써 1939년 9월 1일 독일군의 폴란드 기습으로 불이 붙어 5년 이상 5000만 명의 피로 세계를 물들인 두 번째 세계대전이 끝이 났다.

이제 세계는 진정한 평화를 되찾았을까? 그렇지 않았다. 세계 평화의 염원이 한낱 신기루였음이 드러나는 데는 그리 오랜 시간이 걸리지 않았다. 동부전선에서 소련군이 승기를 잡기 시작하면서 불길한 징조가 나타났다. 연합국의 승리가 다가오면서 최강 대국으로 대두한 미국과 소련 간에 갈등이 표면화하기 시작했다. '냉전'의 얼굴은 명칭과 달리 벌겋게 달아올랐다.

#봉건사회

노르만 공작
윌리엄의
잉글랜드 원정

'정복왕'으로
역사에 기록되다

#윌리엄정복왕
#프랑크왕국
#바이킹
#헤이스팅스전투
#웨스트민스터사원
#노르만왕조
#둠즈데이북
#봉건사회

영국의 수도 런던에서 주로 기억에 남는 장소를 꼽자면 국회의사당과 그 주변의 웨스트민스터사원, 런던탑, 그리고 인근의 윈저성 등일 것이다. 이런 명소에서 자주 접하는 인물이 있으니 바로 노르만 공작 윌리엄, 즉 윌리엄 정복왕William the Conqueror이다.

윌리엄1세는 잉글랜드 왕위계승권을 둘러싼 세력 다툼 속에 프랑스 노르망디의 영지에서 군대를 이끌고 브리튼 섬을 침공했다. 1066년 가을 잉글랜드 동남부 헤이스팅스에서 벌어진 전투에서 잉글랜드 왕 해럴드Harold의 군대를 격파하고 잉글랜드 정복자로 세계사에 이름을 남겼다. 그가 세운 노르만왕조는 이후 약 90년(1066~1154) 동안 잉글랜드를 지배했다.

바이킹의 후손 윌리엄은 왜 도버해협을 횡단해 잉글랜드로 갔을까? 잉글랜드 침공에 그는 어떤 준비를 했을까? 상륙군이라는 핸디캡에도 불구하고 어떻게 헤이스팅스 전투에서 승리할 수 있

정복왕 윌리엄은 오늘날 프랑스 노르망디 지방 캉에 있는 생테티엔 수도원에 안장됐다. 16세기 위그노전쟁과 18세기 프랑스혁명 때 무덤이 훼손되는 수난을 겪었다.

었을까? 승리의 일등공신 기마군의 위력은 얼마나 대단했을까? 그리고 '정복왕 윌리엄'은 이후 영국사에 어떤 영향을 미쳤을까?

윌리엄이 시대의 주인공으로 등장하기 전 유럽은 사회 시스템이 뒤흔들리는 소용돌이 속에 있었다. 로마제국이 쇠퇴의 길로 접어든 4세기 후반 동쪽에서 아시아계 훈족이 침략했다. 이는 긴 세월 흑해 연안과 라인강 북쪽에 부족 단위로 흩어져 살던 게르만족에게 일대 충격이었다. 이후 로마제국은 민족이동이라는 격랑에 휩쓸리며 재기 불능 상태에 빠졌다. 이런 혼돈 속에서 476년 멸망한 서로마제국을 계승해 서유럽을 재통합한 승자는 프랑크족이었다. 지금의 서부 독일 아헨을 거점으로 영토를 확장한 프랑크족은 샤를마뉴Charlemagne 대제(재위 768~814) 때 서유럽 영토를 대부분 정복했다. 그 덕에 샤를마뉴는 로마교황으로부터 '서로마제국의 계승자'로 공식 인정받았다.

하지만 샤를마뉴가 세상을 떠난 후 프랑크왕국은 반복되는 왕권 다툼으로 분열해 중앙 권력은 미약해지고 지방분권화가 가속화됐다. 9~10세기 말 서유럽은 사방에서 이민족이 쳐들어왔다. 남쪽에서는 사라센인이, 동쪽에서는 마자르인이, 북쪽에서는 노르만인이 쇄도해 약탈과 파괴를 자행했다. 중앙 권력의 부재로 이런 침략에 효과적으로 대응할 수도 없었다. 가장 심각한 피해를 준 것은 북쪽 노르만인들이었다. 이들은 북유럽에 흔한 '작은 만 거주자'란 의미에서 '바이킹Vikings'이란 이름으로 잘 알려져 있다. 바이킹은 유틀란트반도와 스칸디나비아반도 지역에 살면서 발달한 조선술과 항해술로 10세기 전후한 시기 서유럽 해안 지방을 먹잇감 삼아 약탈과 살상을 일삼았다.

바이킹은 거의 2세기 동안 서유럽 지역을 공포의 도가니에 몰아넣었다. 철제 투구, 가죽 또는 쇠사슬 갑옷, 원형 방패로 적의 무기를 막고 창, 칼, 프랑키스카francisca라는 투척용 도끼(손잡이 60센티미터, 전체 날 40센티미터)로 무장했다. 특히 가볍고 빠른 배를 타고 해안에 기습 출몰해 마을을 약탈한 후 도주하는 '히트 앤드 런hit and run' 전술로 당시 유럽인들의 간담을 서늘하게 만들었다.

바이킹은 프랑스 서부 해안 노르망디 지방을 차지했다. 연이은 약탈에 시달리다 못한 프랑크왕국이 이 지역을 바이킹의 한 일파에게 할양했기 때문이다. 서프랑크왕국의 샤를3세는 911년 바이킹의 한 부족과 생클레르쉬레프트 조약을 맺고, 이들의 지도자 롤로Rollo에게 센강 하구의 노르망디 지역을 봉토로 수여해 정착을 유도했다. 드센 바이킹을 이 지역에 정착시키고 이들을 이용해 다른 바이킹의 침략을 막아보려는 방책이었다.

이런 소문이 바이킹의 원래 거주지인 스칸디나비아반도에도 전해지자 척박한 환경에서 어렵사리 살던 주민들이 차츰 노르망디 지방으로 이주했다. 이들은 프랑크왕국의 언어와 관습, 종교 등을 적극적으로 받아들이면서 안정적으로 뿌리를 내렸다. 롤로의 뒤를 이어 공국을 물려받은 통치자들도 선조의 유지를 따라 프랑스 서부 해안 지방에서 세력을 넓혔다.

윌리엄은 어떻게 노르망디 공국의 통치자가 되었을까? 제6대 노르망디 공작인 윌리엄은 로베르Robert 1세와 평민 출신 에를르바Herleva 사이에서 태어났다. 모친이 정실이 아니었기에 윌리엄은 서자였다. 태생적인 약점에도 로베르1세가 일찌감치 윌리엄을 후계자로 언명한 덕에, 1035년 성지순례에서 귀환하던 로베르1세가 병사했음에도 큰 어려움 없이 공작 지위를 계승할 수 있었다. 하지만 겨우 일곱 살 나이에 공국을 물려받아 시작부터 각종 위협에 시달려야만 했다. 반대 세력들은 윌리엄이 서자라서 대를 이을 자격이 없다는 점을 집요하게 물고 늘어졌다.

그러나 이런 초창기 난제들을 극복하면서 윌리엄은 지략과 결단력을 겸비한 유능한 지도자로 성장했다. 1042년 프랑스 왕으로부터 기사 작위를 받은 윌리엄은 1047년 반대파 연합 세력을 격파하면서 확고하게 노르망디 공국의 통치자로 자리 잡았다. 어린 나이에 후계자가 되어 겪은 쓰라린 경험 덕분인지, 그는 굳센 의지와 집요한 집념, 무엇보다 빠르게 상황을 파악해 적시에 결단을 내리는 자질을 갖추게 됐다. 게다가 장신에 떡 벌어진 체격까지 갖춰 타고난 군사령관의 풍모를 풍겼다.

윌리엄은 국내의 복잡한 세력 다툼에서 승리하며 긴 세월 영토를 넓혀나가다 본격적으로 외부 세계로 눈을 돌렸다. 내실 있게 준비해온 그에게 드디어 기회가 찾아왔다. 1066년 영국 왕 에

드워드2세Edward the Confessor(재위 1042~1066)가 후사 없이 죽으면서 잉글랜드의 왕위 계승 문제가 대두됐다. 당시 왕위 계승권 다툼은 명분이 어떻든 '영토 쟁탈전'이나 다름없었다. 공석이 된 잉글랜드의 왕위를 놓고 세 명의 유력자가 왕실과의 친인척 관계를 내세우며 저마다 정당한 계승권자임을 주장했다. 노르웨이 왕 하랄 하르드라다Harald Hardråde, 에드워드의 왕비였던 에디스의 아들 해럴드 고드윈슨Harold Godwinson(통상 해럴드로 칭함), 그리고 노르망디 공작 윌리엄이 주인공들이었다. 공교롭게도 셋 중 누구도 잉글랜드 왕실의 순혈이 아니었기에 어차피 왕위 쟁탈전은 힘겨루기로 결판날 수밖에 없었다.

먼저 유리한 고지에 오른 인물은 해럴드였다. 선왕 사망 직후 에드워드와 잉글랜드의 유력 귀족들이 그를 왕위 계승자로 결정하고 서둘러 웨스트민스터 수도원에서 즉위식을 거행했다. 다른 두 사람이 즉각 반발한 것은 당연했다. 특히 윌리엄은 왕위 계승 서열을 따져 자기가 진정한 후계자라고 주장했다. 에드워드가 잠시 노르망디에 망명했을 때 자신을 후계자로 낙점했고 심지어 해럴드도 이에 동의한 적이 있다고 주장했다. 물론 이를 인정하는 사람은 거의 없었으나 진위 여부에 상관없이 윌리엄은 이를 명분으로 침공 계획을 구체화했다. 마침내 1066년 9월 28일 총 병력 8000여 명을 함선 600~700척에 싣고서 잉글랜드 동남부 헤이스팅스 인근에 상륙했다. 그의 군대에는 최대 2500명에 이르는 기마병이 포함되어 있었다.

윌리엄은 대륙에서 가장 가까운 도버 해안이 아니라 왜 하필 거리가 있는 헤이스팅스 쪽으로 상륙했을까? 전략적으로 유리했기 때문이다. 윌리엄이 이끈 대규모 병력과 함선이 내리기 적당할 만큼 해안이 넓은 것은 물론이고 잉글랜드 왕으로 막 즉위한 해럴드의 개인 영지가 헤이스팅스를 포함한 페븐시 지방에 있었기 때문이다. 만일 해럴드가 외침으로부터 자신의 영지조차 방비하지 못하는 인물로 소문이 나면 국왕으로서의 위신은 물론이고 군사적인 평판도 추락할 것이 불 보듯 뻔했다. 직계 혈통이 아니라 다른 귀족들의 추대를 디딤돌 삼아 왕위에 오른 해럴드 입장에서는 감당하기 힘겨운 핸디캡이 될 것이었다. 게다가 아직 중앙집권이 강하지 않은 상황에서 주 수입원인 영지가 침략군에 짓밟힐 경우 재정적으로도 심대한 타격을 입을 수밖에 없었다.

복잡한 상황에서 왕위에 오른 해럴드는 정국을 안정시키기 위해 혼신의 노력을 기울였으나 애석하게도 운이 따르지 않았다. 윌리엄 군대가 잉글랜드 동남부 해안으로 상륙하기 직전 그는 군대를 이끌고 도리어 잉글랜드 북부로 향해야 했기 때문이다. 도버해협 건너편에서 윌리엄이 잉글랜드 침공을 준비하는 사이 또 다른 경쟁자 하랄 하르드라다가 먼저 함선 300척을 앞세워 요크 지방을 기습한 것이다. 이에 해럴드는 신속하게 북진해 9월 25일 요크 동쪽 스탬퍼드 다리 인근에서 전투를 치렀고 다행히 노르웨이 침략군을 대파할 수 있었다.

하지만 승리의 여신이 함께한 것은 여기까지였다. 악재를 극복하며 침략군을 물리친 기쁨에 들떠 있던 해럴드에게 청천벽력 같은 소식이 날아들었다. 변덕스러운 바람 때문에 그동안 노르망디에 발이 묶였던 윌리엄의 군대가 9월 28일 잉글랜드 동남부에 상륙했다는 급보가 전해진 것이다. 병사들의 피로 누적을 구실로 북쪽에 머물 상황이 아니었다. 숨 돌릴 여유도 없이 왕실 경호 병력을 이끌고 강행군해 400킬로미터나 떨어진 남쪽으로 내려와야 했다.

그나마 서둘러 남하한 덕에 해럴드의 군대가 유리한 지점을 선점할 수 있었다. 양군은 10월 14일 헤이스팅스의 완만한 구릉지에서 대치했다. 쌍방이 최대 8000~1만 명의 병력을 거느리고 있었으나 주력군에는 상당한 차이가 있었다. 보병 위주인 해럴드의 군대는 약 1000명의 왕실 경호대가 주축이었다. 이들은 철제 투구에 칼, 창, 대형 도끼, 원형 방패로 무장하고 있었다. 주로 현지에서 징집한 다른 병사들의 무장 상태는 매우 허술했다. 일부는 석궁과 활을 갖고 있었으나 대부분은 창, 벌목용 철도끼나 심지어는 조잡한 돌도끼를 든 병사도 있었다. 그나마 먼저 전장에 도착해 구릉 고지대를 선점하고 방패를 맞댄 밀집 대형으로 포진한 것이 천만다행이었다.

지형상 저지대에 포진한 탓에 불리하기는 했으나 전투력 면에서는 윌리엄의 노르만 군대가 우위에 있었다. 절반에 닿하는 병력이 기마병과 궁수였기 때문이다. 이미 널리 위세를 떨쳐온 중무장 기마병들이 압도적인 위용을 과시했다. 상륙 후 전열을 정비한 윌리엄은 전체 병력을 병종 위주로 셋으로 나눠 대형을 취했다. 제1전열에 궁수 부대, 제2전열에 중보병 부대, 그리고 제3전열에 기마대를 배치했다. 공격 명령이 떨어지자 먼저 궁수들이 구릉지에 포진한 잉글랜드 군대를 향해 화살을 날리고, 이어서 보병대가 전진해 파상공격을 했다. 잉글랜드 군대가 방패를 맞대고 밀집해 1차 공격을 버텨내자 이번에는 후방에 있던 기마대가 돌격했다. 그런데 밀물처럼 쇄도해 연속 타격해도 해럴드 국왕을 중심으로 단합한 잉글랜드군의 방어 대열은 흔들림이 없었다.

　다만 잉글랜드군이 언제까지 버틸지는 미지수였다. 긴 행군으로 병사들이 지칠 대로 지친 데다 무장도 윌리엄의 군대가 월등했기 때문이다. 마침내 1066년 10월 14일 오전부터 팽팽하게 대치하던 전선에 균열이 생겼다. 온종일 이어진 격전에서 줄기차게 공격을 퍼붓던 윌리엄 기마대가 늦은 오후가 되자 지친 탓인지 갑자기 무질서하게 후퇴하기 시작했다. 적군의 퇴각에 순간 고무된 잉글랜드 병사들이 대열에서 이탈해 도망가는 기마대를 추격해 구릉 아래로 앞다퉈 내려갔다. 이것이 치명적인 실수였다. 하루 종일 단단한 얼음벽처럼 유지해온 잉글랜드군의 밀집 대형이 순식간에 무너졌기 때문이다.

용맹스럽게 공격을 감행하던 기마대의 갑작스러운 퇴각은 월리엄의 교묘한 기만 작전이었다. 아니나 다를까 황급히 후퇴하던 기마병들이 한 지점에 이르자 갑자기 선회해 흐트러진 잉글랜드군을 공격하기 시작했다. 잉글랜드 병사들이 용맹스럽게 대응했으나 대형이 와해된 상황에서 보병이 기마병을 상대하기는 거의 불가능한 일이었다. 기울어진 전세를 어찌할 도리가 없었다. 설상가상 격전 중 최고 사령관격인 해럴드 국왕마저 한쪽 눈에 화살을 맞고서 말에서 떨어져 죽고 말았다. 잉글랜드군은 빠르게 무너졌다.

힘겨운 접전 끝에 헤이스팅스 전투에서 승리해 교두보를 확보한 월리엄은 빠르게 잉글랜드 동남부를 점령하면서 런던으로 진격했다. 해럴드의 사망으로 구심점을 잃은 잉글랜드인들은 제대로 저항하지 못했다. 손쉽게 런던을 점령한 월리엄은 그해 성탄절 요크 대주교의 입회 아래 웨스트민스터사원에서 즉위식을 거행하고 잉글랜드의 국왕임을 만천하에 공표했다. 앵글로색슨 왕국의 시대가 끝나고 '정복왕 월리엄'의 노르만왕조가 열리는 순간이었다. 대관식을 계기로 노르망디 공작 월리엄은 서자 월리엄에서 잉글랜드의 정복 군주로 화려하게 역사에 이름을 남겼다.

헤이스팅스 격전에서 승패를 결정한 무장력은 기마병 부대였다. 보병 위주로 편성된 잉글랜드에 맞서 '게임 체인저' 기마군을 동원해 결국 성공한 것이었다. 노르망디에 정착한 바이킹의 후예

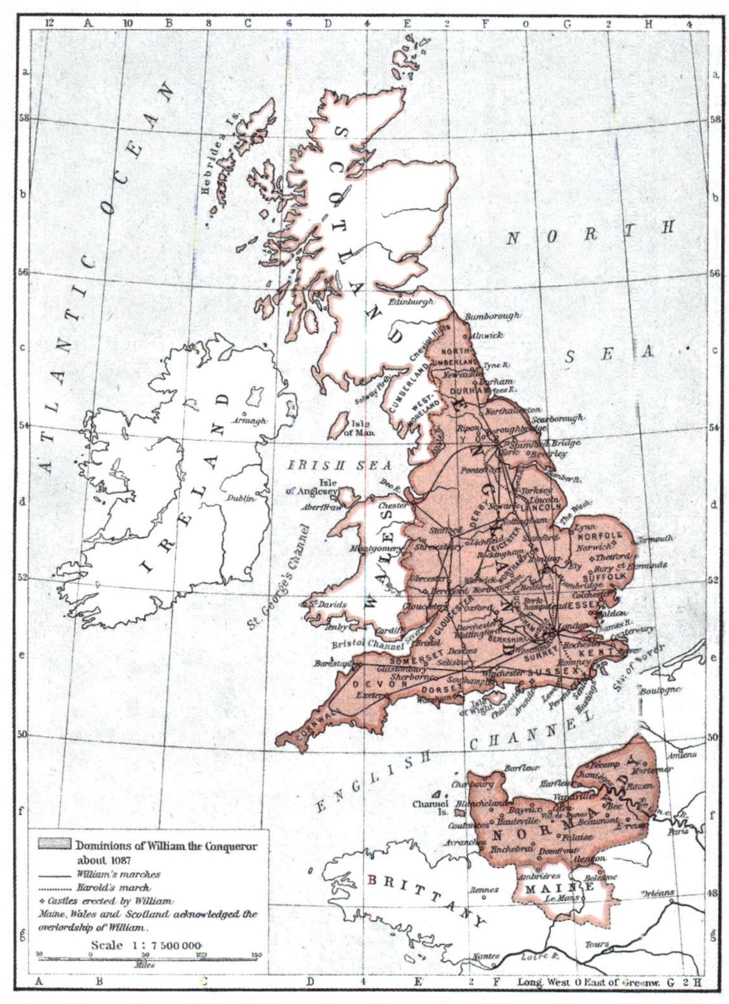

1087년경 정복왕 윌리엄의 영토. 윌리엄이 잉글랜드를 차지하면서 잉글랜드는 유럽 정치에 깊이 관여하기 시작했고, 중세 후기 프랑스와 영토 다툼과 패권 경쟁을 벌이게 됐다.

들은 프랑스로부터 발달한 전쟁 기법을 수용해 체화하고 이를 꾸준히 개선해왔다. 그 덕에 역대 노르망디 공작들이 대를 이어가며 심혈을 기울여 육성한 중무장 기마병은 잉글랜드 원정 이전에 이미 유럽 대륙에서 명성을 떨치고 있었다.

윌리엄 기마병의 주 무기는 쇠촉이 달린 약 3미터 길이의 창과 1미터 정도 되는 양날 검이었다. 보통은 적 진영 중앙부로 쇄도해 들어가 창으로 적병을 찌르고 여의치 않을 때는 말 위에서 칼로 적의 머리를 내리쳤다. 잉글랜드 원정 때까지만 해도 사슬 갑옷이나 단단한 금속 고리를 엮어 만든 갑옷으로 상반신을 감쌌고 머리에는 금속 투구를 썼다. 왼손에는 1미터 정도 길이에 문양을 새긴 연 모양의 방패를 들었다. 기마병의 가장 취약한 넓적다리를 보호하기 위해서였다.

헤이스팅스 전투는 윌리엄과 해럴드라는 두 군사령관의 리더십과 전술 구사력 차이도 큰 요인이나, 근본적으로 기마대가 승패를 결정한 무장력임을 입증한 사례였다. 기마병의 시대가 열렸다는 변화를 만천하에 과시한 셈이다. 기마병이 폭풍 질주하며 충격력을 갖출 수 있었던 하드웨어는 바로 등자였다. 기본적으로 기마병은 안장, 편자, 재갈 등 다양한 장구가 필요했으나 전술 면에서 가장 혁명적인 변화는 등자, 즉 발걸이였다. 등자가 도입되기 전에 기마병들은 안장에 앉아 전후로 균형을 잡거나 말 등에 올라탄 채 창을 움켜잡고서 돌진했다. 등자는 살상 무기가 아니라 단

존 해리스 발다John Harris Valda가 그린 정복왕 윌리엄의 웨일스 진군 장면.
단호한 개척 의지, 브리튼 섬 전체로 세력을 확장하려 한 야심을 그렸다.

지 말을 탄 병사가 특히 좌우로 안정적인 자세를 유지할 수 있도록 두 다리를 말의 몸통에 견고하게 밀착시키는 도구였다. 그러나 이 등자 덕분에 기마병의 공격력은 비약적으로 향상했다. 안장과 등자를 이용해 상시로 상처를 꼿꼿하게 세울 수 있었기 때문이다.

무엇보다 전방의 적진을 향해 전속력으로 내달리면서도 상체의 균형을 유지한 채 양손으로 창을 부여잡고 적을 찌를 수 있었다. 등자가 없을 때는 타격으로 발생하는 반동에 자칫 낙마할 수 있었으나 이제는 그러한 불안감에서 벗어날 수 있었다. 이제 보병 단독으로는 기마병의 공격을 막아내기가 거의 불가능해졌다. 등자 도입으로 기마병과 말이 한 몸처럼 하나가 되면서 이제 말은 이동 수단에서 벗어나 전투의 승패를 좌우하는 돌파 전술의 '끝판왕'이 됐다.

윌리엄의 잉글랜드 정복으로 이후 영국에는 대륙의 봉건제가 들어와 정착했다. 윌리엄은 1086년 정복한 잉글랜드 각 주에 조사관을 파견해 농토를 근간으로 형성된 장원의 실태를 조사하고, 이를 《둠즈데이북*Domesday Book*》(1086)으로 집대성했다. 본격적으로 통치 시스템을 구축하는 조치였다. 창업 군주의 세심한 조치에도 세월이 흐르면서 왕권은 약해졌고, 상대적으로 대귀족들의 세력은 커졌다.

더구나 윌리엄 사후 거의 반세기 이상 노르만계 왕들의 관심은 브리튼 섬이 아니라 해협 너머 프랑스에 있었다. 국왕을 비롯한 귀족들은 피통치자인 앵글로색슨 사람들과 의사소통조차 원활하지 못한 데다 특히 이들은 노르망디에도 드넓은 영지를 보유하고 있었기에 관심이 분산됐기 때문이다. 어정쩡한 상황은 잉글랜드 왕권과 귀족의 역학 관계에서 후자에 유리하게 작용함으로써 영국의 독특한 왕권 견제 기구인 의회가 태동하는 토양을 제공했다.

월리엄의 잉글랜드 정복이 가장 크게 영향을 미친 곳은 군사 분야였다. 승리의 일등공신이 그가 심혈을 기울여 양성한 기마병, 즉 중세 기사들이었기 때문이다. 전장의 주역 변화는 중세 사회의 전형을 형성하는 데 중요한 영향을 미쳤다. 말은 물론 기사의 무기나 갑옷 등은 매우 값비싼 물품이었다. 따라서 중세에 대규모 기마대를 유지할 수 있는 부류는 경제력이 상당한 극왕이나 대영주뿐이었다. 이들은 부하들에게 토지를 하사해 주종 관계의 기사로 명한 후 기마병으로 동원했다. 당시 주요 수입원은 농산물이기에 일정 규모 이상 토지를 보유한 자만이 기사가 될 수 있었다.

결국 정치 권력이 중무장 기마병 자격을 갖춘 소수 지배 계층에게 집중됐다. 그렇지 못한 이들은 오로지 생산 활동에만 종사하는 봉건사회가 출현했다. 봉건제와 장원제라는 두 축을 근간으로 작동한 중세 사회의 시스템 형성에 1066년 노르만 공작 월리엄의 잉글랜드 원정이 계기를 제공한 셈이다. 이후 14세기 말 화약 무기가 사용되기 전까지 3~4세기 동안 '말에 올라 앉은 자들'이 중세 유럽의 주인공으로 군림했다.

1962 10 14

10월

#몽구스작전

쿠바 미사일 위기

핵전쟁의 지옥문 앞에 놓인 세계

러시아·우크라이나 전쟁이 한창 뜨겁던 무렵, 러시아 푸틴 대통령이 전술핵 사용 가능성을 언급하는 통에 세계가 위기감에 떨어야 했다. 세계의 요충지이자 동북아시아 지정학의 단층선에 있는 한반도는 중국의 타이완 침공이 현실화할 때 제3차 세계대전에 버금가는 충돌에 휘말릴 수 있다는 불길한 경고도 이어진다.

실제로 제2차 세계대전이 종전한 지 채 20년도 지나지 않아 제3차 세계대전, 더구나 핵전쟁의 문턱까지 간 적이 있었다. 만물의 영장이라는 인류가 스스로 문명의 종말을 자초할 뻔한 사건이었다. 1962년 10월 중순 일어난 '쿠바 미사일 위기' 사태를 말한다. 정확하게는 1962년 10월 14일 미국의 첩보 정찰기 U-2가 쿠바에서 건설 중이던 소련 준중거리 탄도미사일MRBM, Medium Range Ballistic Missile 기지 현장에 부품을 수송하는 선박을 촬영하면서 1962년 10월 22일부터 11월 4일까지 약 2주 동안 소련의 핵탄두 미사일 쿠바 배치 시도를 둘러싸고 미국과 소련이 핵전쟁 발발 직전까지 이르렀던 국제적 위기를 말한다. 다행스럽게도 충돌 직전 존 F. 케네디John F. Kennedy와 니키타 흐루쇼프Nikita Khrushchev의 타협으로 인류는 파멸의 순간을 피할 수 있었다.

1945년 5월 8일 독일이 두 손을 들면서 6년 가까이 이어져온 제2차 세계대전이 연합국의 승리로 끝났다. 이제 세계인은 자유와 평화가 깃든 희망찬 세계가 도래하리라 기대했다. 하지만 낙관적인 희망은 신기루에 불과했다. 서방 연합국과 호흡을 맞춘 소련이 종전 직후 침략 본성을 노골적으로 드러냈기 때문이다. 막강한 군사력을 갖춘 소련이 세계 평화를 위협하는 세력으로 대두했다. 1947년 즈음부터 세계는 미국이 이끈 자유 진영과 소련 중심의 공산 진영의 대립, 냉전 속으로 휘말려들었다. 1989년 11월 베를린 장벽이 붕괴되고 1991년 12월 소련이 해체할 때까지 약 반세기 동안 '냉전'이란 말은 이 시대의 가장 중요한 화두였다.

1947년 3월 트루먼 독트린Truman Doctrine으로 미국은 국제 관계에서의 행동 지침을 만천하에 공표했다. "무장한 소수 세력이나 외세의 예속 위협에 저항하는 자유민에 대해서는 미국이 지원할 것"임을 천명한 것이다. 이에 따라 미국은 그리스와 튀르키예에 군사고문단을 파견하고 이어서 막대한 군사원조를 제공했다. 이에 힘입어 그리스 정부는 1949년경 공산 게릴라를 진압할 수 있었다. 미국의 행동은 전후 대소련 외교정책의 근간인 '봉쇄

정책'에 기초하고 있었다. 입안자인 조지 케넌George Kennan은 한 외교 잡지에 익명으로 기고한 글에서 "소련의 팽창을 막으려면 참을성 있고 단호하게, 방심하지 않도록 장기간에 걸쳐 그 세력을 봉쇄해야 한다"라고 역설했다.

구체적으로 미국은 서유럽 국가들과 결속해 공산 소련의 팽창에 대응했다. 우선 유럽에 대해 경제 부흥 계획인 '마셜 플랜Marshall Plan'을 시행(1947. 6.)했다. 애초에 마셜 플랜은 냉전 전략과는 관련이 없었다. 이념과 무관하게 유럽 모든 나라에 대한 경제 원조 제안으로 시작된 것이었다. 하지만 소련의 지령을 받은 동유럽 국가들은 미국의 원조 제안을 거부했다. 결과적으로 마셜 플랜은 순전히 서유럽 국가에 한정된 사업으로 축소됐고, 자연스럽게 냉전의 중요 수단으로 인식됐다. 이에 따라 미국은 1948년부터 1952년까지 유럽에 총 130억 달러라는 엄청난 자본을 투입했다. 그 덕에 유럽 경제는 1951년경 전쟁 이전 수준을 넘어섰다. 당연히 공산화도 예방할 수 있었다.

원조와 더불어 미국은 서유럽 국가를 군사적으로 결속하는 조치도 취했다. 1949년 4월 NATO를 창설해 소련의 위협에 대한 집단 안전보장책을 구축했다. NATO를 결성한 직접적 계기는 1948년 6월에 터진 베를린봉쇄 사건이었다. 미국·영국·프랑스가 자국의 독일 점령 지역을 하나로 통합하려 하자 소련이 서베를린으로 통하는 모든 철도와 도로를 예고 없이 차단해버렸다. 소련의 봉쇄 작전에 서방 자유 진영이 생필품 공수 작전으로 결연히 맞서면서 결국 소련은 1년 만에 물러섰다. 이런 대립 상황에서 미국, 영국, 프랑스를 비롯한 12개 국가를 회원국으로 NATO가 출범했다.

소련도 신속하게 반응했다. 미국의 마셜 플랜에 대응해 스탈린은 1947년 9월 동유럽 위성국가들을 주축으로 공산당정보국 코민포름Cominform을 조직했다. 이는 1956년 해체할 때까지 동유럽 공산국가들의 이념과 경제 정책을 지원, 조정했다. 베를린 봉쇄를 계기로 NATO가 출범하자 소련도 코메콘COMECON(상호경제원조회의, 1949)을 결성했다. 이는 경제 협력을 넘어 군사적 집단 안보 기구 성격의 바르샤바조약기구WTO, Warsaw Treaty Organization(1955)로 발전했다.

1950년 6월 발발한 한국전쟁을 계기로 미국과 소련 양 진영의 대립은 최고조에 달했다. 제2차 세계대전 이후 아시아와 아프리카 지역에 신생독립국가들이 우후죽순 등장하면서 세계 정세는 더욱 복잡해졌다. 다행스러운 점은 이런 대립에도 열강들은 간혹 국지전을 벌일지언정 전면전은 피해야 한다는 암묵적 동의를 유지했다. 아이러니하게도 핵무기 대량생산으로 핵전쟁 발발의 여지가 커지면서 지구 공멸의 암울한 미래상에 공감했기 때문이다. 대립하되 평화공존을 모색한다는 냉전 체제의 이중성은 이렇게 자리 잡았다. 그리고 이런 '개념적 합의' 단계를 넘어서 제도화로 나아가는 계기를 만든 것이 바로 '쿠바 미사일 위기'였다.

쿠바는 왜 소련의 핵무기를 배치하려 했을까? 쿠바는 콜럼버스의 대항해시대 이래 스페인 식민지였다. 그러다 1898년 미국이 스페인과의 전쟁에서 승리하면서 미국 식민지가 됐다. 1902년 5월 공화국으로 독립했으나 여전히 미국의 보호국 처지에 머물렀다. 불안한 정치 상황이 이어지다 1940년대에 미국의 지원 아래 쿠바를 통치하던 풀헨시오 바티스타Fulgencio Batista가 1952년 또 다른 쿠데타로 정권을 장악했다. 하지만 그의 통치는 부패와 실정으로 얼룩졌고 비판하는 사람들을 억압했다. 당연히 반발이 클 수밖에 없었다. 그 가운데 피델 카스트로Fidel Castro와 체 게바라Che Guevara가 이끈 무리가 1958년 12월 혁명에 성공해 1959년 2월 중순 카스트로가 총리로 취임했다.

카스트로는 4월 미국을 방문해 미국과의 관계 개선을 꾀했으나 아이젠하워 정부의 거부로 실패했다. 이후 카스트로가 쿠바에 있는 미국의 정유 시설을 강제 수용하면서 두 나라의 외교 관계는 단절됐다. 이후 미국 투자자산까지 국유화 조치하면서 관계는 파국으로 끝났다. 정권 생존을 위해 카스트로는 냉전의 또 다른 축인 소련에 적극적으로 접근했다. 소련이 쿠바로부터 설탕을 수입하고 그 대가로 무기를 공급하면서 양국 관계는 더욱 돈독해졌다.

쿠바 정부가 '선'을 넘었다고 판단한 미국이 본격적으로 행동을 개시했다. 대통령의 지시를 받은 CIA가 1960년 4월부터 미국

1957년 쿠바혁명 당시 시에라마에스트라산맥에서 게릴라 활동을 벌인 피델 카스트로(가운데)와 그의 동생 라울 카스트로(왼쪽).

으로 망명한 쿠바 청년들을 주축으로 의용군을 조직해 훈련시킨 후 1961년 4월 15일 이들을 피그스만에 상륙시켰다. 1500명에 달하는 병력으로 카스트로를 제거할 목적이었으나 계획이 유출되면서 1200명이 쿠바군의 포로로 잡혔고 작전은 참담한 실패로 끝나고 말았다.

이 사건을 빌미로 카스트로는 국내의 혁명 반대 세력을 처단하고 권력 기반을 다졌다. 아이젠하워의 공화당 정부를 이은 케네디 민주당 정부도 카스트로 정권 타도를 목표로 '몽구스 작전' 계획을 수립했으나 진척이 더뎌 어정쩡한 상태에 머물렀다. 특히 사회주의혁명의 우월성을 드러내고 흐루쇼프가 제기한 독일 베를린 문제와 연계해 미국의 양보를 얻어낼 의도로 쿠바를 지원한 소련은 더욱 활발하게 움직였다. 이런 상황에서 미사일 사태가 발생했다.

1962년 봄과 여름, 미국 정보기관은 쿠바로 반입되는 소련 무기량이 급증하는 것을 알고, 특히 핵을 운반하는 탄도미사일 같은 대량 파괴 무기 배치 여부에 관심을 기울였다. 사실상 소련은 쿠바에 탄도미사일과 함께 상당량의 재래식 무기도 이미 배치한 상황이었다. 쿠바 영토와 영공 방어 차원을 넘어 바로 턱 밑에서 미국 본토를 공격할 수 있는 탄도미사일을 은밀하게 배치하려 했기에 심각한 위협으로 여기는 것이 당연했다.

소련이 언제 쿠바에 탄도미사일을 배치하기로 결정했는지 정확히는 알기 어렵다. 보통은 당시 쟁점이던 베를린 문제와 연계할 의도로 흐루쇼프가 독자적으로 착안해 다른 정치국원들의 동의를 얻은 것으로 알려져 있다. 탄도미사일 배치 구상은 1962년 4월 중순 구체적으로 드러나기 시작했다. 소련은 '샘 아저씨의 바지 속에 고슴도치를 넣는' 문제를 고민했다.

수차례 논의 끝에 마침내 1962년 6월 10일 정치국 확대회의에서 미사일 배치를 공식 승인했다. 최종 배치 결정 직전 카스트로는 탄도미사일 배치야말로 소련의 쿠바 안보 지원을 확실히 하고 사회주의 세력의 위세를 강화할 것이라는 명분을 내세우며 소련의 결정을 수용했다. 실제로 미사일 배치 직전인 7~8월 카스트로의 동생인 국방 장관 라울 카스트로Raul Castro와 체 게바라가 연이어 모스크바를 방문해 양국 간에 최종 합의를 도출했다.

암호명 '아나디리Anadyr"로 명명된 소련의 탄도미사일 배치 비밀 작전은 규모가 컸다. 최종 승인된 계획에 의하면 병력 5만 명과 보급품 3개월분을 선박 85척을 동원해 쿠바로 운반할 계획이었다. 여기에 24개 대대로 구성된 대공미사일 부대를 먼저 배치해 쿠바는 미사일 발사대 144대와 대공미사일 576기를 이미 갖고 있었다. 먼저 배치된 것은 방어용 무기였다.

드디어 1962년 8월 말 공격용 탄도미사일을 적재한 배가 소련에서 쿠바를 향해 출발했다. 길쭉한 탄도미사일을 비밀리에 운반하려면 목재 수송선에 실어야 했는데, 그러다 보니 탄도미사일 설치 작업은 순조롭지 못했다. 1962년 10월 22일 케네디 대통령의 텔레비전 연설에 공개된 사진이 이때 운반되어 9월에 배치하기 시작한 소련의 SS-4 준중거리 탄도미사일이었다. 이보다 센 중거리 탄도미사일IRBM, Intermediate Range Ballistic Missile은 아직 대서양 해상에서 쿠바를 향하고 있었다. 얼마 후 미국 해군 함정

1962년 10월 16일경, 산크리스토발섬에 건설 중인 핵탄두 벙커. 소련이 미국 본토를 직접 타격할 수 있는 공격용 핵미사일을 배치하는 것이 목적이었다.

이 봉쇄 작전으로 회항시킨 그 수송선들이었다.

쿠바에 하역한 뒤에도 미사일 배치는 만만한 작업이 아니었다. 소련군은 촉박한 시일과 자재 조달 문제로 완전한 형태의 핵무기와 핵탄두 저장 시설을 제때 건설하지 못했다. 그러다 보니 임시 수송 트럭에 비포장도로로 이동했고, 보관할 곳도 마땅치 않아 천막으로 미사일을 덮어놓은 수준이었다. 이런 상태의 미사일 기지를 1962년 10월 14일 미국 U-2 정찰기가 촬영했고, 소련이 쿠바에 공격용 핵 탄도미사일을 배치했다는 증거가 됐다. 추가 정찰과 사진 판독을 거쳐 최종적으로 밝혀진 내용에 따르면, 소련은 쿠바에 MRBM 기지 다섯 곳과 IRBM 기지 두 곳을 짓고 있었다.

사실을 확인한 케네디 정부는 대응책을 놓고 숙고를 거듭했다. 마침내 케네디 대통령은 "미국이 공격하지 않으면 소련은 무기를 더 많이 반입해 미사일 기지를 강화할 것"이라 경고하면서 군사행동의 당위성을 언급했다. 수뇌부 인사들도 소련이 쿠바에 탄도미사일을 배치하도록 용납할 수 없으며, 어떤 형태로든 조치가 필요하다는 데 동의했다.

어떤 조치를 취할 것인지가 문제였다. 강온 입장에 따라 열띤 논의 끝에 이미 배치된 무기를 파괴하고 추가 반입을 금지하는 '봉쇄'(공식 용어는 '격리')로 결정됐다. 만일의 경우 소련 측에 물러설 여지를 줄 수도 있고, 필요하다면 미국이 튀르키예에 배치한 탄도미사일을 철수한다는 조건으로 거래할 수 있었기 때문이다.

1962년 10월 22일, 동부 시간 오후 7시에 케네디 대통령은 전국 텔레비전 중계로 쿠바 내 탄도미사일 배치 사실을 사진과 함께 공개하고, 그 대응으로 쿠바 해안을 봉쇄한다고 밝혔다. 이튿날 저녁 국무 장관 딘 러스크Dean Rusk가 대통령에게 봉쇄 명령서를 전달했고, 케네디는 '대통령 포고령 3504호'를 공포했다. 마침내 10월 24일 동부 시간 오전 10시부로 봉쇄가 공식화됐다. 미국을 비롯한 전 세계 자유 우방국 군대는 비상조치를 취했다. 전면적 핵전쟁이 벌어져 인류 문명을 파멸에 빠뜨릴 것인지, 화살은 이미 활시위를 떠난 상황이었다. 이제 핵전쟁을 피할 유일한 희망은 미국의 조치에 대한 소련의 '긍정적' 반응뿐이었다.

케네디의 연설이 방송된 후 모스크바 시간으로 10월 22일 저녁 7시, 흐루쇼프는 크렘린 집무실로 공산당 중앙위원회를 소집했다. 공식 의제는 '쿠바와 베를린에 대한 추가 조치'였으며, 미국이 취할 수 있는 다양한 가능성을 논의했다. 흐루쇼프는 미국의 쿠바 침공 가능성을 우려했다. 미국이 침공하면 소련은 대응해야만 하고, 결국 핵전쟁으로 갈 것이 분명했기 때문이다. 얼마 후 미국이 당장은 쿠바를 침공하지 않는다는 사실을 인지한 흐루쇼프는 안도하면서 타협 가능성을 고려했다. 하지만 미국이 언제든 공격할 수 있다고 역설하면서 크렘린 집무실에서 복장을 갖춘 채취침하며 대기했다.

10월 23일 오전 소련은 모스크바 방송을 통해 미국에 대한 공식 반박문을 발표했다. 동시에 쿠바 주둔군에 전투 준비 강화를 지시했다. 미국이 공격하거나 쿠바에 상륙할 경우 쿠바 군사력과 '전략핵무기와 탄도미사일을 제외'한 모든 소련군 전투력을 동원해 물리치라는 명령도 하달했다.

세기의 위기가 점화됐다. 사람들은 제2차 세계대전이 끝난 지 한 세대도 지나지 않아 다시 세계대전이 일어날지 모른다는 불안감에 휩싸였다. 학교와 가정에서는 대피 훈련과 방공호 구축 작업이 이뤄지는 등 일촉즉발의 상황으로 치달았다.

양측은 상호 비방으로 포문을 열었다. 미국이 먼저 소련이 쿠바에 공격용 탄도미사일을 배치했다고 비난하면서 철수를 요구하자 소련은 미사일을 배치하지 않았다고 강변하면서 오히려 미국의 행동을 국제법 위반이라고 반박했다. 미국은 쿠바를 봉쇄하고 소련은 베를린을 포위한 상황이었기에 여차하면 카리브해와 유럽 대륙에서 동시에 전쟁이 벌어질 수도 있었다.

결론적으로, 다행히 핵전쟁은 물론 무력 충돌은 일어나지 않았다. 그렇다면 미사일 위기는 어떻게 해소됐을까? 미국과 소련은 자국의 입장을 끝까지 관철하는 대신 서로 일정 정도 양보하면서 타협에 이르렀다.

앞서 언급했듯 10월 24일 오전 10시 봉쇄의 효력이 공식 발동했다. 동시에 미국은 전략 공군에 폭격기 1500대를 대기시켰고,

전 세계에 배치된 모든 핵전력에 대해 '준비 태세 격상'을 하달했다. 고주파 통신망 감청으로 미국의 행동을 파악한 흐루쇼프는 탄도미사일 철수를 고려했지만, 동시에 최소한 '소련의 승리'를 주장할 수 있는 명분을 찾았다. 당장 직면한 문제는 미국이 선포한 쿠바 봉쇄선을 향해 접근하고 있는 소련의 화물선 16척과 유조선 6척이었다 이중 9척은 10월 말에야 봉쇄선에 닿을 예정이었는데, 그 가운데 3척이 미사일 운반이 가능한 화물선으로 판명됐다.

일촉즉발의 긴장 속에서 10월 24일 유엔 사무총장 우 탄트U Thant가 중재안을 제시했다. 소련은 봉쇄를 존중하고 미국은 쿠바를 침공하지 않는 선에서 상황을 잠정 동결하자는 내용이었다. 미국과 소련 모두 동의했다. 하지만 흐루쇼프는 소련이 너무 많이 양보한다는 생각에 쿠바에서 탄도미사일을 철수하는 조건으로 미국에 쿠바 침공 포기와 튀르키예에 배치된 주피터 탄도미사일 철수를 요구했다. 미국은 1962년 6월부로 튀르키예 영토에 탄도미사일 배치를 완료하고 미사일 기지를 튀르키예 정부에 이양한 상태였다.

길게는 13일간, 긴박하게는 약 1주일 동안 세계가 핵전쟁의 목전에서 숨을 죽였으나, 10월 28일 드디어 최종적으로 위기가 해소됐다. 당일 오전 9시 소련은 라디오 방송을 통해 쿠바 배치 미사일 철수를 선언했다. 그리고 미국의 쿠바 침공을 평화적으로 방지하는 합의가 거의 성사 단계에 이르렀다. 양국의 전면 충돌 위기는 사라졌고, 탄도미사일 철거 지시도 전달됐다. 특히 IRBM 탄두를 비롯해 쿠바에 반입된 탄도미사일용 핵탄두는 모두 쿠바에 정박한 소련 화물선을 통해 본국으로 반송하기로 했다. 중재를 위해 쿠바를 방문한 우 탄트 유엔 사무총장은 탄도미사일 관리를 책임진 소련군 부대장 면담에서 "미사일을 철수하라"는 흐루쇼프의 명령을 1962년 10월 28일 오후 1시경에 받고 오후 5시부터 해체 작업에 돌입했다는 확언을 들었다. 11월 7일까지 탄도미사일 총 42기가 소련으로 반출됐다. 반출을 통보받은 미국이 해상과 공중 감시로 이 과정을 확인했다. 그외에 전술용 핵미사일을 포함한 핵탄두도 전량 11월 22일 반출됐다.

위기는 극적으로 해소됐다. 미국과 소련의 전면 충돌은 일어나지 않았다. 미국은 소련이 요구한 튀르키예 미사일 철수에 합의하고 쿠바 침공 포기를 약속했다. 소련 역시 미국의 요구를 수용해 튀르키예 내 미사일의 비공개 철수에 동의하고 쿠바에서 탄도미사일을 철수했다.

쿠바 미사일 위기를 겪으면서 우리는 어떤 교훈을 얻었을까? 세계인은 핵전쟁의 위험성을 생생하게 인식했다. 미사일 위기 이후 냉전은 계속되었으나 대결 수준은 통제할 수 있었다. 오해로 인한 핵전쟁 위기 상황을 방지할 목적으로 1963년 6월 워싱턴과 모스크바는 직통 통신망 '핫라인'을 개설했다. 긴급한 상황에서

두 나라의 최고 지도자가 직접 협상할 수 있는 수단이 마련된 것
이다.

　쿠바 미사일 위기는 북한의 핵무기 고도화에 직면한 우리에게
큰 함의를 전한다. 북한과 대립하는 상황에서 우리 안브에 가장
큰 위협은 북한의 군사력이다. 북한이 연평도 포격과 천안함 피격
같은 도발 행위를 다시 자행하면 어떻게 대응해야 할까? 정답을
찾기 어려운 질문에 쿠바 미사일 위기 사례를 돌아볼 필요가 있
다. 북한의 '제한적' 도발에 대해서 사전에 다양한 방안을 마련해
놓고 도발 성격과 수위에 따라 탄력적으로 대응해야 한다. '즉각
대응'하는 것은 당연하나 처음부터 공격적으로 강하게 응수할 경
우 의도치 않게 전면전으로 비화할 수 있기 때문이다. 분명한 교
훈은 '평화를 얻기 위해서는 전쟁을 각오해야 하지만, 전쟁을 방
지하기 위해서는 전쟁을 두려워해야 한다'는 경구가 아닐까 한다.

10월

러시아
10월혁명

최초의 공산국가가
탄생하다

#볼셰비키
#타타르의멍에
#데카브리스트의난
#인텔리겐치아
#인민주의
#사회민주당
#블라디미르레닌
#피의일요일
#소비에트
#라스푸틴
#4월테제
#트로츠키

1917년 10월혁명으로 300년 이상 이어진 로마노프왕조의 제정 러시아가 몰락하고 최초의 공산국가 소련이 세계 역사에 모습을 드러냈다. 공산 세력이 처음부터 강한 것은 아니었기에 세계인들은 곧 투쟁의 경연장에서 사라지리라 예상했다. 하지만 예측은 빗나갔다. 우선 러시아 사회가 완전히 뒤집어졌다. 무수한 사건과 시련을 묵묵히 견뎌온 러시아인들조차 충격이 컸다. 기존 시스템이 무너지고 전혀 낯선 전체주의적 독재 체제의 공산주의 국가가 등장했다. 20세기의 세계가 엄청난 몸살에 시달리게 되리라는 것을 당시에는 그 누구도 예상하지 못했다.

이미 한 세기 전에 혁명을 경험한 서유럽 국가들과 달리 러시아에서는 왜 20세기에야 혁명이 일어났을까? 혁명 주도 세력은 왜 하필 가장 급진적인 볼셰비키Bol'shevik였을까? 소수 세력에 불과하던 이들은 어떻게 혁명에 성공하고 내전을 견뎌낸 후 공산

국가 소련을 건설할 수 있었을까?

러시아에서 뒤늦게 치열한 혁명이 일어난 데 대한 답을 찾기 위해서는 우선 혁명 이전 차르가 통치한 제정러시아를 살펴볼 필요가 있다. 슬라브족 거주지인 러시아에 국가 형태를 세운 것은 스웨덴 바이킹의 일파 루스Russ족이었다. 대략 9세기부터 남하한 이들은 원주민 슬라브인들을 규합해 우크라이나 평원에 키예프 대공국을 세우고, 980년 비잔틴제국으로부터 그리스정교를 받아들여 통치 이념으로 삼은 후 러시아정교회의 초석을 놓았다. 서구 문명과 접촉하면서 발전을 도모하던 와중에 13세기 중엽 몽골족이 침략하면서 문명화 시도는 무산됐다. 그리고 15세기 말 모스크바 공국 중심으로 단합해 몽골족을 축출할 때까지 무려 300년간 '타타르의 멍에'로 알려진 몽골족의 지배에 시달렸다.

이후 이반Ivan4세 통치기를 거치면서 절대 권력을 지닌 차르의 강력한 중앙집권제를 이뤘고, 1613년에는 로마노프왕조가 들어서 정권 안정을 꾀했다. 선대의 업적을 토대 삼아 강국으로 부상케 한 인물은 러시아의 광개토대왕이라 칭할 만한 표트르Pyotr 대제(재위 1682~1725)였다. 그가 택한 방법은 빠른 서구화였다. 차르는 직접 시찰단의 일원으로 서유럽을 방문해 선진 문물을 체험했다. 특히 정규군과 해군을 창설, 육성해 앙숙이던 스웨덴과 북방전쟁(1701~1712)을 치러 승리하면서 발트해 제해권을 장악했다.

차르가 취한 서구화 정책의 대표 사례는 발트해 연안에 신도

시를 건설하고 상트페테르부르크로 명명해 천도한 것이었다. 이렇게 마련한 통치 체제를 기반으로 예카테리나Ekaterina 여제(재위 1762~1796)는 러시아의 영토를 시베리아와 중앙아시아로 확장하고, 귀족 계급의 특권을 강화해 이들의 충성을 토대로 황제의 권력을 공고히 했다.

심지어 19세기 서유럽에서는 하루가 멀다고 혁명적 사태가 벌어졌음에도 러시아에서는 차리즘Tsarism이라 불릴 정도로 황제의 전제적 통치력이 강력해졌다. 중세 봉건제가 끝난 후에도 국가 권력의 한 축을 담당해온 서유럽 귀족 계급과 달리, 러시아 귀족은 단합된 세력을 형성하지 못한 채 황제의 전제정치 강화 수단으로 재편성됐다고 할 정도로 차르에게 예속되어 있었다. 특히 예카테리나 여제는 군사적 봉사에 대한 반대급부로 귀족에게 영지 소유, 면세, 면역, 영지 농민 통제권 등 다양한 특권을 부여했다. 이처럼 귀족은 군주에게 절대 충성하는 하수인에 불과했기에 차르는 동양의 전제군주처럼 절대권을 행사할 수 있었다.

사회경제적으로 차르의 지배력을 지탱한 토대는 긴 세월 이어진 농노제였다. 원래 농노제는 중세 암흑기를 거치면서 서유럽에서 자연 발생한 데 비해 러시아에서는 차르 체제를 떠받치는 하부구조로 인위적인 방식으로 형성됐다. 이를 제도적으로 확립한 것은 1649년 황제 칙령으로 선포한 세습 농노제였다. 러시아 농민들은 거주 이전의 자유를 박탈당한 채 귀족의 영지에 얽매이는 신세가 되었고, 권리는 거의 없이 의무만 있는 농노 처지로 전락하고 말았다.

농민들은 국가에 세금을 납부하고, 영주인 귀족에게는 소작료에 더해 부역이란 이름으로 노동력을 제공해야 했다. 귀족은 농민의 생사여탈마저 좌지우지했다. 금전이 필요하면 농민을 매매할 수도 있었다. 러시아 농민의 비참한 처지는 1789년 프랑스혁명 이래 서유럽에서 자유주의가 발아하는 19세기 초엽까지도 전혀 개선될 기미가 보이지 않았다.

이렇다 보니 19세기 초반부터 러시아는 어려움에 봉착했다. 개혁의 필요성과 이를 저지하려는 지배 계급의 저항이 팽팽하게 맞섰다. 처음으로 변화의 횃불을 든 것은 일부 개명된 장교 집단이었다. 1812년 나폴레옹을 무찌르면서 파리에 도달해 계몽사상의 세례를 받고 온 군인들 가운데 소수의 귀족 출신 장교들을 주축으로 조국의 후진성을 타파하려는 움직임이 일어났다. 이들은 차르 니콜라이Nikolai 1세의 대관식이 거행되는 1825년 12월에 모험을 결행했다.

이들의 거사는 채 하루도 지나지 않아 무산되고 말았다. 워낙 인원이 소수인 데다 무엇보다도 당시 러시아 사회에는 이들의 주장을 이해하고 수용할 만한 시민 계층이 형성되지 않았기 때문이다. 하지만 역사에 '데카브리스트dekabrist의 난'으로 기록된 이 거사는 비록 처참한 실패로 끝났으나 동토의 왕국에 떨어진 자유주의의 씨앗이 되어 20세기 초 혁명의 불꽃으로 솟아올랐다.

즉위 초에 터진 일부 귀족 장교들의 변화 요구를 억누르는 데는 성공했으나 러시아도 19세기 중반 이래 서유럽에서 밀려오는 거대한 변화의 물결을 한사코 외면할 수만은 없었다. 19세기 중엽에 이르자 서서히 변화의 움직임이 나타났다. 장기간 제정러시아의 버팀목이던 차리즘과 농노제의 한계가 드러나기 시작한 것이다. 크림전쟁(1853~1856)에서 참패해 외부의 충격을 받았고, 나폴레옹을 무찌르면서 외쳐온 '불패 신화'가 허상에 불과하다는 사실이 가차 없이 드러났다. 흑해 크림반도의 세바스토폴에서 3년여 동안 영국과 프랑스 등 서방 원정군을 상대로 벌인 전쟁에서 러시아는 홈그라운드임에도 속절없이 패했다.

개혁 군주로 알려진 알렉산드르Aleksandr 2세(재위 1855~1881)가 개혁의 지휘봉을 잡았다. 무엇보다 농촌 사회를 떠받치던 농노제에 개혁의 칼날을 댔다. 1861년 세습 농노제를 폐지하는 농노해방령 선포로 러시아 농민들에게 귀족의 인신 지배에서 벗어날 수 있는 법적 자유와 함께 일정량의 토지를 제공했다. 개인이 아니라 농민공동체인 미르Mir 단위로 토지를 분배하고 그 본질이 장기간 상환금을 납부하는 유상 분배라는 점에서 한계가 있었으나, 농노제 철폐는 강고한 귀족제에 타격을 가했다.

애석하게도 개혁의 여세는 여기서 벽에 부딪쳤다. 기득권 세력은 1881년 알렉산드르2세 암살을 계기로 '보수 회귀'로 반격했다. 뒤를 이은 알렉산드르3세(재위 1881~1894)는 선대의 개혁을 무효화하는 전제적 반동 정치를 추구했다.

하지만 강력한 압제에도 한번 뿌린 자유의 씨앗은 끈질긴 생명력을 발휘했다. 아래로부터 변화의 흐름을 주도한 것은 '인텔리겐치아intelligentsia'라 불린 급진적 지식인들이었다. 1860년대 이들은 모든 전통을 거부하는 허무주의적 경향을 보이다가 1870년대에는 농촌계몽을 지향한 인민주의V-Narod 운동으로, 이런 평화적 시도가 실패한 뒤에는 극단적 테러라는 폭력 활동으로 나아갔다.

산발적인 테러로는 체제 변혁이 불가능하다는 점을 깨달은 저항 세력들은 19세기 말 비밀 정치 운동으로 전환했다. 이로 인해 1905년 혁명 무렵에는 마르크스주의 계열의 사회민주당, 인민주의자 중심의 사회혁명당, 자유주의 계열의 입헌민주당이라는 세 비밀 정당이 결성됐다. 모두 사회 변혁을 위해 나름대로 기여했으나 최종 승자는 사회민주당이었다. 약 20년 후인 1917년 10월 혁명 성공을 발판 삼아 정권을 장악하고 새로운 공산국가의 지배 집단으로 변신한 주체가 바로 이들 마르크스주의자들이기 때문이다.

어떻게 이런 일이 가능했을까? 1898년 창당 후 곧 당의 노선을 놓고 볼셰비키와 멘셰비키Men'sheviki로 분열된 사회민주당의 기본 이념은 마르크시즘이었고, 그 지지 기반은 당연히 노동계급이었다. 강철 같은 의지와 직업 혁명가의 역할을 강조한 블라디

미르 레닌 중심의 볼셰비키가 당권을 장악하고 본격적으로 노동
계급에 파고들었다. 아이러니하게도 러시아의 노동계급은 국가
에 의해 형성되었다. 1880년대부터 위로부터의 산업화가 추진되
면서 농업 국가였던 러시아에서도 미약하나마 노동계급이 생겨
나기 시작했다. 시베리아 횡단철도 부설과 탄광·유전 개발 등 재
무 대신 세르게이 비테Sergei Witte가 의욕적으로 주도한 산업화
에 힘입어 노동계급 규모가 20세기 초 300만 명에 달할 정도로
급증했다. 전체 인구를 감안하면 여전히 미약했으나 마르크시즘
이 싹을 틔우기에는 충분했다.

아직 갈 길이 멀다 여긴 혁명가들의 예상을 뒤엎고 20세기 초
혁명이 일어났다. 이른바 '1905년 혁명'이었다. 러일전쟁에 연이
어 패한 상황에서 '피의 일요일 사건(1905. 1. 22.)'이 불씨가 됐다.
차르에게 직접 탄원하려고 궁전으로 행진한 상트페테르부르크
의 노동자 시위대를 향해 경비병들이 발포해 수많은 사상자가 발
생한 것이다. 이것이 기폭제가 되어 긴 세월 불만이 쌓인 러시아
인들이 폭발했다. 도시에서는 노동자 동맹파업이, 농촌에서는 농
민 폭동이, 그리고 제국의 변경에서는 소수민족의 반란이 일어났
다. 특히 수도 상트페테르부르크의 노동자들은 소비에트Soviet(노
동자 대표 협의회)를 조직해 노동계급을 결속하고 정치 세력화하기
시작했다.

그러나 주목할 만한 성과에도 혁명은 실패했다. 차르 정부의

대응은 점차 효과를 발한 데 비해 혁명 세력은 지리멸렬했기 때문이다. 더구나 차르 정부가 취한 '전략적 후퇴' 작전에 당하고 말았다. 노회한 정치가 비테의 조언으로 니콜라이2세가 '10월 선언'으로 헌법 제정, 개인의 기본권 보장, 두마Duma(입법의회) 소집 등을 명시한 개혁안을 제시한 것이다.

물론 약속은 지켜지지 않았고 혁명의 열기는 빠르게 식어갔다. 게다가 분열되기 시작한 혁명 세력과는 대조적으로 군대는 여전히 차르에 충성했다. 1905년 혁명은 전제 체제를 뒤엎지 못하고 유산되고 말았다. 차르 정부가 체제 강화에 나서면서 어느 누구도 또다시 혁명을 기대할 수 없었다. 하지만 역사의 여신 클리오Clio의 향배는 예측할 수 없는 법인지, 10여 년이 흐른 1917년 다시 혁명적 사태가 펼쳐졌다. 예기치 않게 찾아온 불청객처럼 제1차 세계대전이 계기가 된 것이다.

1910년대에 들어서면서 차르 정부의 불길한 앞날을 예고하듯 두 사건이 터졌다. 1905년 혁명 후 정부가 야심 차게 추진한 농업 개혁의 설계자이자 총지휘자였던 총리 표트르 스톨리핀Pyotr Stolypin이 암살되고 말았다. 설상가상으로 이를 수습하기도 전에 전쟁이 터졌다. 영국, 프랑스와 동맹 관계였던 러시아는 맨 먼저 동원령을 발동할 정도로 전쟁에 적극 뛰어들었다. 문제는 타넨베르크전투(1914. 8.) 참패를 시작으로 대전 초부터 러시아군이 연패했다는 점이다. 예상과 달리 전쟁이 장기화되면서 인명 손실은 눈덩이처럼 커졌고 군수물자는 고갈됐다. 사기는 땅에 떨어졌다. 급기야 독전할 목적으로 니콜라이2세가 수도를 떠나 최전선에서 머물렀다. 그런데 최전선이 아니라 수도 상트페테르부르크에서 더 큰 문제가 벌어졌다. 황제가 부재한 권력의 진공 상태에서 '러시아의 신돈辛旽' 괴승 라스푸틴Grigori Rasputin이 등장해 황후의 총애를 등에 업고 국내 정치를 농단하고 추문을 일으키는 등 전횡을 일삼았다. 황실의 권위는 땅에 떨어지고 나라 전체에 불온한 기운이 감돌기 시작했다.

아니나 다를까, 이번에도 혁명의 불꽃은 제국의 중심 상트페테르부르크에서 타올랐다. 1917년 2월 말 배고픔과 추위를 견디지 못한 하층 시민들이 폭동을 일으켰다. 진압 명령을 받고 출동한 병사들마저 시위대에 합류해 총구를 차르 정부로 돌렸다. 한번 터진 항쟁의 물결은 빠르게 확산했고, 곧이어 노동자·병사 소비에트가 출현했다. 도저히 사태 수습이 불가능하다고 판단한 니콜라이2세는 그해 2월 말 퇴위했다. 300년 역사를 자랑하던 로마노프왕조가 종곡을 고한 것이다.

곧바로 임시정부가 수립됐으나 이는 중산계층의 지지를 받은 두마와 노동자·병사 등 하층 계급의 지지를 받은 소비에트가 연립한 '이원적 과두 체제'였다. 당장 필요에 따라 손을 잡기는 했으나 서로 이질적이다 보니 임시정부는 개혁에 단호하지 못하고 차르 정부의 정책을 답습하는 데 그쳤다. 특히 전쟁에 대해서는 지

보리스 쿠스토디예프Boris Kustodiev의 1920년작 〈볼셰비키〉. 러시아혁명의
격동기를 묘사했다. 레닌의 혁명적 사회주의 사상을 따르는 볼셰비키는
1917년 러시아혁명을 주도해 차르 체제를 전복하고 권력을 장악했다.

속 의지를 표명한 반면 노동자와 농민의 절박한 개혁 요구는 묵살했다. 러시아인들의 기대는 속절없이 무너졌다.

혼란한 와중에 한 인물이 추종 세력과 함께 1917년 4월 초 수도 상트페테르부르크에 모습을 드러냈다. 독일이 제공한 열차를 타고 스위스에서 잠입한 혁명 지도자 레닌과 볼셰비키들이었다. 얼마 후 레닌은 평화, 빵, 토지, 그리고 '모든 권력을 소비에트로'라는 내용으로 '4월 테제April Theses'를 천명해 주목받기 시작했다. 평화는 무의미한 전쟁에 지친 병사들에게, 빵은 배고픈 노동자들에게, 그리고 토지는 내 땅을 갈망하는 농민에게 어필하는 구호였다. 이후 여세를 모아 7월에 시도한 쿠데타는 실패했으나, 레온 트로츠키Leon Trotsky의 적극 지원을 받아 10월 말 일으킨 볼셰비키 무장봉기는 성공했다. 마침내 거대한 땅 러시아의 새로운 권력자로 볼셰비키 지도자 레닌이 등극한 순간이었다.

10월혁명에 성공한 레닌은 곧 최초의 공산국가 수립 과업에 착수했다. 우선 볼셰비키를 공산당으로 개칭해 일당독재를 공고히 하고 국호를 소련으로 변경함과 아울러 수도를 내륙 깊숙한 모스크바로 옮겼다. 이어서 안으로는 기간산업 국유화를, 밖으로는 독일과 단득 강화조약(브레스트·리토프스크 조약, 1918. 3.)을 체결했다. 하지만 혁명 세력이 꿈꾼 사회주의 이상 사회를 만들기란 결코 쉬운 길이 아니었다. 로마노프왕가를 지지하는 보수 세력의 반격에 직면한 볼셰비키의 적군赤軍은 백군白軍이라 불린

반혁명 군대와 3년여에 걸쳐 치열한 내전을 치러야만 했다.

국방 인민위원 트로츠키의 맹활약에 힘입어 초전 열세를 극복하고 적군이 승리했으나 긴 혼란에 경제는 벼랑 끝으로 떨어졌다. 사유재산과 이윤 추구를 일부 허용하는 등 자본주의 요소를 가미한 신경제정책(1921~1928)을 채택, 경제 회복을 꾀하던 레닌이 1924년 갑자기 병사하면서 트로츠키와 스탈린이라는 두 실력자 사이에 후계 쟁탈전이 벌어졌다.

초반에는 트로츠키에게 역사의 추가 기울었다. 국방을 책임지고 내전을 승리로 이끈 공로가 널리 인정받았기 때문이다. 하지만 시간이 지나면서 공산당 실무 총책을 담당하며 당 내부에서 조용히 세력을 키워온 스탈린이 다크호스로 등장해 끝국 1927년 승자가 됐고, 경쟁자 트로츠키는 국외로 추방되고 말았다. 이후 트로츠키는 1940년 8월 21일 멕시코시티에서 스탈린이 보낸 자객에 암살되는 결말을 맞았다. 교묘한 술수로 정적을 물리치고 실권을 장악한 스탈린은 거대 국가 러시아를 공산 사회로 바꾸는 무모하면서도 대담한 실험에 돌입했다.

1928년부터 5년 단위로 경제 개발 계획을 추진해 농업 국가 소련을 단기간에 공업 국가로 변화시키는 작업에 착수했는데, 핵심은 공업화와 농업의 집단화였다. 당연히 자영농 쿨라크Kulaks 같은 유산 계층이 격렬하게 반발했다. 스탈린은 자신의 공산화 작업을 방해한다고 판단한 자는 누구든 가차 없이 시베리아 유형이나 총살형에 처했다.

권력에 맛을 들인 스탈린은 제정 시대 차르보다 더 심한 철권 통치의 길로 들어섰다. 오랫동안 혁명운동을 하면서 동고동락한 동료 볼셰비키는 물론이고 적군의 고위급 장교마저 싹쓸이 수준

으로 제거하는 대숙청(1936~1939)을 단행했다. 무려 1000만 명
에 달하는 러시아인의 목숨을 담보로 그가 내세운 명분은 사회주
의 이상 국가 실현이었으나 실상 진의는 절대 권력을 유지하는
것이었다.

그렇다면 스탈린이 내세운 공산주의 지상낙원은 실현되었을까? 수천만 명의 희생을 대가로 스탈린과 그가 이끈 소련은 제2차 세계대전에서 승리하고, 이어서 도래한 냉전에서 세계 패권의 한 축을 차지했다. 강력한 군사력을 바탕으로 거의 반세기 동안 사회주의권의 맹주로 군림했다.

하지만 인민의 고혈과 목숨을 담보로 한 실험은 여기까지였다. 1991년 12월 26일 공산 종주국 소련이 망했다. 1917년 10월 혁명을 성공으로 이끈 러닌, 트로츠키, 스탈린 등 일세를 풍미한 볼셰비키 혁명의 지도자들이 엄청난 피바람을 일으키며 실현하고자 한 모든 것이 한낱 신기루에 불과했음을 지금은 모두가 알고 있다. 인간의 본성이란 원래 이기적이라는 진실을 애써 외면한 탓에 아주 값비싼 대가를 지불한 셈이다.

11월

제1차 세계대전 종결

최초의 대총력전을 마무리하다

#베르사유조약
#마른전투
#맥심기관총
#우드로윌슨
#14개조
#민족자결주의
#로카르노조약
#켈로그브리앙조약

'빼빼로데이'가 유행한 지 오래다. 역사에도 빼빼로데이가 있었다. 서부전선에서 제1차 세계대전의 총성이 멎은 그날(1918. 11. 11. 11시)이다. 협상 진영(영국, 프랑스, 러시아)과 동맹 진영(독일, 오스트리아, 오스만제국)으로 나뉘어 4년 넘게 끌어온 전쟁이 막을 내린 것이다. 전쟁을 끝내는 데 결정적 역할을 한 것은 대서양 너머 강대국 미국의 뒤늦은 참전이었다. 1917년 4월 미국이 본격적으로 뛰어들면서 결국 전정은 협상 진영의 승리로 종결됐다. 이어서 전후 처리 회담이 열려 전쟁이 초래한 문제들을 해결하고자 했다.

의문이 생긴다. 중립을 유지하던 미국은 왜 전쟁에 참여했을까? 우드로 윌슨 대통령이 제시한 '14개 조항'은 무엇인가? 전후 처리 과정은 어떠했으며, 핵심 논점은 무엇이었을까? 전승국과 독일 간에 전후 처리의 결과물인 베르사유조약이 체결됐음에도 왜 불과 20년 후 또다시 세계대전이 벌어졌을까?

1914년 6월 28일 사라예보의 총성으로 불붙은 전쟁은 1914년 8월 4일 영국이 독일에 선전포고하고 유럽 열강 중 마지막으로 참전하면서 발칸반도의 국지전에서 세계대전으로 확대됐다. 총력전인 탓에 각국은 인적·물적 자원을 전부 전쟁에 동원했다. 문제는 대전 초반 독일이 작전명 '슐리펜 계획'으로 시도한 기동전이 1914년 9월 초 마른전투에서 좌초되면서 전쟁이 참호전으로 빠져들었다는 점이다. 서부 유럽의 광활한 평원에서 양측 군대는 길고 복잡한 참호 망을 구축한 채 상대방 참호 지대 돌파를 목표로 일진일퇴의 공방전을 펼쳤다. 그러다 보니 살상전이 불가피했고, 날을 거듭할수록 전상자만 늘어났다.

무기 체계 면에서도 피해가 가속됐다. 성능을 확신하지 못하던 맥심 기관총이 서부전선 최고 무기로 자리매김한 사실이 방어 측의 이점을 대변했다. 나폴레옹 이래 '공격 제일주의' 신화에 세뇌된 양측 장군들은 첨단 무기가 가져온 현대전의 실체를 제대로 이해하지 못한 채 분당 600발의 사격 속도를 자랑하는 기관총이 불을 내뿜는 한폭판으로 쉴 새 없이 병사를 밀어 넣었다. 그 결과 1916년 봄 베르됭 전투나 그해 여름 솜 전투처럼 불과 몇 개월 사이에 무려 100만 명의 사상자가 발생하는 참혹한 상황이 펼쳐졌다. 견고한 참호 지대를 돌파하기 위해 개발된 독가스나 탱크 같은 신무기도 동원됐다. 전쟁의 비정함이 가파르게 고조됐다.

초기의 단기전 예상과 달리 전선에는 변화가 보이지 않았고 전쟁은 장기 소모전으로 빠져들었다. 수개월씩 공방전이 이어지면서 인명 손실만 늘자 돌파구가 절실해졌다. 이때 전황을 송두리째 뒤흔드는 사건이 벌어졌다. 대서양 건너편 미국이 뛰어든 것이다. 거의 3년간 이어진 대규모 소모전으로 양측이 기진맥진한 상태에서 엄청난 물량 공급력을 보유한 미국의 참전은 전쟁의 흐름이 협상 진영에 유리한 방향으로 바뀌는 결정타였다.

전쟁 발발 직후 미국은 중립을 선언하고 교전국들을 상대로 군수물자를 판매해 짭짤한 재미를 보고 있었다. 정치적으로도 우드로 윌슨의 민주당 정부는 전쟁보다 평화 쪽으로 기울어 있었다. 유럽에서 전쟁이 벌어지자 윌슨 대통령은 1914년 8월 4일 중립을 선포하고, 심지어 자국민들에게 "행동뿐만 아니라 생각까지 중립을 지켜달라"라고 호소했다. 이어서 미국과 영국이 1909년 런던선언으로 합의한 해상 원칙에 따라 전쟁 기간에도 "명백한 밀수품을 제외한 모든 상품의 자유로운 통과가 지속적으로 적용되길 바란다"라는 전문을 교전국들에 발송했다.

전시 상황에서 이 원칙이 제대로 지켜질 리 없었으니, 미국의 교역으로 실질적인 덕을 본 것은 영국이었다. 1914년 10월 이래 영국은 미국에 적극적으로 구매 사절단을 파견했고 1917년 초에는 전쟁 물자의 40퍼센트를 미국에서 공급받는 지경에 이르렀다. 물론 미국은 중립국으로서 독일과도 교역할 수 있었으나 현실적으로 불가능했기에 영국이 식량을 비롯한 군수물자 조달을 독점하다시피 했다.

불리한 상황이 이어지자 독일은 미국의 참전을 더욱 우려할 수밖에 없었고, 이를 방지할 요량으로 전쟁을 빨리 끝내려 했다. 1915년 2월 초 독일은 영국 해역을 전쟁 수역으로 선포하고 이곳 해상에서는 적군 함정뿐만 아니라 중립국 상선도 공격당할 수 있음을 선언했다. 미국의 항의에도 아랑곳하지 않던 독일은 U-보트를 이용한 잠수함 작전을 개시했다. 독일의 소형 잠수함이 바닷속에서 물 위에 떠 있는 배에 수중 어뢰를 발사하는 작전이었다. 1915년 5월 7일, 미국 뉴욕과 영국 리버풀을 오가던 영국 여객선 루시타니아호RMS Lusitania가 아일랜드해에서 독일의 잠수함 공격으로 격침되는 사건이 벌어졌다. 이 사건으로 사망한 승객 1200여 명 중에는 미국인 128명이 포함되어 있었다.

참사 소식에 미국의 여론이 들끓었다. 하지만 윌슨 대통령은 독일에 강력하게 항의하는 서한을 보내는 선에서 사건을 마무리하고 여전히 세계 평화에 대한 염원을 가슴에 품은 채 중립을 유지했다. 물론 1916년 대통령 선거에서 평화의 정강을 내세운 민주당의 윌슨이 재선된 결과로 보듯이 미국인들은 여전히 전쟁 개입을 반대했다. 윌슨의 서한을 받은 독일도 미국의 참전을 우려해 자국 해군 잠수함 부대에 민간인 탑승 선박에 대해서는 공격을 자제하라는 명령을 내렸다. 하지만 이는 이상일 뿐, 생사가 갈

1915년 5월 8일 《뉴욕타임스》에 실린 루시타니아호 침몰 기사.
"루시타니아호 잠수함에 격침, 사망자 1260명 추정" 헤드라인이 걸렸다.

리는 현실에서는 제대로 지키기 어려웠다. 이후로도 독일 잠수함의 공격으로 예기치 않은 인명 피해가 이어졌으나 윌슨의 중립 의지는 변함없었다.

윌슨의 전쟁 종결 호소와 평화 달성을 위한 노력에도 현실은 반대로 흘러갔다. 그의 연설이 있은 지 불과 1주일이 지난 1월 31일 독일은 무제한 잠수함 작전을 선언했다. 일종의 도박이었다. 미군이 유럽에 다다라 전선에 투입되기까지 걸리는 시간으로 판단한 향후 6개월 동안 매달 평균 60만 톤 이상의 선박을 격침할 경우, 영국민을 아사 상태로 몰아넣어 승리할 수 있으리라 판단했다. 1917년 2월 이 작전을 시작한다면 영국은 8월 시작될 수확기 전에 항복할 것으로 독일은 기대했다.

하지만 이는 '치머만 전보 사건'과 결합되어 미국인의 분노를 더욱 자극한 탓에 영국의 항복을 받아내기는커녕 오히려 강대국 미국을 전쟁에 끌어들이는 결과를 가져오고 말았다. 치머만 전보는 독일 외무 장관 아르투어 치머만Arthur Zimmermann이 멕시코 정부에 보낸 비밀 전문으로, 독일이 미국과 전쟁 상태에 들어갈 경우 멕시코가 독일 측에 가담하는 조건으로 1848년 전쟁에서 멕시코가 미국에 빼앗긴 텍사스, 뉴멕시코, 애리조나 등지의 영토를 되찾게 해주겠다는 내용을 담고 있었다.

1917년 2월 3일 독일과 단교를 선언한 윌슨은 두 달 뒤인 4월 6일 "미국은 정복도, 지배도 원치 않으나 우리의 권리를 방어할 수단이 달리 없기 때문에 전쟁에 참전한다"고 천명하고 독일에 대한 전쟁 선포에 서명했다. 곧 상원은 82 대 6, 하원은 373 대 50으로 전쟁 결의안을 가결했다. 미국은 1917년 말 존 퍼싱John Pershing 장군을 사령관으로 원정군을 조직하고 유럽 전선에 연인원 총 200만 명과 100억 달러가 넘는 군수물자를 투입해 최종적으로 협상 진영의 승리를 이끌었다.

전쟁 막바지 무렵 독일에도 승전의 기회가 있었다. 1917년 10월 러시아에서 볼셰비키 혁명이 성공하면서 공산 지도자 레닌의 지시로 1918년 3월 독일과 러시아 간에 단독 강화조약인 브레스트·리토프스크 종전 조약이 체결됐다. 협상 진영의 동부전선을 맡은 러시아가 갑자기 전선을 떠난 덕에 동부전선을 평정한 독일은 47개 사단에 이르는 병력을 대거 서부전선으로 이동시켜 1918년 3월부터 7월까지 마지막 총공세를 감행했다. 하지만 독일의 시도는 실패로 끝났다. 때마침 국내에서 반전 분위기가 고조된 와중에 발트해에 연한 킬 군항에서 수병 반란까지 일어나자 빌헬름2세는 퇴위해 네덜란드로 망명을 떠났고 1918년 11월 11일 독일 정부는 무조건 항복하고 말았다.

이렇게 유럽 대륙을 거대한 '인간 도살장'으로 만들며 4년 4개월 동안 이어진 전쟁은 엄청난 상흔을 남기고 끝이 났다. 대전은 긴 세월 세계를 호령한 유럽 문명이 쇠락의 길로 빠져드는 결정적 계기로 작용했다. 이제 전쟁 기간을 호기 삼아 국력을 크게 끌어올린 미국과 최초의 공산국가로 등장한 신생국 소련이 패권국으로 부상했다. 무엇보다 중요하고 시급한 문제는 유럽 대륙을 다시금 '정상 상태'로 되돌려놓는 일이었다. 전후 처리가 가장 중요하고 다급한 현안으로 떠올랐다. 윌슨은 그토록 염원하던 휴전을 이끌어내는 데 성공했지만 전쟁이 중지된 기쁨도 잠시, 휴전 이후 세계 질서 유지라는 더 복잡한 문제가 기다리고 있었다. 운 좋게 살아남은 사람들에게 남은 과제는 혼란을 수습하고 평화와 질서를 재확립하는 일이었다.

사실상 윌슨은 1918년 1월 8일 전후 평화에 대한 자신의 구상을 담은 '14개 조항'을 대내외에 천명한 바 있었다. 이는 일찍이 '승리 없는 평화'를 제창한 윌슨의 이상을 집대성한 문서였다. 핵심은 피압박민족에 민족자결주의 원칙을 적용하고, 승자와 패자가 동등하게 군비를 축소하며, 향후 집단 안보를 전담할 국제연맹을 창설한다는 세 가지 사항이었다.

윌슨은 미국 수석 대표로 직접 파리평화회의에 참석했다. 조지워싱턴호를 타고 뉴욕을 출항해 파리에 도착한 윌슨은 유럽인들의 열렬한 환영을 받았다. 윌슨이 프랑스 서부 브레스트 항구에 도착한 다음 날, 200만 명에 달하는 파리 시민이 그를 환영하기 위해 거리로 나왔다. 벽마다 윌슨을 환영하고 감사를 표하는 포스터가 나붙었고, 운집한 사람들의 입에서는 "아메리카 만세, 윌슨 만세"가 터져나왔다. 열광적인 환영에 크게 감격한 윌슨은 파리대학 연설에서 국제연맹의 필요성을 역설했다.

그러나 윌슨의 이상주의는 곧 국익 추구라는 냉엄한 현실의 벽에 부딪치고 말았다. 전쟁은 언제나 심각한 인적·물적 피해를 남기기에 전쟁을 마무리하는 회담에서는 충돌 당사국들, 특히 승전국들의 이해관계가 적나라하게 표출되었다. 전후 처리를 논의하기 위해 각 전승국을 대표해 1919년 1월 파리에 모인 이들도 예외가 아니었다. 동맹 진영 국가들을 제외하고 전승국과 중립국을 포함해 32개국에서 파견된 대표 70여 명이 이 자리에 참석했다.

회담을 주도한 것은 승전에 크게 기여한 강대국 대표들, 다시 말해 미국 대통령 우드로 윌슨, 영국 총리 로이드 조지Lloyd George, 프랑스 총리 조트주 클레망소Georges Clemenceau, 이탈리아 총리 비토리오 오를란도Vittorio Orlando 등이었다. 이들은 소위원회를 별도 구성해 주요 안건을 처리했다. 궁극적으로 파리평화회의는 자국 관련 영토 조정에 불만을 품고 중도에 회담장을 나가버린 오를란도를 제외하고 나머지 세 인물이 주도했다.

회담의 원칙은 윌슨이 천명한 '14개 조항'이었다. 이중에서 비밀 외교 폐지, 공해상 항해 자유 보장, 민족자결주의, 군비 축소 그리고 국제연맹 창설 등이 핵심 사안으로 거론됐다. '14개 조항'에 깔린 정신은 국제적 도의와 정의에 입각한 전후 처리로 세계에 항구적 평화를 정착시키자는 것이었다. 하지만 '승리 없는 평화'를 지향한 윌슨의 이상주의는 회담이 진행되면서 프랑스, 벨

1919년 5월 27일 파리평화회의에 참석한 빅 4. 왼쪽부터 영국의 로이드 조지 총리, 이탈리아의 비토리오 오를란도 총리, 프랑스의 조르주 클레망소 총리, 미국의 우드로 윌슨 대통령.

기에, 영국 등 "독일의 공격으로 엄청난 인적·물적 피해를 입었다"고 주장하는 유럽 전승국들의 이해관계와 부딪치면서 '패전국 응징' 쪽으로 수정되었다.

윌슨의 이상이 어떻게 굴절됐는지 몇 가지만 살펴보자. 공해상의 항해 자유 보장은 당시 최대 해양국이던 영국의 반대로 무산됐고, 비밀 외교 폐지도 나름 성과는 있었으나 나중에 독소불가침조약(1939. 8.) 비밀 협정에서 보듯이 보편적으로 수용된 것은 아니었다. 더 큰 쟁점은 민족자결주의였다. 전승국들이 요구한 유럽 내 영토 조정과 해외 식민지 문제와 밀접하게 연결되기 때문이다. 현실적 이해관계가 워낙 큰지라 윌슨의 노력에도 불구하고 결국 민족자결주의는 패전국의 영토와 식민지에만 적용되고 말았다. 윌슨에 기대를 건 피압박민족들의 염원은 여지없이 무너지고 말았다.

군비 축소도 마찬가지였다. 윌슨은 승패에 상관없이 전체 열강의 군축을 주창했으나 워싱턴 해군 군축(1921) 등의 성과만 있었을 뿐 제대로 적용되지 않았다. 유일한 성과인 국제연맹 창설역시 귀국 후인 1920년 3월 19일 국제연맹 규약을 포함해 베르사유조약 비준을 위해 열린 미국 상원 회의에서 부결되면서 용두사미로 끝나고 말았다. 상원 내 고립주의자들은 베르사유조약을 비준할 경우 그 안에 포함된 국제연맹 규약으로 장차 유럽에서 분쟁이 발생할 경우 미국은 자동 개입할 수밖에 없으리라는 우려에서 적극 반대했다.

　6개월에 걸친 논의 끝에 마침내 1919년 6월 28일 베르사유궁 전 '거울의 방'에서 전승국들과 독일 간에 강화조약이 체결됐다. 이곳은 반세기 전 보불전쟁에서 패한 프랑스가 프로이센(독일)에 항복한 굴욕의 장소였다. 설욕하겠다는 속셈으로 반세기가 지난 1919년에 이곳을 조인식 장소로 정한 것이었다.

　조약은 총 15개장에 걸쳐 세부 조항 440개로 이뤄졌다. 총 8만 여 자에 달할 정도로 방대한 조약문에는 독일로서는 감당하기 힘 든 내용이 많았지만 패전국 처지에서는 글자 하나 수정할 수가 없었다. 그래서 독일인들에게 이 조약은 '베르사유의 강제 명령' 으로 인식되며 강한 반발을 불러일으켰다. 조약 체결 이후 이런 불만을 집요하게 파고든 히틀러와 나치당은 지방의 일개 소수 정 당에서 전국적인 대중정당으로 성장해 집권하기에 이르렀다.

　조약문 가운데 몇 가지를 보면 다음과 같다. 우선 독일의 국내 외 영토를 조정해 독일의 해외 식민지는 전부 위임통치라는 명목 으로 전승국인 영국, 프랑스, 일본 등의 차지가 됐다. 독일의 유럽 내 영토도 약 14퍼센트가량 줄었다. 알자스로렌은 프랑스로, 슐 레스비히는 덴마크로, 슐레지엔 지방은 폴란드로 넘어갔다. 프랑 스의 강력한 요구에 따라 독일의 핵심 공업 지역인 라인란트는 비무장지대로 설정해 군사적 완충지대가 됐다. 또 베르사유조약 제231조에 독일과 그 동맹국을 전쟁 책임자로 명시한 '전범자 조항'을 신설했다. 이를 근거로 독일 측에 1320억 금金 마르크라는 천문학적 액수의 배상금을 부과했다.

끝으로, 다시는 독일이 전쟁을 도발하지 못하도록 독일 군비를 대폭 축소했다. 예컨대 의무병역제를 폐지하고 군 규모 역시 육군 10만 명, 해군 1.5만 명 수준으로 줄였다. 더불어 공격용 무기인 중포, 전함, 잠수함, 비행기 등을 보유하지 못하도록 금지했다. 이처럼 실제로 체결된 조약은 불과 6개월 전에 윌슨이 제시한 평화조약과는 상당한 차이가 있었지만, 윌슨은 집단 안보를 통한 전쟁 방지를 명시한 국제연맹 창설에는 합의를 이뤘다는 사실에 만족한 채 회담장을 떠났다.

1920년 1월 세계 평화와 인류 문화 창달을 목표로 50여 개국이 참여해 국제연맹이 설립되고 집단안전보장 체제가 수립됐다. 하지만 여기에는 출발부터 한계가 있었다. 연맹 창설을 주도한 미국이 상원에서 베르사유조약 승인을 부결하면서 불참했고 독일과 소련은 가입이 불허됐다. 무엇보다 향후 발생하는 국제적 폭력 행위에 대해 합당한 제재 수단이 빠져 있었다. 물론 이런 한계에도 평화 정착을 위한 노력은 지속되어 워싱턴군축회의(1921), 제네바군축회의(1927), 런던군축회의(1930) 등 일련의 합의로 군축이 성사됐다.

전쟁을 방지하고 평화를 정착하기 위한 염원은 국제조약으로도 표출됐다. 대표적인 것이 독일·프랑스·벨기에가 라인강 부근 국경의 상호 영토 보전에 합의한 로카르노조약(1925)이다. 이를 계기로 그동안 베르사유조약 수용을 거부해온 독일이 조약 내용을 준수하기로 약속하면서 유럽에는 화해의 분위기가 고조됐다. 이런 기운을 몰아 미국과 프랑스는 "향후 국제분쟁이 생기더라도 전쟁을 해결 수단으로 삼지 않는다"는 골자로 켈로그·브리앙조약(1928)을 체결하는 데까지 나아갔다.

1918년 11월에 끝난 제1차 세계대전은 엄청난 지각변동을 가져왔다. 제국의 몰락과 국경선 변화로 유럽 지형도는 전쟁 이전과 판이하게 달라졌다. 유구한 전통과 막강한 권위를 과시하던 오스트리아(합스부르크 왕조), 독일(호엔촐레른Hohenzollern 왕조), 러시아(로마노프 왕조), 오스만제국(오스만 왕조) 등 전통 제국과 왕조가 사라졌다. 그 빈자리를 폴란드, 발트 3국(에스토니아·라트비아·리투아니아), 헝가리, 체코슬로바키아, 유고슬라비아 등 신생독립 국가들이 채웠다. 평화 정착을 위한 다각적인 시도 덕분에 종전 직후의 혼란에서 벗어나 1920년대 중반 이래 유럽에는 새로운 희망이 싹트기 시작했다.

하지만 그 싹이 움터 자리를 잡기도 전에 대공황(1929)과 파시즘이라는 폭풍우가 닥쳤다. 그토록 염원하던 평화를 또다시 잃을지 모른다는 우려가 그리 오래지 않아 현실로 다가왔다. 이번에도 평화를 위협한 주인공은 베르사유조약에 불만이 큰 히틀러의 나치 독일이었다. 유럽에 항구적 평화 체제를 구축하겠다는 소망

을 안고서 체결한 베르사유조약이 취지와 반대로 또 다른 세계대
전의 불씨를 피워 올린 것이다. 역사는 당대인들은 미처 알아채
지 못하는 아이러니로 가득 차 있다는 사실을 부인할 수 없는 교
훈적 사례다.

11월

찰스 다윈의 《종의 기원》 발간

제국주의 침탈의 이념으로 악용되다

#비글호
#존헨슬로
#천지창조
#아이작뉴턴
#갈라파고스제도
#찰스라이엘
#앨프리드월리스
#토머스맬서스
#허버트스펜서
#사회다윈주의
#러디어드키플링

1859년 11월, 훗날 세상을 깜짝 놀라게 만드는 책이 발간됐다. 찰스 다윈Charles Darwin의 《종의 기원On the Origin of Specie: by Means of Natural Selection》이다. 이 책은 그간 만물의 영장이라 믿어 의심치 않던 인간의 위상에 타격을 가했을 뿐만 아니라, 무엇보다 19세기 말부터 가속된 서양 열강의 제국주의 침탈과 비정한 자본주의를 옹호하는 이데올로기로 악용되기도 했다. 다윈이 예상한 바도, 찬성한 바도 아니었으나 역사는 다르게 흘러갔다.

영국의 생물학자이자 지질학자로서 진화론 확산에 크게 기여한 다윈은 잉글랜드 북서부 슈루즈베리의 '금수저' 출신이다. 부친은 이름난 의사에다 할아버지는 유명한 학자 이래즈머스 다윈Erasmus Darwin이었고, 외조부는 영국 도자기 산업을 창시한 조사이아 웨지우드Josiah Wedgwood였다. 다윈은 가업을 계승할 요량으로 에든버러대학 의학부에 입학했다. 하지만 피를 보면 놀라는

1881년, 이 무렵 찰스 다윈은 건강이 좋지 않았다. 마지막 저서《지렁이의 활동과 분변토의 형성 *The Formation of Vegetable Mould through the Action of Worms*》을 펴낸 후 1882년 세상을 떠났다.

성향이 있어 의대를 중퇴하고, 국교회 성직자의 길을 걸으려는 뜻으로 케임브리지대학 신학과에 들어갔다. 그는 호기심이 넘쳐 났는지 이곳에서도 식물학자 존 헨슬로John Henslow 교수와 가깝게 지내며 신학보다는 식물학에 열중하다가 1831년 졸업했다.

그가 막 대학 문을 나서려는 순간, 방황하던 다윈의 인생을 완전히 바꾸는 계기가 찾아왔다. 왕립 해군의 탐험선인 비글호에 동승할 박물학자로 선발된 것이다. 5년이 걸린 이 항행(1831. 12.~1836. 10.)으로 다윈은 남아메리카의 여러 나라를 비롯해 특히 에콰도르의 갈라파고스제도를 탐험해 진화의 흔적을 목격하고 관련 증거물을 수집했다. 장기간 힘든 탐사를 마치고 영국으로 돌아온 다윈은 오랜 세월 칩거하며 연구를 거듭한 끝에 마침내 1859년 《종의 기원》을 발표했다. 그는 스스로 사상가라기보다는 자연과학자(박물학자, 지질학자, 생물학자 등)로, 종교적으로는 불가지론자로 여겼으나 《종의 기원》을 통해 그가 설파한 진화론은 이후 서구 지성사의 흐름을 뒤흔들기에 충분했다.

다윈이 충격을 안기기 전, 19세기 유럽 지식인들은 지적 안락함에 빠져 있었다. 니콜라우스 코페르니쿠스Nicolaus Copernicus와 갈릴레오 갈릴레이Galileo Galilei 이후 지구는 더 이상 우주의 중심이 아니었으나, 신은 중력이라는 가느다란 실로써 완벽한 질서 속에서 조화롭게 움직이는 천체의 운행을 주재하고 있었다. 또 인간은 여전히 지구상에 존재하는 모든 생명체의 중심이자 목적이었다. 인간은 조물주가 동물과는 다른 차원의 생기를 불어넣어 창조한 특별한 종이었다. 똑같이 창조주의 손에서 세상에 나타난 다른 생명체들은 미켈란젤로 부오나로티Michelangelo Buonarroti가 〈천지창조〉에서 묘사했듯 창조주가 뻗은 손가락을 통해 자연의 지배자로 인정받은 인간의 통치를 받고 있었다.

그러나 다윈의 저술로 로마교황청 바티칸의 시스티나성당 천장을 수놓은 이 그림의 중심부 장면을 다시 그려야 하는 상황이 벌어졌다. 긴 세월 의심 없이 굳건하게 떠받쳐온 창조론이라는 대들보가 와해될 위기에 처했기 때문이다. 이제 인간은 신의 형상을 모델 삼아 창조한 신의 피조물이 아니었다. 〈천지창조〉에서 인간과 맞닿은 신의 손가락은 아담의 것이 아니라 그동안 인간이 무시해온 원숭이의 손가락이었다.

다윈은 '자연선택에 의한 진화', 다시 말해 아래로부터의 창조론을 내세움으로써 위대한 설계자인 신의 창조, 즉 위로부터의 창조론을 뒤집었다. 가히 다윈은 '생물학계의 뉴턴'이라 평가할 만했다. 아이작 뉴턴Isaac Newton이 우주를 이해하는 문을 열었다면, 다윈은 생명을 이해하는 문을 열었기 때문이다. 이를 증명하듯 다윈은 런던의 웨스트민스터사원에 뉴턴의 묘 바로 옆에 묻혔다.

서구 지성사를 뒤흔든 《종의 기원》은 다윈의 탐험에서 비롯됐다. 1831년 영국 해군은 남반구 탐사에 나설 비글호에 로버트 피츠로이Robert FitzRoy 함장과 함께 탑승할 박물학자를 수소문하고

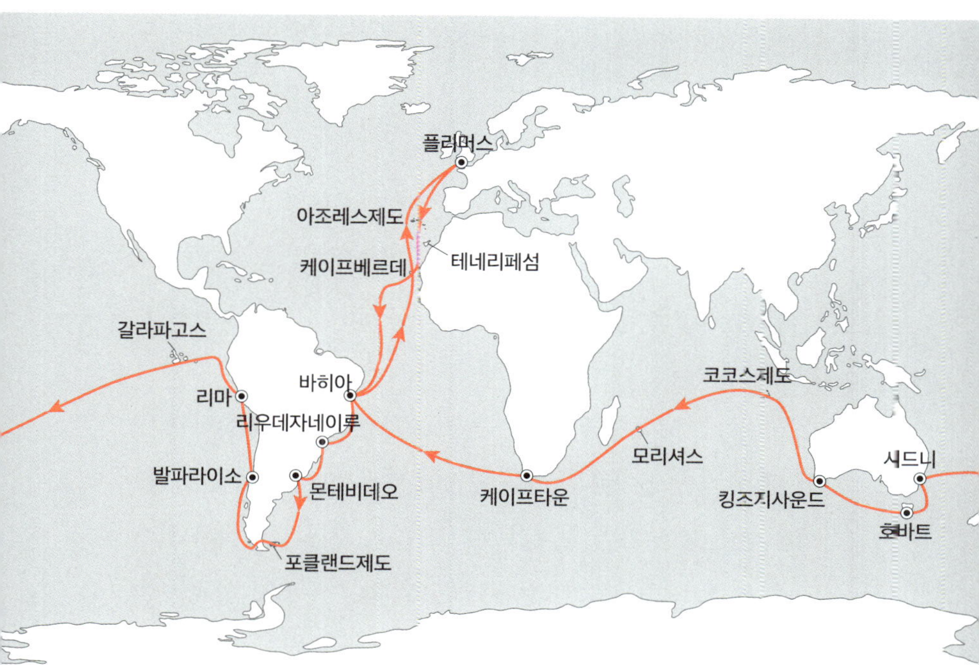

《종의 기원》을 탄생시킨 비글호 탐험. 1831년 영국에서 출발해 대서양 횡단, 남아메리카 해안 탐사 후 태평양, 인도양을 거쳐 1836년 다시 영국으로 돌아오는 세계 일주 경로다.

있었다. 이때 케임브리지대학 은사 헨슬로의 추천으로 다윈이 선발됐다. 이것이 인생을 바꾸는 계기가 되리라고는 다윈도 전혀 짐작하지 못했다. 1831년 12월 시작되어 1836년 10월까지 총 6만 5000킬로미터를 항해한 비글호의 목적은 파타고니아, 푸에고섬, 칠레, 페루 등 남아메리카 해안과 태평양 여러 섬을 조사해 크로

노미터Chronometer(바다에서 경도 측정에 이용하는 매우 정확한 시간 측
정 장치) 측점을 정하는 것이었다.

　항해에서 다윈이 가장 영감을 많이 얻은 곳은 갈라파고스제도
였다. 1835년 귀환 길에 그는 드디어 갈라파고스에 발을 디뎠다.
에콰도르 해안에서 서쪽으로 1000킬로미터 이상 떨어진 이곳에
는 가장 큰 이사벨라섬을 중심으로 크고 작은 섬 19개가 흡사 공
동체처럼 모여 있었다. 이 섬들을 탐사하며 다윈은 특히 갈라파
고스 핀치라는 방울새 부리와 거북이 등껍질 모양을 면밀하게 관
찰한 끝에 같은 종이라도 서식 환경에 따라 모습이 달라진다는
사실을 발견했다. 가령 핀치의 부리 크기와 모양은 먹이와 관련
있었다. 부리가 커다란 핀치는 큰 먹이를 먹고, 주로 지상에 사는
핀치는 단단한 씨를 깨기에 적합한 부리를 갖고 있었다. 나무 핀
치의 곡선 부리는 숨어 있는 절지동물을 집어내는 데 좋고, 딱따
구리 핀치의 부리는 나무에 구멍을 내는 데 유리했다.

　자연스럽게 다윈은 의문을 품었다. 이미 남아메리카 여러 곳
을 탐사하는 동안 당시 정설이던 개별 종의 특별 창조설을 의심
케 하는 다양한 사실을 접하고 내심 놀란 참이었다. 이런 상황에
서 다윈은 갈라파고스에서 한층 분명한 증거들을 발견하곤 종의
불변설이나 특별 창조설에 더욱 의문을 갖게 됐다. 한마디로 "종
은 항구 불변하지 않는다"는 불신앙적인 생각으로 머릿속이 복
잡해진 것이다.

다윈은 갈라파고스의 각기 다른 섬에서 핀치를 발견했는데, 섬마다 환경과 먹이가 달라 핀치의 부리 형태가 다르다는 사실을 알게 됐다.

무려 5년에 이르는 기간 동안 비글호의 좁은 선실에서 악전고투한 끝에 다윈은 1836년 10월 초 귀환했다. 이제 그는 탐험 전 철없던 청년이 아니었다. 어마어마한 장거리 항해를 통해 다윈은 브라질 밀림의 열대식물부터 안데스 정상에 이르기까지 자연계에 대해 거시적인 안목을 지니게 됐다. 무엇보다 항해 전 '종의 불변성'을 믿던 다윈은 항해와 탐사라는 직접 경험으로 점차 이를 부정하는 지적 전환을 겪는다.

게다가 친한 동료이자 저명한 지질학자인 찰스 라이엘Charles

Lyell의 《지질학 원리*Principles of Geology*》는 고민에 빠진 다윈에게 힘을 실어주었다. 라이엘은 이 저술로 지구의 지각이 대형 지진과 홍수, 화산 폭발 등으로 불과 수천 년 전에 형성됐다는 당시의 통설을 거부하고, 지구 나이를 수백만 년으로 늘려놓았기 때문이다. 또 라이엘은 '모든 지표의 모양은 장구한 세월에 걸친 물리적, 화학적, 생물학적 과정을 통해 이뤄졌다'고 설파했다. 당시 통설은 17세기 중엽 더블린대학 부총장으로 명망 있던 제임스 어셔James Ussher 대주교가 계산한 것으로, 그는 《성경》에 언급된 인간의 세대를 모두 합산해 '기원전 4004년 10월 23일'에 신이 세계를 창조했다고 주장했다.

비글호 항해 후 무려 20여 년 동안 다윈은 종의 변이에 대한 방대한 저작을 준비하면서도 오랫동안 망설였다. 그러던 중 서둘러 책을 발간하도록 이끈 계기가 있었는데, 바로 박물학자 앨프리드 월리스Alfred Wallace와의 관계였다. 1858년 6월 다윈은 말레이 제도에서 연구 중이던 월리스로부터 진화와 자연선택을 명쾌하게 정리한 소논문을 검토해달라는 부탁을 받았다. 자기가 긴 세월 심혈을 기울여 연구해온 내용을 이 논문이 거의 망라하다시피 한 것을 알게 된 다윈은 충격을 받았다. 그러나 곧 정신을 가다듬고 서둘러 지질학자 라이엘과 식물학자 조지프 후커Joseph Hooker에게 도움을 청했다. 영향력이 있는 이들의 도움으로 1858년 7월 1일 다윈은 런던 린네학회에서 월리스와 공동으로 논문을 발표할 수 있었다. 그리고 다행스럽게도 다윈이 먼저 이 주제로 연구에 착수했다는 점에 월리스가 별다른 이의 없이 인정하면서, 비록 오늘날까지 논쟁이 이어지고는 있으나 진화론의 창시자가 누구인지에 대한 문제는 일단락됐다.

우여곡절 후 집필에 몰두한 다윈은 1859년 11월 24일 장차 패러다임을 바꿔놓을《종의 기원》을 발표했다. 출판사의 우려와는 달리 이 책은 초판 1250부가 발간한 날 매진됐고, 1872년까지 6쇄를 거듭하며 세간의 인기를 끌었다.

다윈이 제시한 진화론의 기본 원리는 크게 두 가지다. 첫 번째는 생존경쟁 원리다. '자연의 다산성에도 불구하고 왜 특정 종의 성체 수는 일정할까'라는 의문에서 출발해, 경쟁에 패한 자는 자연스럽게 소멸한다는 개념이다. 다윈은 이를 1838년 우연히 접한 토머스 맬서스Thomas Malthus의《인구론*An Essay on the Principle of Population*》에서 착상했다.《인구론》의 핵심은 인구는 기하급수적으로 늘어나는 반면 식량은 산술급수적으로 증가하기에 적합한 자만 생존경쟁에서 살아남는다는 것이었다. 유용한 설명 틀을 찾아 고민하던 다윈이 이를 차용해 유기체의 기하급수적 증가와 그에 따른 생존경쟁을 설명하는 개념으로 구체화됐다.

또 다른 하나는 생존경쟁보다 더 널리 알려진 자연선택이다. '유리한 변이의 보존과 불리한 변이의 제거'는 자연이 선택한다는 설명으로, 이는 곧 허버트 스펜서Herbert Spencer가《생물학의 원리 *The Principles of Biology*》(1864)에서 '적자생존'이란 용어로 대체하고 인간 사회에 확대 적용하면서 보편화됐다. 적자생존이란 말 그대로 환경에 적응한 자만 살아남고 그렇지 못하면 소멸한다는 이론이며, 진화론의 제반 원리들 중 근대사상에 가장 심대한 영향을 준 개념으로 평가되고 있다.

생물학적 진화를 설명한 다윈의 학설은 맬서스와 스펜서의 학설과 접목되면서 '사회다윈주의'로 굴절됐다.《종의 기원》발간 후 이념적으로 다윈이 가장 크게 영향을 미친 것은, 실상 다윈은 전혀 의도하지 않았지만 바로 이 사회다윈주의였다. 일단 다윈이 물꼬를 트자 적자생존 개념은 인간의 전 영역에 적용되기 시작했다. 다윈이 자연에 적용한 진화 원리를 인간 사회에 투영한 '사회다윈주의자'들이 등장했다.

대표적인 인물이 앞서 언급한 허버트 스펜서다. 그는 경쟁이 진보의 동인이란 전제하에 적자생존 개념을 내세우며 19세기 후반 영국 사회에서 자본가는 적자, 노동자는 부적자라고 주장했다. 그리고 사회 발전을 위해서는 빈곤 문제 해결에 국가가 나서지 말고 오직 자유경쟁에 맡겨야 한다는 자유방임 경제를 설파했다. 국가가 간섭하면 자연 질서가 방해받아 자연도태에 따른 인간 사회의 정화 과정이 중단될 수 있다는 것이었다.

백가쟁명으로 다양한 이념이 분출하던 19세기 말 다윈의 자연선택에서 파생된 적자생존 원리는 우생학, 인종주의, 그리고 특히 서양 제국주의의 침탈과 무력 행사 등을 합리화하는 데까지 원용됐다. '강한 놈만 살아남는다. 즉 살아남은 놈이 강자'라는 인식은 유럽 안에서는 인종주의를, 밖으로는 제국주의 침탈을 합리화하는 이론적 수단으로 악용됐다.

적자생존 원리에 의하건 백인은 생존경쟁에서 승리한 우월한 인종이다. 따라서 제국주의로 무력행사해 식민지를 차지하고 토착민을 지배하는 것은 자연법칙에 충실한 당연한 권리였다. 식민지 점령 과정에서 토착민과의 충돌로 발생하는 인명 피해에 전혀 양심의 가책을 느낄 필요가 없다는 뜻이었다. 이런 주장이 너무 노골적이라 생각했는지, 혹은 점령지 지배와 통치를 합리화하려는 의도 때문인지 일단 식민지를 차지한 뒤에는 '문명화론'이 더 이목을 끌었다. 이는 열등한 인종에게 우월한 백인종이 이룩한 서양 문명을 전파해 이들을 개화시킬 책임을 강조하는 것이었다.

그 논리적 근거가 다윈 진화론에서 왜곡되어 발전한 사회다윈주의였다. 《정글북*The Jungle Book*》의 작가 러디어드 키플링Rudyard Kipling은 〈백인의 짐*The White Man's Burden*〉이라는 시를 통해서 유럽 백인 사회를 향해 '우수한 자식들을 식민지로 보내 문명화 사명을 감당하라'고 역설했다. 제2차 세계대전 이후 식민지 대부분이 독립한 후에는 '문화 제국주의', 즉 식민지의 문화를 지배함으로써 통치하는 방향으로 연구가 이어졌다. 《종의 기원》을 계기로 등장한 다양한 지적 조류로부터 생명력을 얻은 제국주의가 외피를 감춘 채 오늘날까지 끈질기게 이어지는 셈이다.

지성사 면에서 다윈이 미친 심대한 영향은 우주 속 인간의 위상 변화였다. 일찍이 코페르니쿠스는 지동설로 인간이 우주의 중심에 있다는 우주론적 환상을 분쇄했다. 서구 기독교 사회는 그래도 인간은 신이 직접 생기를 불어넣어 창조한 고정불변의 존재라는 믿음으로 우주관 변화가 몰고 온 충격을 이겨냈다. 십분 양보해 지동설을 수용하더라도 여전히 인간은 동물과 질적으로 다른 특별한 존재였다. 우주와 지구는 오로지 인간을 위해 신이 특별히 창조한 공간이었다. 그런데 어느 순간 다윈이라는 인물이 나타나 환상을 여지없이 부숴버렸다. 이제 사람들은 창조설에 기초한 기독교적 세계관이 아니라 진화론에서 흘러나온 자연과학적 세계관을 받아들여야 했다.

그렇다면 이제 지구상에서 인간의 독특한 역할은 사라졌단 말인가? 결코 그렇지 않다. 모든 동물이 흔적을 남기지만, 오로지 인간만이 스스로 창조한 것들의 흔적을 남긴다. 인간은 환경 속 객체가 아니라 여전히 환경을 조성해나가는 존재이기 때문이다. 진화론을 통해 서구 사상계는 존재being(인간 본성은 '그 자체'로 변하지 않고, 변할 수도 없다는 입장)를 관조하는 선에서 벗어나 적극적으로 생성becoming의 의미에 대해 생각하기 시작했다.

문명은 존재와 생성의 바람직한 배합으로 발전한다. 존재가 지속성과 나아갈 방향을 제공한다면, 생성은 지속적인 비판 정신

과 창조 정신의 작동을 토장해주기 때문이다. 이 본질적 논의에
불을 붙인 사건이 1859년 11월 다윈이 펴낸《종의 기원》이었음
을 역사는 증언하고 있다.

12월

일본의 진주만 공습

태평양전쟁에 불을 붙이다

#영일동맹
#루스벨트
#아카기항모
#퓨리어스호
#랭글리호
#호쇼호
#워싱턴군축회의
#로버트화이트헤드
#미드웨이해전

지금으로부터 80여 년 전, 여느 때와 다름없는 어느 일요일 아침 휴일의 달콤함에 빠져 있던 하와이 주둔 미군들은 갑작스러운 전투기 굉음과 폭발음에 놀라 황급히 창문 밖을 내다보았다. 낯선 비행기가 쏜살같이 날아다니며 폭탄을 투하하고 기총소사하고 있었다. 그렇다, 태평양전쟁의 서막을 여는 일본군의 진주만 공습(1941. 12. 7.)이 이날 벌어졌다. 사전 경고조차 없었던 일본 연합함대의 기습으로 미국 태평양함대의 전함과 항공기는 궤멸 수준으로 파괴됐고 사상자도 2000명이 훌쩍 넘었다. 이를 계기로 그동안 중립을 유지하던 미국이 참전하면서 태평양 지역도 4년여에 걸친 전화 속으로 빨려 들어갔다. 태평양전쟁(일본에서는 '대동아전쟁'으로 부름)이 시작된 것이었다.

태평양전쟁은 19세기 동아시아와 태평양 지역의 패권을 장악하려 한 일본과 태평양 방면으로 진출해 강대국의 위상을 유지하고자 한 미국이 맞붙은 전쟁이다. 청일전쟁(1894)과 러일전쟁 (1904)에 승리해 타이완, 사할린, 만주 그리고 한반도 등지에서 지배권을 확보한 일본은 본격적으로 동남아시아 진출을 모색하고 있었다. 이를 위해 태평양 제해권 장악을 시도한 것이 진주만 공습이었다. 왜 하필 진주만이었을까?

제1차 세계대전 후 일본 해군은 태평양 지역에서 미국 해군에 방어적으로 대응했다. 그러다가 1931년 만주사변을 계기로 침략 본성을 노골화하면서 공세적으로 전환했다. 특히 1936년 일본은 1922년 이래 유지하던 워싱턴 체제에서 탈퇴한 후 이전의 차단·소모 전략으로는 미국과의 전쟁에서 승리할 수 없다고 판단하고, 개전 초기부터 미국 주력 함대를 선제공격하는 전략으로 돌아섰다. 미국의 엄청난 경제력을 고려해 전쟁이 장기화되면 불리하다고 판단했기 때문이다. 이런 전략적 기조를 실행한 사건이 1941년 12월 7일 진주만 공습이었다.

1904년 러시아 발트함대와 벌인 쓰시마해전에서 완승한 일본은 이후 빠르게 전력을 강화했다. 1914년 8월 초 제1차 세계대전이 터지자 영일동맹을 빌미로 독일에 선전포고한 일본은 동아시아와 태평양 지역에 산재한 독일 식민지를 차지하고, 1921년 워싱턴군축회의의 제약에도 꾸준히 해군력 증강에 매진했다. 1931년 만주 불법 점령과 1937년 터진 중일전쟁은 바야흐로 일본 해군이 중대사를 결행할 시점이라 부추겼고, 은밀하게 추진해온 해군 전력 강화는 곧 표면으로 드러났다.

동아시아에 일본의 불법 침략이 이어지자 그동안 줄기차게 자제하라 요구해온 미국은 더 이상 타협이 불가능하다는 판단 아래 1940년 9월, 대일 고철 수출을 금지했다. 금수 조치는 항공기 엔진과 다른 품목까지 확대됐고, 이런 상황에서 핵심 자원이 부족해진 일본은 이를 해결하기 위해 1941년 7월 25일 프랑스령 남부 인도차이나반도로 진격해 들어갔다. 이에 대응해 미국은 자국 내 일본 자산을 동결하고 급기야 8월 1일에는 대일 석유 수출까지 막았다. 일본으로서는 발등에 불이 떨어진 셈이었다.

무엇보다 긴요한 항공연료가 1년치밖에 남지 않자 그다음 해부터는 당장 무슨 수를 써서라도 원유 400만 톤을 해외에서 확보해야 했다. 당시 일본 해군은 시간당 석유 400톤을 소비하고 있었다. 석유는 물론 핵심 물자 수입 루트가 차단될 경우 1년 이상 버티기 힘든 상황이었다. 전쟁 수행에 필수인 자원을 확보하려면 인도차이나반도에서 더 남쪽으로 전선을 확대해야 했는데, 이를 실행할 경우 자칫하면 미국과의 전쟁도 각오해야 했다. 진퇴양난 상황에서 일본 정부와 군은 결단의 시점이 왔음을 예감했다.

일본은 미국 정부에 외교 협상을 제안하면서 화해의 제스처를 내보였다. 미국은 일본의 제안에 응하기는커녕 한술 더 떠 현재 점령한 중국 영토에서 철수하라고 일본에 요구했다. 일본 정부가 난색을 표하자 루스벨트 대통령은 '향후 미국은 자유민주국가들을 지원하는 병기창 역할을 수행할 것'임을 천명하는 등 단호한 태도를 보였다. 이에 일본에서는 호전적 여론이 들끓었고, 일본 대본영과 군부는 본격적으로 미국과의 일전을 준비했다. 국력상 미국에 비해 일본은 열세한 상황이었기에 단기 결전만이 그나마 승리할 수 있는 해결책으로 떠올랐다.

마침내 일본은 1941년 12월 1일 열린 최종 어전회의에서 미국, 영국, 네덜란드를 상대로 개전하기로 결정했다. 이어서 일본 해군은 1941년 12월 7일 일요일 이른 아침, 미국 태평양함대 사령부가 있는 하와이 진주만을 기습 공격했다. 이 불가능한 임무를 수행한 인물은 연합함대 사령관 야마모토 이소로쿠山本五十六 제독이었다. 그는 전쟁 전에 미국 주재 일본 대사관 무관으로 근무하며 미국의 엄청난 잠재력을 잘 알았으나 연합함대 사령관으로서 국가가 부여한 임무를 피할 수 없었다. 진주만 공습한 시간 전에 일본 육군은 인도차이나반도를 벗어나 말레이반도에 상륙했다. '대동아공영권'을 내세운 일본이 연이어 침략 전쟁을 벌이면서 바야흐로 태평양 지역 전체가 전쟁의 불길에 휩싸이게 됐다.

미군의 감시를 피해 쿠릴열도 이투루프섬에 집결한 연합함대의 항모 기동전단(지휘관 나구모 주이치南雲忠一 제독)은 1941년 11월 26일 항로를 벗어나 태평양 최북단을 향했다. 항공모함 6척, 전함 2척, 순양함 13척에 더불어 작은 전함을 다양하게 편성하고 급유를 위한 보급선들까지 뒤따르는 규모였다. 목표는 진주만이었고, 북서항로 기동은 미군을 혼동시키려는 기만 작전이었다 일본이 자랑한 아카기赤城 등 항공모함 6척에 항공기 420여 대를 탑재한 일본 해군은 드넓은 태평양을 가로질러 은밀하게 나아갔다.

긴 항해 끝에 드디어 선두의 제1항공 함대가 12월 7일 하와이 북쪽 440킬로미터 해상에 도달했다. 이어서 아침 7시 50분경 항공모함 6척의 갑판에서 183대에 달하는 일본군 함재기(함상 폭격기 49대, 어뢰 장착 뇌격기 40대, 전투기 43대 등 포함)가 일제히 함상 활주로를 박차고 나갔다. 이어서 180대의 '제로-전투기' 편대가 이륙했다(실제로 공습에 가담한 항공기는 고공폭격기 100대, 급강하폭격기 130대, 어뢰 폭격기 40대, 엄호와 지상 공격용 전투기 90대).

레이더 담당 장교의 태만으로 급습당한 미군의 진주만 기지는 아수라장으로 변했다. 평온한 일요일 아침에 당한 터라 엄청난 인적·물적 손실을 피할 수 없었다. 두 차례 공중 공격으로 일본 전폭기는 활주로에 서 있던 미군 항공기 대부분(약 164대)과 진주만에 정박했던 미군 함정 상당수(함정 15척: 전함 5척, 항공모함 1척, 순양함 2척, 구축함 7척)를 격침했다. 인명 피해도 상당해 약 2400여 명이 사망하고 부상자 1200명이 발생했다.

반면에 일본군의 피해는 미미했다. 항공기 29대가 추락하고 잠수함 6척이 파손됐다. 기습 작전의 주역인 나구모 제독의 항공모함 전대는 배 한 척 잃지 않고 복귀할 수 있었다. 세계 전쟁사

1941년 12월 7일, 일본의 하와이 진주만 공습으로 미국 해군 함정이
폭발하는 순간. 진주만 공습을 계기로 미국은 연합국의 일원으로 제2차
세계대전에 참전했다.

에서도 놀랄 만한 전과였다. 얼핏 최소한 6개월 이상 미국 태평
양함대를 무력화시킨다는 작전 목표를 완벽하게 달성한 듯 보였
다. 일본어로 '호랑이'를 의미하는 타전 암호 '도라! 도라! 도라!'

가 일본 연합함대 사령관 야마모토 제독에게 전달됐다. 공습 성공 소식을 접한 일본 열도는 열광의 도가니로 빠져들었다.

승전 열기는 말레이반드와 필리핀 등 남태평양 지역에서 일본 육군이 연전연승하면서 더욱 가열됐다. 진주만 기습 직후 일본군은 영국의 전초기지인 홍콩을, 1942년 1월에는 필리핀을 점령했다. 2월에는 영국령 싱가포르를, 3월에는 네덜란드령 인도네시아를 차지했다. 단기간 안에 이룩한 대단한 성과였다.

일본 해군이 불가능에 가까운 기습 작전에 성공할 수 있었던 이유는 항공모함에 있었다. 당시 일본은 세계 최강의 항공모함 전력을 갖추고 있었다. 양차 대전 기간에 항모 전력을 꾸준히 증강했기에 가능한 일이었다. 일본 해군은 항모 6척과 여타 함정 수십 척으로 기동전대를 편성해 원정길에 올랐다.

연합함대 사령관 야마모토는 항공모함의 잠재력을 누구보다 빠르게 간파한 이였다. 그는 항공모함이 단순히 함대를 지켜주는 데 머물지 않고 독립 작전을 수행하는 기동타격대가 될 수 있다고 봤다. 이에 따라 1938년 일본 해군은 새로운 전략을 채택하고 대형 항모 건조에 매진했다. 그 결과 진주만 공습 직전에는 항모 10척을 보유할 수 있었다. 총 5척의 항공모함을 갖고 있던 미국의 두 배에 달하는 전력이었다.

그렇다면 왜 항공기를 싣고 다니는 배가 필요했을까? 제1차 세계대전 후 항공기가 비약적으로 발전하면서 이를 활용한 해전이 크게 주목받았다. 공중에서 지상을 공격한다는 이점 외에도 어뢰를 탑재하면 대형 전함과도 겨룰 만했기 때문이다. 그런데 항공기의 비행 시간과 항속 거리에 한계가 크다 보니 항공기를 공격 목표 근거리까지 운반할 대형 선박이 필요했다.

항공모함의 역사는 다른 유형의 배들에 비해 매우 짧다. 비행기가 20세기 초에야 등장했으니 말이다. 초창기 항공모함은 비행기가 갑판에서 이착륙할 수 없었다. 그래서 제1차 세계대전을 겪으면서 등장한 것이 해수면에서 작동하는 항공기를 탑재한 '수상기모함'이다. 선박 크레인을 이용해 비행기를 바다 수면에 내리고 올리는 방식이었다. 전쟁이 장기화하고 해상 제공권을 장악할 필요성이 커지면서 곧 바퀴가 있는 항공기의 이착륙이 가능한 함정이 간절해졌다. 전시 중에도 나름대로 기술이 발전했으나 새로운 선박 유형에 대한 염원이 실현된 것은 종전 이후였다.

마침내 1921년 영국 해군이 오늘날과 같은 항공모함을 처음 제작했다. 퓨리어스호HMS Furious로 알려진 이 항모는 건조 중이던 순양함을 개조한 것이었다. 이에 뒤질세라 1922년 미국도 석탄 운반선을 변경해 항공모함 랭글리호USS Langley를 진수했다. 애초부터 항공모함으로 설계한 최초의 함정은 1922년 영국 기술진의 도움으로 일본이 진수한 호쇼鳳翔호였다. 이로써 일본은 세계에서 처음으로 현대식 항공모함을 보유한 국가로 올라섰다.

제1차 세계대전 직후 열강 사이에 체결된 워싱턴군축회의

미 해군 항공모함 USS 랭글리(위). 최대 36대의 항공기를 탑재할 수 있었다. 1937년 수상기모함으로 용도 변경되었고, 1942년 일본의 공격으로 침몰했다. 일본 다테야마 인근에서 최대 출력으로 시험 운항 중인 일본 제국 해군 항공모함 호쇼(아래).

(1922)는 아이러니하게도 원래 목적과 달리 항공모함 발전의 촉매 역할을 했다. 당시 항공모함 분야는 각국 해군력의 주축이던 전함이나 순양함 전력과 비교해 아직 걸음마 단계였다. 그래서 군축회의에서도 항공모함 규제는 상대적으로 허술했고, 조약 체결 후 각국은 경쟁적으로 건조하던 전함이나 순양함을 항모로 개조했다. 그러다 1930년대에 들어 긴장이 고조되고 그간의 군축 노력이 무용지물이 되면서 정식으로 항공모함으로 설계된 함정들이 경쟁적으로 위용을 드러내기 시작했다. 기존의 개조형 항공모함은 원래 용도가 다른 탓에 항모 기능을 제한하는 고장과 사고가 잦았다. 신형 항공모함에 대한 욕구가 달아오를 수밖에 없었다.

1930년대 후반 항공모함 건조에 특히 진력한 것이 일본이다. 일본은 일찍이 산업화한 서구 열강과 비교해 해군력이 열세였다. 설상가상으로 워싱턴군축회의 조약은 전함과 순양함 등 전통 해군 전력 측면에서 일본의 운신을 상당히 제약했다. 이를 타개할 목적으로 항공모함에 집중 투자한 것이다.

일본은 1920년대 초반에 최초로 정식 항공모함을 보유한 경험도 있었다. 일본 해군이 일단의 항공모함을 앞세워 잠시나마 태평양 제해권을 장악할 수 있었던 이면에는 이처럼 무기 체계의 변화에 신속하게 대응한 선견지명이 있었다. 1941년까지 항모 2척을 더 건조한 일본은 마침내 12월 7일 총 6척을 동원해 감히 상상조차 못 하던 진주만 공습을 감행할 수 있었다.

항공모함과 불가분 관계인 항공기(함재기)가 빠르게 발전한 것도 항공모함 전력 극대화에 상승효과를 더했다. 특히 1930년대에 항공기 개발 분야에서 후발 주자였던 일본의 약진이 두드러졌다. 일본 해군은 군 엔지니어의 설계를 바탕으로 민간 군수 업체가 항공기를 제작하는 분업화로 효율성을 높였다. 12월 진주만 공습 직전 무려 5000여 대에 달한 항공 전력은 이런 방식으로 생산된 것이었다.

다양한 유형의 항공기가 빠르게 생산됐다. 해군용 주력 항공기로는 아이치Aichi의 D3A1 타입 99 급강하폭격기, 나카지마Nakajima의 B5N2 타입 97 폭격기, 미쓰비시Mitsubishi의 G4M1 타입 1 폭격기 등이 있었다. 당시 일본군 항공기 가운데 으뜸은 1940년 여름 실전 투입된 미쓰비시의 A6M2 타입 0 전투기(제로센)다. 항속 거리가 길고 구장력(기체 전면에 장착된 7.7밀리미터 기관포, 양 날개의 20밀리미터 소형 대포)도 강한 제로센은 1943년경까지 '무적의 날개'로 동아시아 상공에 군림했다.

이들 함재기는 기관포, 폭탄, 그리고 신무기인 어뢰로 무장했다. 가장 위협적인 것은 어뢰였다. 1867년 영국인 엔지니어 로버트 화이트헤드Robert Whitehead가 압축공기로 자체 추진하는 어뢰를 발명한 이래 이 무기는 제1차 세계대전을 거치면서 빠르게 성능이 향상됐다. 특히 1915년 8월 중순 영국군 수상비행기가 공중투하 어뢰로 독일 함정을 격침하면서 주로 잠수함 발사용으로 사용하던 어뢰의 활용도가 크게 높아졌다. 당시 일본군은 사거리(2.5킬로미터), 속도(42노트), 탄두 중량(150킬로그램) 등에서 세계적 수준의 성능을 지닌 타입 91 어뢰를 보유하고 있었다. 전통 전함은 갑판 철판을 강화하고 함상에 대공포를 설치해 함재기의 공격에 대응했으나 결코 항공기의 적수가 될 수 없었다. 이제 긴 세월 대양의 왕자로 군림한 대형 전함의 시대가 끝나고 항공모함의 시대가 개막했으니, 1942년 6월 태평양에서 미국과 일본 간에 벌어진 미드웨이해전이 이를 분명하게 보여주었다.

진주만 공습은 제2차 세계대전의 중요한 전환점이 됐다. 일본의 경우 진주만 기습 공격은 1937년 이래 중국과 벌여온 전쟁을 동남아시아와 태평양 지역으로 확대하는, 즉 미국·영국·네덜란드와도 싸우는 상황을 만들었다. 미국에는 더욱 극적인 결과를 가져다주었다. 속수무책으로 당한 진주만 공습으로 분기탱천한 미국은 즉각 중립 국가에서 참전국으로 돌아섰다.

야마모토 제독이 우려했듯이 일본군은 일순간에 잠자는 거인을 깨우고야 말았다. "진주만을 기억하라"는 루스벨트 대통령의 호소에 미국인들은 일치단결해 전쟁에 뛰어들었다. 이후 미국은 연합국 진영의 병기창 역할을 하면서 명실상부 세계 최강국으로 올라섰다. 제2차 세계대전 전체를 보면 진주만 공습은 유럽의 전쟁을 진정한 세계대전으로 확대시킨 결정타였다.

전쟁이 끝난 지 채 한 세기도 지나지 않아 광대한 태평양은 재차 강대국의 치열한 각축장이 되었다. 과거 일본 해군 대신 중국 해군이 바통을 이어받아 미국의 아성에 도전하는 형세다. 미중 양국이 이 지역 해상 패권을 차지하기 위해 정치, 경제, 안보 등 다방면에서 경쟁하고 있다. 직접적으로는 타이완과 타이완해협을 둘러싼 힘겨루기지만, 넓게는 태평양이라는 드넓은 공간을 둘러싼 다툼이라고 볼 수 있다.

미국은 '인도·태평양 전략'으로 중국 시진핑習近平 공산당 정권이 강력하게 추진하는 '일대일로一帶一路 전략'에 대응하고 있다. 근본적으로 미국은 인도·태평양 지역에서 자유롭고 공정한 안보와 번영의 추구를 저해하고 미국의 질서에 도전하는 '현상 변경 국가'로 중국을 규정한 채 중국의 거센 도전에 다각적으로 대응하는 모양새다. 거대한 변화의 파도에 직면한 우리는 어떤 비책으로 대비해야 할까? 소모적인 정쟁을 멈추고 한마음으로 머리를 맞대 세계를 향한 대한민국의 위상과 역할을 궁리할 때다.

12월

보스턴
차 사건

미국, 세계의
강국이 되다

#필그림파더스
#7년전쟁
#동인도회사
#조지워싱턴
#토머스제퍼슨
#벤저민프랭클린
#새러토가전투
#먼로독트린

한미동맹이 일흔 살을 훌쩍 넘겼다. 1953년 10월 1일 체결한 한미상호방위조약으로 한국전쟁이 끝난 후 폐허 상태나 다름없던 대한민국은 이후 안보와 경제 발전을 견인한 미국이라는 우방을 얻었다. 20세기는 미국의 세기라는 평가처럼 현대사의 큰 흐름에는 미국이라는 세계 초강국의 존재감이 짙고 넓었다. 21세기 들어 급성장한 중국을 주목하는 이들도 많으나 아직 미국의 아성에 도전하기에는 한계가 있다.

미국은 240살에 불과한 '어린' 나라다. 미국이 지구상에 등장한 계기는 1773년 12월 16일 발생한 '보스턴 차 사건'이었다. 모국인 영국과 무력 충돌해 결국 식민지 주민의 신생독립국가 수립으로 이어졌다. 1776~1781년 영국과의 전쟁에서 승리하면서 미국은 최초의 민주공화국으로 명함을 내밀었다.

1492년 콜럼버스의 항해로 아메리카 대륙의 존재가 유럽에 알려졌다. 그래서 흔히 '신대륙'으로 불렸다. 스페인을 주축으로 초창기 아메리카 대륙에 온 유럽인들은 주로 멕시코가 있는 중앙아메리카에서 활동했다. 고온다습한 중앙·남아메리카 대륙과 달리 북아메리카는 상대적으로 기후가 온화한 편이었고 비옥한 토양에 강수량마저 적당해 정착에 매우 유리한 조건을 갖추고 있었다. 유럽인이 들어오기 전 이곳에는 다양한 인디오 선주민들이 흩어져 살고 있었다. 선주민들은 주로 옥수수 재배나 버팔로 사냥 등 반농반목半農半牧의 자연친화적 생활을 했고, 여기에 미흡하나마 자유 의식과 과학 지식을 지닌 구대륙 유럽인들이 들어와 뒤섞이면서 새로운 문명과 국가 건설을 위한 모험적 실험에 들어갔다.

살 만하다는 소문이 퍼지면서 17세기 초 유럽 각지 사람들이 북아메리카로 몰려들기 시작했다. 초창기 식민 활동의 열세를 극복하고 정착에 성공한 것은 상대적으로 진출이 늦은 영국 이주민들이었다. 당대의 강국 스페인과 프랑스 사람들도 일찍부터 북아메리카 대륙에 진출했고, 실제로 영국보다 더 넓은 면적을 차지했다. 아메리카에 첫발을 내디딘 것은 스페인이었다. 15세기 말 포르투갈과 더불어 대항해의 선두로 활약한 스페인은 오늘날 중남아메리카 지역을 교두보 삼아 그 영역을 북아메리카 남부까지 확장했다. 그리하여 영국인이 아메리카 대륙에 왔을 때 스페인은 이미 북아메리카 태평양 연안과 남부를 장악하고 있었고, 프랑스는 애팔래치아산맥 너머로 펼쳐진 광대한 중북부 지역을 차지하고 있었다.

이에 비해 영국 이주민은 상대적으로 협소한 동부 해안 지대에 정착해 뿌리를 내렸다. 그런데 이들에게는 스페인이나 프랑스에서 온 이들과는 다른 중요한 차이가 있었다. 스페인 사람들은 한탕 부를 거머쥘 금은을 얻기 위해, 프랑스인들은 선주민과의 모피 거래로 고수익 상업 활동을 하기 위해 아메리카로 왔다. 이에 비해 영국인들은 애초부터 아메리카 대륙에 뿌리를 내릴 결심으로 대서양을 건넜다. 따라서 새로운 정착지에서 난관을 견뎌내고 살아남아야만 했다. 그러다 보니 자연스럽게 북아메리카 대륙의 터줏대감으로 자리 잡을 수 있었다.

17세기 초 영국에서는 왕실 허가를 받은 소수 특허회사가 이주 희망자를 모집해 아메리카로 운송했다. 새로운 꿈을 찾아 힘들게 신대륙에 건너왔으나 정착이란 여간 힘든 일이 아니었다. 초기의 실패를 딛고 마침내 미국 역사를 쓰는 이주민 집단이 등장했다. 1620년 종교 자유를 찾아 메이플라워Mayflower라는 멋진 이름의 배를 타고 네덜란드에서 출발해 영국 플리머스항을 경유, 미국 동부에 닻을 내린 청교도들이었다. 이들은 '필그림 파더스pilgrim fathers'라 불리며 미국의 초석을 놓은 초기 정착민으로 숭앙받는다. 실제로 이들은 종교적 자유와 자치 전통이라는 민주주의 씨앗을 아메리카 식민지에 뿌린 주인공들이었다.

긴 항해를 견뎌내고 전혀 낯선 땅에 도착한 이들은 그대륙의

1620년 9월 16일 영국 플리머스에서 메이플라워호를 타고 출발한 청교도들이 66일간 항해한 끝에 북아메리카 땅에 발을 디뎠다. 1864년 그림.

불평등한 굴레에서 벗어나 서로 평등한 입장에서 협력해 정착 공동체를 발전시켰다. 공동체에 중요한 현안이 생길 때마다 수시로 마을 중앙에 있는 예배당에 모여 상의하고 결정하는 경험을 쌓았고, 자연스럽게 식민지 사회에 자치 전통이 뿌리를 내렸다. 그런데 아메리카 식민지에 별달리 간섭하지 않던 영국 본국 정부가 18세기 중엽 이런 자치 전통을 무시한 채 강압적 태도로 개입하기 시작했다. 평화적인 항의에도 본국 정부가 점입가경으로 간섭하자 1770년대 식민지인들의 분노가 폭발하고 말았다.

서양의 다른 혁명처럼 미국 독립혁명도 이념적으로는 자유 확대와 독립을 내세웠으나, 현실적 이유는 금전 문제였다. 본국 런던 정부는 18세기경 어느덧 13개 주 규모로 성장한 아메리카 식민지에 적극적으로 개입하지 않고 교역을 활성화하는 범위에서 느슨하게 통제하고 있었다. 역사가들은 이를 '유익한 방임' 정책이라 불렀다. 그런데 1757년 7년전쟁이 터지면서 식민지 운영 기조에 변화가 왔다. 특히 인도와 아메리카 대륙에 산자한 식민지들을 놓고 영국과 프랑스가 군사적으로 힘겨루기를 벌였다. 치열한 접전 끝에 영국이 승리하면서 세계적인 식민 제국으로 올라섰다. 아메리카 대륙 동북부는 거의 영국의 수중에 들어갔다.

문제는 전쟁 수행에는 언제나 막대한 재원이 소요된다는 점이다. 아메리카 식민지에서 인디오와 연합해 세력을 키운 프랑스와 전쟁을 벌이는 과정에서 엄청난 전비가 지출됐다. 더구나 승전 이후에도 식민지 방어를 위해 영국군을 주둔시켜야 했다.

이 모든 사안이 예외 없이 큰돈이 드는 일이었다. 비용이 급증하자 고민 끝에 강경파 프레더릭 노스Frederik North 총리가 이끌던 보수 성향 정부는 식민지 주둔군 유지비 약 36만 파운드 중 3분의 1에 해당하는 경비를 아메리카 식민지 주민들에게 부과하기로 결정했다. 식민지 방어를 위해 영국군이 싸웠고, 종전 이후에도 주둔하고 있으니 이 비용은 실제 수혜자인 식민지인들이 부담해야 한다는 것이 본국 정부가 내세운 이유였다.

이후 본국에서는 과중할 정도로 새로운 세금을 부과하기 시작했다. '유익한 태만'에서 과세를 통한 적극적 개입 정책으로 전환한 셈이다. 단기간에 각종 명목의 세금(설탕세, 인지세, 홍차세 등)을 신설해 식민지 주민들에게 강제하자 별다른 간섭 없이 자치적 생활방식을 유지해온 식민지인들은 점차 저항하기 시작했다. 이들은 "대표 없이 과세 없다"라고 외치면서 납세 거부 운동과 본국 상품 불매로 맞섰다.

이에 아랑곳하지 않고 본국 정부는 계속해서 새로운 세금을 부과했다. 양측의 대립과 갈등이 고조된 상황에서 1773년 12월 16일 밤, 식민지 급진파 청년 60여 명이 보스턴 항구에 정박한 영국 동인도회사의 차 운송선 다트머스Dartmouth호에 잠입해 차 꾸러미 342상자(약 45톤, 현재 기준 약 23억 원 상당)를 몽땅 바다에 던져버리는 사건이 발생했다. 이에 대해 본국 정부가 아메리카 식민지인들의 젖줄과도 같은 보스턴 항구를 폐쇄하고 시내에 군대를 주둔시키는 등 강경한 자세로 일관하자 이제는 시민들도 불매운동을 넘어 정치적 항거에 가담하기 시작했다. 해결은커녕 상황이 빠르게 악화일로로 치달으면서 양측의 무력 충돌은 시간문제가 됐다.

왜 하필이면 '차'였을까? 원래 차는 인도와 중국 남부에서 주로 재배해 동남아시아에서 널리 음용했다. 그런데 18세기 중엽 영국이 산업화 문턱을 넘어서면서 차 수요가 급증했다. 노동인구가 빠르게 늘어 상대적으로 저렴한 차 문화가 퍼진 것이다. 이처럼 소비가 늘면서 자연스럽게 차 수입이 증가했다. 비싼 인도산보다는 저렴한 중국산이 인기를 끌면서 독점권을 갖고 있던 동인도회사가 차를 대량 수입했다. 그런데 모든 경제활동에는 등락이 있듯이 한껏 달아오른 차 소비가 전쟁통에 식으면서 재고가 쌓였다. 런던 상인 조합의 의회 로비가 이어졌고, 급기야 정부는 동인도회사를 구제할 요량으로 남아도는 차를 아메리카 식민지에 팔도록 길을 터주었다.

그러자 이번에는 유럽에서 밀무역한 차를 식민지에 팔아 이익을 챙기던 식민지 상인들에게 불똥이 튀었다. 그렇지 않아도 차에 부과된 새로운 세금 때문에 어려움을 겪던 이들에게 본국의 조치는 이중고를 의미했다. 동인도회사에서 식민지에 대량의 차를 덤핑 판매해 차 값이 더 내려갈 것이 뻔했기 때문이다. 급기야

1773년 영국은 차 세금법으로 동인도회사에 차 수출 독점을 보장해 차 가격을 크게 낮췄다. 이에 차 무역을 하던 식민지 상인들이 파산하면서 불만이 폭발했다.

중국산 차를 싣고 동인도회사 배가 보스턴 항구에 도착해 정박하면서 보스턴 차 거래업자들을 중심으로 그동안 쌓인 불만이 표출됐다. 이것이 급기야 아메리카 혁명에 불을 붙이는 도화선이 된 것이다.

보스턴 차 사건으로 영국 정부가 더욱 강경하게 나오자 식민지 사회에서도 본국과의 결별에 동조하는 사람이 늘기 시작했다. 이 열망은 1774년 9월 동부 13개 주 대표가 모인 필라델피아 대륙회의로 이어졌다. 대립과 갈등이 지속되는 와중에 1775년 4월 렉싱턴과 벙커힐에서 영국군과 식민지인이 충돌했다. 일반 시민으로 서둘러 편성한 식민지 군대는 전문 직업군인인 영국군의 상대가 되지 못했다.

하지만 시간이 흐르면서 식민지가 지닌 장점들이 빛을 발하기 시작했다. 지형에 익숙한 홈그라운드의 이점과 사령관으로 임명된 조지 워싱턴George Washington 장군의 리더십이었다. 전장 지형에 해박한 식민지인들은 그동안 황량하고 드넓은 아메리카 대륙에서 야생동물을 사냥하면서 갈고닦은 사격술을 십분 활용해 게릴라전으로 맞섰다. 동시에 7년전쟁(프렌치·인디언전쟁)에서 영국군 장교로 근무한 경력으로 적의 장단점에 정통한 워싱턴 장군의 지휘 아래, 식민지 정부는 빠르게 영국군에 맞설 수 있는 규모와 전투력을 지닌 자체 군대를 갖추게 됐다.

더불어 식민지 사회에서는 사기 진작 활동도 이어졌다. 1776년 토머스 페인Thomas Paine은《상식론Common Sense》을 발간해 혁명 초기 무력 투쟁을 망설이는 식민지 주민들에게 저항의 정당성을 심어주었다. 약 50쪽의 팸플릿 형태로 발표된 이 책에서 페인은 영국 군주제를 강하게 비판하면서 식민지는 공화국으로 독립해야 한다고 역설했다. 이어서 식민지인 전체의 독립 염원과 의지를 모아 토머스 제퍼슨Thomas Jefferson과 벤저민 프랭클린Benjamin Franklin 주도로 작성한 〈독립선언서〉가 공포(1776. 7. 4.)되었고 식민지 독립은 더 이상 되돌릴 수 없는 대세가 됐다. 이로써 대화와 타협의 여지는 물 건너가고 무력을 통한 독립 쟁취만이 유일한 길로 남았다.

이런 분위기에 고무된 식민지 군대가 1777년 9월 새러토가전투에서 처음으로 존 버고인John Burgoyne 장군 휘하 영국군에 결정적 승리를 거뒀다. 이 승리 덕에 식민지인들은 더 이상 혼자가 아니게 됐다. 7년전쟁 참패로 영국에 복수의 기회를 엿보던 프랑스가 관망에서 벗어나 1778년 3월 영국에 선전포고하고 아메리카 대륙으로 무려 5만 명에 달하는 대병력을 파병했다. 당연히 식민지인들의 사기와 전력은 급상승했다.

이후 2년여 일진일퇴의 공방전을 벌이던 중 양측이 결전을 벌인 버지니아 해안가 요크타운전투(1781. 10.)에서 식민지·프랑스 연합군은 찰스 콘월리스Charles Cornwallis 장군 휘하 영국군에 승리를 거두면서 7년 이상 이어진 독립전쟁을 마무리했다. 이어진 종전 협정으로 본국 정부는 아메리카 식민지의 독립을 공식 인정할 수밖에 없었다. 1783년 9월 프랑스 중재로 영국과 미국이 아메리카 식민지 독립을 국제적으로 승인하는 파리조약이 체결됐다.

마침내 미합중국이 그 첫 모습을 드러냈다. 아쉽게도 식민지 상태에서 벗어났다는 감격과 환호는 그렇게 오래가지 못했다. 독립이라는 이상에서 벗어나 이제는 새로운 국가의 기틀을 마련하

독일 화가 요한 빌Johann Will이 그린 새러토가전투 장면. 1777년 10월 17일, 미국 독립의 전환점이 된 버고인 장군의 항복 장면을 담았다.

는 현실에 직면했기 때문이다. 우선 국가의 기본인 헌법 제정부터 수월하지 않았다.

1787년 필라델피아에서 제헌의회가 소집되어 본격적으로 헌법에 관해 논의하기 시작했다. 이상과 현실의 간극을 예상한 듯 회의는 초반부터 앞날을 점칠 수 없을 정도로 열띤 논쟁에 휩싸였다. 국가 형태와 의회 구성 문제가 골자였는데, 전자와 관련해서는 중앙집권국가를 주장한 통합주의자와 주별 국가 건설을 내세운 분리주의자가 치열하게 토론한 끝에 절충안인 연방 정부가 탄생했다. 후자는 뉴저지주가 제시한 소주안小州案 '주별 투표권 행사'와 버지니아주가 내세운 대주안大州案 '인구에 비례한 투표권 행사'로 팽팽하게 맞서다가 프랭클린의 중재로 타협이 성사되어 하원은 인구 비례로, 상원은 주당 2명 동수로 구성하기로 했다. 미국 헌법이 타협의 산물로 평가받는 이유다.

마침내 1789년 총 7개조로 구성된 미국 헌법이 모습을 드러냈다. 이 헌법은 주권재민 원칙에 입각한 민주공화정부를 표방하면서 몽테스키외가 제창한 삼권분립으로 통치 시스템을 구축하고, 끝으로 헌법을 명문화해 법치 원칙을 분명히 했다. 세계 최초로 민주공화국이 탄생한 것이었다.

그러면 1783년 공식적인 독립 승인으로 국제사회에 첫선을 보인 미합중국은 어떻게 불과 한 세기 만에 신생독립국가에서 선진 산업국이자 세계 최강국으로 발전했을까? 파리조약으로 국제적 승인을 받은 미국은 곧 정치 안정을 꾀했다. 1789년 독립전쟁의 영웅 조지 워싱턴이 초대 대통령으로 선출됐고, 존 애덤스John Adams(2대)를 거쳐 1801년 남부 출신 토머스 제퍼슨이 그 뒤를 계승했다. 이렇게 평화적인 정권 교체로 19세기 초반 양당 체제를 확립하고, 미국은 1812년 영국과의 전쟁에서 승리한 여세를 몰아 남아메리카에 대한 유럽 열강의 간섭에 반대하는 '먼로 독트린Monroe Doctrine'(1823)을 공포하는 등 자신감을 과시했다.

무엇보다 19세기 미국 발전을 표상하는 이미지는 서부 개척과 비약적인 영토 팽창이었다. 독립을 쟁취한 18세기 말 가까스로 애팔래치아산맥을 넘은 영토는 미시시피강을 건너그 로키산맥을 넘어 19세기 후반에는 태평양 연안에 도달했다. 하지만 모든 일에 명암이 있듯 서부로의 팽창은 미국 사회에 구조적인 문제를 가져왔다. 우선 꼽히는 것이 아메리칸인디언 박해 문제다. 유럽인이 왔을 때 북아메리카 대륙은 무주공산이 아니었다. 이미 1만 년 전부터 수많은 선주민 부족이 흩어져 살고 있었다. 이들은 몰려드는 백인들에 제대로 대응하지 못한 채 터전을 잃고 척박한 땅으로 내몰리고 말았다.

더 심각한 것은 흑인 노예 문제였다. 사실상 이는 건국 초기부터 태생적으로 안고 온 미국 사회의 아킬레스건이었다. 건국 이후 남부와 북부는 이질적인 경제 체제를 형성했다. 자유노동 중심의 공업 발전을 지향한 북부와 달리 남부는 면화 재태를 주축

1863년 7월, 게티즈버그 전장. 첫날 전투에서 전사한 북군 병사들.
게티즈버그전투는 남북전쟁의 향방을 결정지은 전투였다.

으로 한 농업 사회를 지향했다. 그런데 저렴한 노동력에 의존할 수밖에 없는 면화 재배의 속성상 남부 대농장주들은 일찍부터 흑인 노예들을 활용했다. 남부와 북부의 구조적 대립이 심화되면서 노예제가 정치 문제로 확대되어 종국에는 미국 역사에서 가장 중요한 사건인 남북전쟁으로 비화했다. 1860년 11월 대통령 선거에서 노예제도 폐지를 주장한 링컨이 당선되면서 남부와 북부 주들은 돌아올 수 없는 강을 건너고 말았다.

1861년 4월 섬터 요새에 울려 퍼진 남군의 포성을 시작으로 미국은 4년에 걸친 전쟁에 빠져들었다. 전쟁 중반까지 선전하던 남군이 1863년 7월 초 게티즈버그전투에 패해 빠르게 수세에 몰리면서 1865년 4월 항복했다. 남북전쟁은 사상자가 100만 명에 달할 정도로 엄청난 피해를 남겼다. 넓은 관점에서 보면 전쟁으로 미국은 근원적 문제였던 노예 문제를 해결하고 진정한 국가 통합으로 순항할 수 있었다. 특히 북부 승리로 전쟁이 귀결되면서 이후 상공업 중심의 자본주의 경제 체제를 발전시킨 데 힘입어 1900년 유럽 열강을 제치고 명실공히 세계 1위의 공업국으로 올라설 수 있었다.

이러한 국력 신장은 곧 적극적인 대외 진출로 이어졌다. 때마침 발간된 앨프리드 머핸Alfred Mahan의 《해양력이 역사에 미치는 영향*The Influence of Sea Power upon History*》은 대양 해군의 필요성을 역설하면서 대외 정책 수립에 이론적 토대를 제공했다. 실제로 미국은 1898년 스페인과 벌인 전쟁에서 승리하면서 필리핀, 괌, 하와이 등을 차지하고 1899년에는 문호개방정책을 천명하면서 중국 진출을 꾀했다. 바야흐로 미국은 새롭게 펼쳐지는 20세기 세계를 향해 막강한 위용을 드러낼 준비를 마쳤다. 신흥 강국 미국이 '굴기崛起'하는 첫울음을 터트린 계기가 곧 1773년 12월 16일 발생한 '보스턴 차 사건'이었음을 기억하자.